基礎からしっかり学ぶ
C++の教科書

C++14対応

矢吹太朗 著　WINGSプロジェクト 山田祥寛 監修

日経BP社

はじめに

　本書はC++の入門書です。文法を厳密に記述するのではなく、構文とそれを利用するサンプルコードを提示することによって、C++を紹介しています。対応する規格はISO/IEC 14882:2014、いわゆるC++14です。本文で利用する開発環境はVisual Studioですが、サンプルコードはGNU C++とClangでも動作します。その方法は脚註などで補足しているので、それを参考にすれば、Windowsだけでなく、macOSやLinuxでも本書の内容は試せます。

　C++は大きな言語です。バイブルとされているStroustrup『プログラミング言語C++ 第4版』は約1300ページ、定評のある入門書であるLippmanほか『C++プライマー 第5版』は約950ページあります。参考までに、C言語のバイブルとされているKernighan, Ritchie『プログラミング言語C 第2版』は、最新規格には対応していませんが、たった360ページです。

　C++のこの大きさは、後方互換性は守りながら、性能面での妥協をせずに言語の抽象度を上げてきた結果です。後方互換性はなくてもいい、プログラムの性能は低くてもいい、言語の抽象度は低くてもいい、このいずれかに該当しない方にとっては、C++は学ぶに値するすばらしい言語だと思います。

　性能面での妥協をしないというのは、性能が落ちるような言語仕様は導入しないということです。大量のデータから明日のことを予測したいのに計算が今日中に終わらないという状況は常にあり、そういう状況では、言語設計者が想定した限定的な状況でのみ性能を発揮する言語ではなく、プログラマが直面するあらゆる状況でコンピュータの性能を最大限に発揮できる言語が必要です。

　単に性能を上げたいだけなら、すべてのプログラムをマシン語で書けばいいかもしれません。しかし、コンピュータの性能向上に伴い、人間が動かしたいと思うプログラムの規模も大きくなっていきます。大規模なプログラムをマシン語で書くのはとても難しく、多くのプログラマは抽象度の高い言語を望みます。C++もその要望に応える形で進化してきました。しかし、他の多くの言語と違って、抽象度を上げるために性能面で妥協するということはありませんでした。

　言語を進化させるときは、その時点での理想の仕様を実現したくなります。「昔は…だったけど今は…のほうがいいから」というわけです。しかし、そういう形で言語仕様を変えると、後方互換性が失われ、古いプログラムが新しいシステムでは動かなくなります。「自分が書くプログラムは小さいから、それを書き直すのは簡単」というのならいいのですが、その小さいプログラムの1行が、数万行からなるライブラリを利用しているかもしれません。その数万行のプログラムを書き直すのは大変でしょう。C++でそういうことが起こるリスクは比較的小さいです（もちろん0ではありません）。

　とはいえ、プログラミングの入門に1000ページ近い書籍はふさわしくないと筆者は考えており、これからC++のプログラムを読み書きしていくために最低限必要となるであろう話題だけを選択し、本書を書きました。プログラムを書くだけでよければもう少しコンパクトにできますが、他人が書いたC++のプログラムを読むのに必要な知識を入れるとこのくらいになるでしょう。

★　　★　　★

　なお、本書に関するサポートサイト「サーバサイド技術の学び舎 - WINGS」を以下のURLで公開しています。Q＆A掲示板、FAQ、関連記事などを提供しておりますので、あわせてご利用ください。

http://www.wings.msn.to/

　最後に、本書を出版するに当たってお世話になった方々に感謝します。本書の企画から出版まで携わられた日経BP社の関係者の皆様、ありがとうございました。監修の山田祥寛氏には、内容のチェックから執筆スケジュールの管理まで、あらゆる面でお世話になりました。

　本書の前身は、2009年に出版された『文法からはじめる プログラミング言語 Microsoft Visual C++入門』です。その出版からこれまでの間に、C++は大きく変わりました。筆者のパートナーの名が高宗一恵から矢吹一恵になったのも大きな変化です（質量ともに向上したサポートに感謝）。2016年に生まれた長男、真人がプログラミングに関わる頃には、プログラミングという行為そのものが大きく変わっているかもしれません。本書を見て、骨董とわらうことのないように。

2017年2月
矢吹太朗

本書の使い方

実施環境について

本書は下記の環境で執筆および動作検証を行っています。

- Windows 10 を標準セットアップした状態
- ファイルの拡張子を表示している状態
  Windowsのエクスプローラーを起動し、[表示]タブの[表示/非表示]で[ファイル名拡張子]にチェックを入れます。
- 画面解像度を 1024 × 768 ピクセルに設定した状態

お使いのパソコンの設定によっては、画面の表示が本書と異なる場合があります。また、本書で開発を進める環境である「Microsoft Visual Studio Community 2015」については、第2章で説明します。

表記について

本書では下記のように表記しています。

- ウィンドウ名、メニュー名、ボタン名など、画面上に表示されている文字は［］で囲んで示します。
  例：［ファイル］メニューの［新しいプロジェクト］をクリックします。
- コード（プログラム）は紙面の都合で改行している場合があります。本書のサンプルコードもダウンロードしてご確認ください。
- 参考資料も［Stroustrup］という形式で示しています。これは上述の画面上に表示されている文字ではありません。参考資料の詳細は本書巻末の付録「A.4　参考資料」にまとめて掲載しています。

サンプルファイルについて

　本書に掲載されているサンプルコードのファイルを、日経BP社のWebサイトからダウンロードできます。ダウンロードする手順は次のとおりです。

1. Webブラウザを起動して、次のURLにアクセスします。
   https://shop.nikkeibp.co.jp/front/commodity/0000/P98930/
2. 「関連リンク」の「サンプルファイルのダウンロード」をクリックします。
3. ダウンロード用のページが表示されたら、説明や動作環境を確認してダウンロードします。
4. ダウンロードしたZIPファイルを展開（解凍）します。Windows 10の標準機能で展開する場合は、ダウンロードしたZIPファイルを右クリックして［すべて展開］をクリックし、展開先のフォルダーを指定して展開します。

　サンプルファイルは章ごとにフォルダに分けられて保存されています。本文中のサンプルコードの上に該当するファイル名が記載されています（ファイル名が記載されていないものについては、サンプルファイルはありません）。

　ファイルの文字コードは、Visual Studioでの利便性を考慮してShift_JIS（CP932）になっています。GNU C++やClangで試す場合は、「nkf -w --overwrite ファイル名」などとして、文字コードをUTF-8に変換してください。GNU C++の場合は、コンパイル時にオプション --input-charset=cp932 を付けることでも対応できます。

　サンプルファイルをVisual Studioで実行するには、次のように操作します。

1. 本書の「2.2.1　プロジェクトの作成」の手順に従って、プロジェクトを新規作成します。
2. 続いて、ソリューションエクスプローラーで［ソースファイル］を右クリックし、メニューの［追加］―［既存の項目］をクリックします。［既存項目の追加］ダイアログボックスが表示されるので、目的のファイルを選択して［追加］をクリックします。なお、ソースファイルの中には、そのとき必要なファイルだけを追加してください。たとえば、第2章で作成するhello.cppとhello2.cppの両方を追加するとエラーになります。
3. 以降は「2.2.3　プログラムの実行」の内容に従ってください。

　サンプルファイルをコンソール（コマンドプロンプト）で実行する手順は、「2.3　コンソールでのビルドと実行」を参照してください。

目次

本書の使い方 ……………………………………………………………… (3)

第 1 章　プログラミングの基礎　～プログラミングの世界に触れる　　1

　　1.1　プログラムとは ……………………………………………………… 1
　　1.2　C++ ………………………………………………………………… 14
　　1.3　ソフトウェア開発 …………………………………………………… 18
　　　　　練習問題 …………………………………………………………… 22

第 2 章　C++ の基礎　～やさしい入門　　23

　　2.1　開発環境の準備 ……………………………………………………… 23
　　2.2　Hello, World! ………………………………………………………… 24
　　2.3　コンソールでのビルドと実行 ……………………………………… 37
　　　　　練習問題 …………………………………………………………… 39

第 3 章　変数と型　～データの種類と基本操作　　41

　　3.1　変数と型 ……………………………………………………………… 41
　　3.2　演算子 ………………………………………………………………… 52
　　3.3　列挙型 ………………………………………………………………… 64
　　3.4　クラスのオブジェクト ……………………………………………… 66
　　　　　練習問題 …………………………………………………………… 73

第 4 章　文　～ C++ プログラムの基本構成要素　　75

　　4.1　C++ の文 …………………………………………………………… 75
　　4.2　制御文 ………………………………………………………………… 76
　　　　　練習問題 …………………………………………………………… 92

第 5 章　関数とプログラム構造　～文をまとめて抽象化する方法　　93

　　5.1　関数の基本 …………………………………………………………… 93
　　5.2　関数へのデータの渡し方 …………………………………………… 105

5.3 関数のオーバーロードと関数テンプレート ……………… 110
5.4 識別子の有効範囲 ……………………………………… 112
　　 練習問題 …………………………………………………… 118

第6章　コンテナと配列　〜データをひとまとめにする方法　119

6.1 vector …………………………………………………… 119
6.2 unordered_map ………………………………………… 128
6.3 配列 ……………………………………………………… 133
　　 練習問題 …………………………………………………… 142

第7章　文字列　〜数値と並ぶ基本データ形式　143

7.1 std::string ……………………………………………… 143
7.2 正規表現 ………………………………………………… 153
　　 練習問題 …………………………………………………… 158

第8章　入出力　〜プログラムが外部とやり取りするしくみ　159

8.1 入出力の種類 …………………………………………… 159
8.2 入出力の利用 …………………………………………… 161
　　 練習問題 …………………………………………………… 169

第9章　標準ライブラリ　〜よく利用される便利な機能の集まり　171

9.1 反復子（イテレータ）…………………………………… 171
9.2 アルゴリズム …………………………………………… 175
9.3 呼び出し可能オブジェクト …………………………… 179
9.4 ユーティリティ ………………………………………… 182
　　 練習問題 …………………………………………………… 187

第10章　クラス　〜オブジェクト指向プログラミング　189

10.1 クラス …………………………………………………… 189
10.2 6つの基本メンバ関数 ………………………………… 198
10.3 コンテナの利用 ………………………………………… 220
10.4 オブジェクト指向プログラミング …………………… 222

		10.5	オブジェクト構築方法のまとめ	230
			練習問題	234

第 11 章　エラー処理 ～実行時に起きるエラーへの対処　　237

	11.1	関数の戻り値等の確認	237
	11.2	例外	241
	11.3	アサーション	247
	11.4	エラー処理の使い分け	249
		練習問題	252

第 12 章　並列処理 ～マルチスレッドプログラミング　　253

	12.1	並列処理	253
	12.2	例題：素数の列挙	256
	12.3	標準ライブラリの利用	260
	12.4	OpenMP	266
		練習問題	270

第 13 章　応用アプリケーション ～パズルの解法　　271

	13.1	順列と組み合わせ	271
	13.2	探索	276
	13.3	魔方陣	280

付録　　291

	A.1	命名規則	291
	A.2	Boost	292
	A.3	デバッガの使い方	297
	A.4	参考資料	298

練習問題の解答 301

索引 318

第1章

プログラミングの基礎
～プログラミングの世界に触れる

　本書の主題はプログラミング言語であるC++の基本的な使い方を解説することにありますが、この章ではその前提となる知識を確認します。1.1節ではプログラミングとは何かを説明します。1.2節ではC++の歴史と開発環境を紹介します。1.3節ではソフトウェア開発（プログラミングを含む開発）について簡単にまとめます。

 ## 1.1　プログラムとは

　本書の目的はプログラミング言語の使い方を解説することです。プログラミングとはプログラムを書く行為のことですが、そもそもプログラムとは何でしょうか。ここでは、そのような最も基礎的な事柄を確認します。

1.1.1　プログラミング

　プログラムとは、コンピュータが行う情報処理を明確に記述したものです。コンピュータはさまざまな場面で利用されていますが、それらはすべてプログラムを実行しています。プログラムを書くことを**プログラミング**、プログラムを書く人のことを**プログラマ**といいます。また、プログラムの具体的な記述のことを**コード**、コードを書くことを**コーディング**といいます。プログラミングには、そのための言語が用意されており、**プログラミング言語**と呼ばれます。プログラミング言語の1つであるC++の基本的な使い方を解説するのが本書の目的です。

　日本語や英語のような自然言語による記述とプログラミング言語による記述の最大の違いは、プログラミング言語の記述においては曖昧さが許されないということにあります。プログラムは意図したとおりに動かなかったり、読む人によって解釈が異なる可能性があったりしてはいけません。このことは、曖昧な部分があっても使える自然言語と比べると難しく思えるかもしれませ

んが、そうではありません。曖昧さが許されないということは、プログラマが自分の意図を完全に表現し、伝えられることを意味しているのです。

多くのコンピュータは、プログラムを変えることによってさまざまな用途に利用できるようになっています。たとえば、ワードプロセッサのプログラムを実行すればワードプロセッサとして利用できますし、Webブラウザのプログラムを実行すればWebサイトを閲覧できます。このようなことが可能なのは、プログラムを記憶する機能と、記憶したプログラムを実行する機能をコンピュータが持っているためです。このことを図示すると図1-1のようになります。このようなしくみによってコンピュータをさまざまな目的に利用できるようにする方法は、**プログラム内蔵方式**と呼ばれます。今日使われているコンピュータの多くは、プログラム内蔵方式です。これに対して、利用するプログラムを限定し、電子回路として固定しているのが**組み込み機器**です。たとえば冷蔵庫の大部分はコンピュータで制御されていますが、そのプログラムは固定されているため、冷蔵庫のコンピュータを別の目的には利用できません。

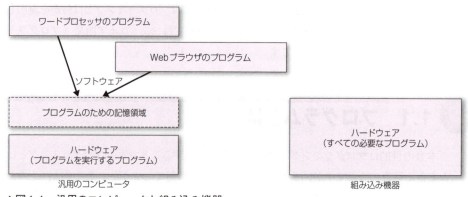

▲図1-1　汎用のコンピュータと組み込み機器

さまざまな目的に利用できる汎用のコンピュータのすべてのプログラムが交換可能だというわけではありません。プログラムを記憶して実行するという機能自体もプログラムで実現されていますが、この部分は交換可能ではなく、冷蔵庫のプログラムと同じように電子回路として固定されています。このような変更することのできない部分を**ハードウェア**と呼びます。それに対し、変更することのできる部分に当てはまるものを**ソフトウェア**と呼びます[*1]。

実は、ワードプロセッサやWebブラウザのようなプログラムは、図1-1のようなハードウェアで直接実行する形ではなく図1-2のような形で実行されます。プログラムとハードウェアの間には、オペレーティングシステム（**OS**）と呼ばれる特殊なプログラムがあるのが一般的です。記憶領域（メモリ）へのアクセスや、外部機器（キーボードやマウス、ディスク、ディスプレイ等）との間の入出力のように、ワードプロセッサやWebブラウザに限らず、さまざまなプログラムが共

[*1] ハードウェアとソフトウェアの区別は厳密なものではありません。Field Programmable Gate Array（FPGA）のような、電子回路自体を書き換えながら動作させる機器もあります。組み込み機器用のプログラムをソフトウェアと呼ぶこともあります。

通して利用する機能はOSによって提供されるのです。そのため、ワードプロセッサの開発者はハードウェアの詳細を気にすることなくプログラムを書けます。もちろん、OSやデバイスドライバ（外部機器にアクセスするためのプログラム）の開発者はワードプロセッサの開発者よりもハードウェアについて詳しく知っていなければなりません。広く普及しているOSにはWindowsやGNU/Linux、FreeBSD、macOSなどがあります（ここで挙げたOSのうち、Windows以外のものは、Unix系OSとしてまとめられます）。ハードウェアのために専用のOSが用意されることもありますが、通常は1つのハードウェアで複数のOSを利用できます。たとえば、Windowsを利用できるコンピュータの大部分で、GNU/LinuxやFreeBSDを利用できます。

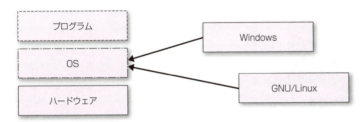

▲図1-2　OSの上で動作するプログラム

1.1.2　アプリケーション

　プログラミングの対象は大きく分けて2つあります。**アプリケーション**と**ライブラリ**です[2]。
　アプリケーションは単体で動かせるようなプログラムです。ワードプロセッサや表計算ソフトはアプリケーションの一種です。ライブラリはアプリケーションに組み込んで使うプログラムで、単体では動かせません。たとえば、ワードプロセッサも表計算ソフトも、画面に情報を表示したりファイルを操作したりする機能が必要です。このような共通の機能をアプリケーションごとに用意するのは面倒なので、ライブラリという形式にまとめておいて、それぞれから利用できるようにするのです。
　本書では、主に既存のライブラリを利用しながらアプリケーションを作成することを通じて、プログラミング言語について学びます。ライブラリはC++の標準的なものを主に利用します。これについては1.2.3項のコラムで紹介します。
　アプリケーションは、Graphical User Interface（**GUI**）のものと、Character-based User Interface（**CUI**）のものに分けられます。GUIは画面に配置したグラフィカルな要素をマウスなどのポインティングデバイスで操作するインターフェイスで、直観的に使えるという特徴があります（図1-3）。CUIはキーボードからの文字入力によって操作するインターフェイスで、直観的には使えませんが、慣れればGUIよりも効率よく作業できます（図1-4）。

---

[2] OSやデバイスドライバもプログラミングの対象ですが、これらはC言語やC++のような比較的低級な言語でのみ開発可能で、単にアプリケーションやライブラリを開発する場合とは異なる知識が要求されます。ここでは話を単純にするために、OSやデバイスドライバは与えられたものとしています。

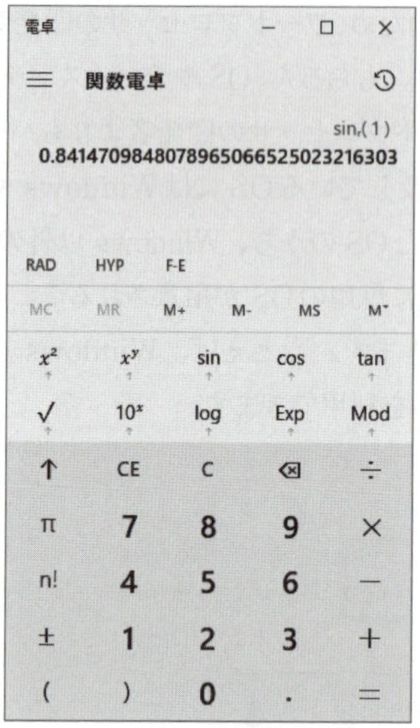

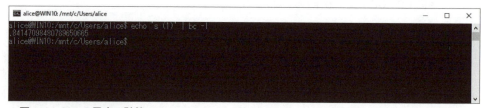

▲図1-3　GUIの電卓で計算

▲図1-4　CUIの電卓で計算

　一般的な傾向として、WindowsやmacOSでよく利用されるのはGUIアプリケーションで、Unixでよく利用されるのはCUIアプリケーションです。本書では主にWindows用のCUIアプリケーションを作成しながらプログラミング言語について学びます。Windows環境にもかかわらずGUIではなくCUIアプリケーションを作成するのは、GUIよりもCUIアプリケーションのほうが単純なため、プログラミング言語そのものに集中できるからです。

　アプリケーションは、それを利用するのに必要なコンピュータの構成によって分類することもできます。**スタンドアロン型**のアプリケーションは、図1-5の左のような単独のコンピュータ上で利用するアプリケーションです。OSに付属するものを除いて、この形式のアプリケーションは、利用する前に導入作業（**インストール**）が必要です。あるOS（たとえばWindows）の上で動作するアプリケーションを、別のOS（たとえばmacOS）上で動作させることは基本的にはできません。

▲図1-5　スタンドアロン型とクライアントサーバー型のアプリケーション

クライアントサーバー型のアプリケーションは、図1-5の右のように、**クライアント**がサーバーに何らかの「要求」を行い、それに対してサーバーが「応答」することによって情報処理が行われるアプリケーションです。この代表的な例が、**Webアプリケーション**です。Webアプリケーションにおけるクライアントはユーザーが利用するコンピュータ上で動く**Webブラウザ**、サーバーはインターネット上にある**Webアプリケーションサーバー**です。Webブラウザは、パーソナルコンピュータはもちろん、携帯電話等のモバイル機器や、一部のゲーム機やテレビなどにも搭載されています。そのため、インストール作業が不要で、スタンドアロン型のアプリケーションよりもはるかに多くの場面で利用できるという利点があります。その一方で、ブラウザが提供する機能が限られていることやネットワークの遅延などのために、スタンドアロン型のアプリケーションに比べて使い勝手が悪いという欠点があります。

　Webアプリケーションは、主にユーザーとのインタラクションを担うプレゼンテーション層（Webブラウザ）と、情報処理の大部分を担うファンクション層（Webアプリケーションサーバー）からなる**2階層**（2層）システムです。ただし、アプリケーションが利用するデータを**データベースサーバー**というWebアプリケーションサーバーとは別のサーバーで管理させることが多く、そのようなシステムは**3階層**（3層）システムと呼ばれます（図1-6）。

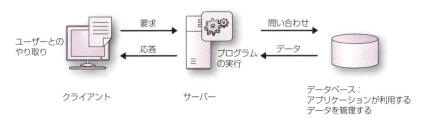

▲図1-6　3階層システム

　リッチインターネットアプリケーション（Rich Internet Application：RIA）は、図1-7のように、サーバー側だけでなくクライアント側でもプログラムが動くことによって、使い勝手が悪いという2階層システムの欠点を克服するWebアプリケーションです。Webブラウザ上で**JavaScript**というプログラミング言語で書かれたプログラムを利用する方法が普及しています。

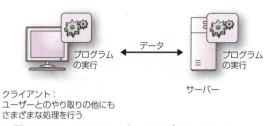

▲図1-7　リッチインターネットアプリケーション

1.1.3　コンパイラとインタープリタ

　コンピュータが実行できるのは**マシン語**と呼ばれるプログラミング言語で書かれたプログラムだけです。それ以外の言語で書かれたプログラムは、実行前にマシン語に翻訳しなければなりません。この項ではその翻訳方法について説明しますが、そのプロセスをイメージしやすいように、まずは、マシン語のプログラムがどういうものなのか見てみましょう。

マシン語のプログラム

```
C7 45 F8 01 00 00 00
C7 45 EC 02 00 00 00
8B 45 F8
03 45 EC
89 45 E0
```

　これは「a=1、b=2として、c=a+bを計算する」というプログラムをマシン語で書いたものです（「=」は、数学では等しいことを表しますが、プログラミングでは多くの場合、**代入**を表します。たとえば「a=1」という記述は、「aが1と等しいこと」ではなく、「aの値を1にすること」を表しています）。

　コンピュータが実行できるのは、このような形式で与えられたプログラムだけです。おそらく多くの人にとって、これは数字とアルファベットの意味不明な羅列でしかないでしょう。そこで、これを**アセンブリ言語**と呼ばれる、もう少しわかりやすい形式に翻訳します。次のようになります。

アセンブリのプログラム

```
mov         dword ptr [a],1
mov         dword ptr [b],2
mov         eax,dword ptr [a]
add         eax,dword ptr [b]
mov         dword ptr [c],eax
```

　「addで足し算をしている」ことは何となくわかりますが、行っている処理の単純さに比べると、このプログラムはまだわかりにくいです。

同じ処理を、**C 言語**というプログラミング言語で書くと次のようになります（C++ やC#、Java などのプログラミング言語でも、まったく同じになります）。

C 言語で「a=1、b=2 として、c=a+b を計算する」
```
int a = 1;
int b = 2;
int c = a+b;
```

「int」やセミコロン「;」が何を意味するのかがわからなくても、「a=1、b=2 として、c=a+b を計算する」という処理をするプログラムだということは納得できるでしょう。

　このように、人間にとって理解しやすいプログラミング言語を**高級言語**（あるいは**高水準言語**）と呼びます。それに対して、マシン語のようにコンピュータの実際の処理に近い言語を**低級言語**（あるいは**低水準言語**）と呼びます（「高級」や「低級」という表現には善悪のニュアンスは含まれていないことに注意してください）。

　コンピュータの動作を完全にコントロールしたい場合にはアセンブリ言語やマシン語が使われますが、そのようなことはきわめてまれで、通常は高級言語でプログラムを書きます。高級言語のほうが人間にとってわかりやすいので、これは当然のことです。そうすると、何らかの方法で高級言語のプログラムをマシン語に翻訳しなければなりません。翻訳には大きく分けて2つの方法があります。**コンパイラ**を使う方法と**インタープリタ**を使う方法です。

　コンパイラは高級言語をマシン語に変換するプログラムです。厳密に言えば、高級言語をアセンブリ言語に変換するのがコンパイラで、アセンブリ言語をマシン語に変換するのは**アセンブラ**という別のプログラムなのですが、多くの場合、両者を併せてコンパイラと呼びます。コンパイラを使うような高級言語のことを**コンパイル型言語**と呼びます。C 言語やC++、Java、C#、Visual Basic などはコンパイル型言語です[3]。

　インタープリタも高級言語をマシン語に変換するプログラムですが、コンパイラと違って、プログラムをマシン語に変換するのはプログラムの実行時です。インタープリタを使う言語のことを**インタープリタ型言語**と呼びます。JavaScript やPerl、Python、Ruby、Lisp、Mathematica などはインタープリタ型言語です[4]。

　それぞれの動作を図1-8にまとめました。コンパイル型言語のプログラムが「実行前」にコンパイラによってマシン語に翻訳されるのに対し、インタープリタ型の言語のプログラムは、「実行時」にインタープリタによってマシン語に翻訳されます。その翻訳にかかる時間の分だけ、インタープリタ型言語のプログラムは、コンパイラ型言語のプログラムより実行時間が余計にかかり

[3) JavaやC#、Visual Basic はもう少し複雑です。Java のプログラムはコンパイラによって中間言語に翻訳され、実行時にマシン語になります。C#やVisual Basicも基本的にはそうなのですが、コンパイル時にマシン語に翻訳することもできるようになっています。

[4) インタープリタ型と呼ばれる言語であっても、コンパイル機能を持っているものがあります。後で述べるように、両者の本質的な違いは、実行時に翻訳機能を利用できるかどうかにあります。

ます（変換時間に比べて他の処理時間が圧倒的に長くなるような場合には、全体の実行時間の違いはあまりなくなるでしょう）。

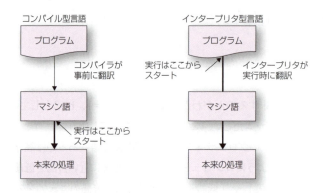

▲図1-8　コンパイラ型言語とインタープリタ型言語

　コンパイラ型言語とインタープリタ型言語の違いを表1-1にまとめました。実行時間については先に説明したとおりです。コンパイル型の言語では、プログラムを書いてもすぐに実行できず、まずコンパイルするという作業が必要になります。本書で扱うような規模の小さいプログラムの場合には、コンパイルは一瞬で終わるのであまり気になりませんが、大規模なソフトウェアの場合には、コンパイルにかなりの時間がかかります。インタープリタ型の言語ではそのようなことはなく、そのために開発がしやすくなる場合があります。

▼表1-1　コンパイル型言語とインタープリタ型言語の違い

	マシン語に変換される時期	長所	短所
コンパイル型	実行前	実行速度が速い	実行前にコンパイルが必要
インタープリタ型	実行時	プログラムを書いたらすぐに実行でき、柔軟性がある	実行速度が遅い

　両者の本質的な違いは、その柔軟性にあります。インタープリタで実行されるプログラムは、実行時に新たにプログラムを生成し、インタープリタを使ってマシン語に翻訳して実行できます。コンパイル型の言語でこのようなことをしようとするなら、結局はインタープリタを自分で実装することになるでしょう。

　インタープリタ型で、変数の型（3.1節）が実行時に決まるような言語（**動的型付け言語**）を**スクリプト言語**と呼ぶことがあります。動的型付け言語を使うと、プログラマは型を意識する必要がなくなるため、プログラムをすばやく書けます。変数の型をあらかじめプログラマが決めておかなければならない**静的型付け言語**は動的型付け言語に比べて柔軟性で劣りますが、それを補うためのさまざまな手法が知られています。本書では詳しく紹介しませんが、オブジェクト指向（後述）におけるプログラミングの定石としてよく知られているデザインパターンの多くは、

静的型付け言語に動的型付け言語の柔軟性を与えるものになっています。C++ は静的型付け言語です。

スクリプト言語は、プログラムをすばやく書ける（動的型付けのため）、そしてプログラムを簡単に実行できる（インタープリタ型のため）という性質により、簡単なデータ処理から大規模なアプリケーションまで、さまざまな場面で利用されています。C++ で簡単なデータ処理を行うということはあまりないので、これらの言語よりもスクリプト言語のほうが適用範囲は広いと言っていいでしょう。代表的なスクリプト言語には Perl、Python、Ruby、Lisp などがあります[5]。

1.1.4　オブジェクト指向

　プログラムを書くということの本質の 1 つに**抽象化**という概念があります。抽象化とは、物事の背後にあるしくみを隠して、それらを意識する必要がないようにすることです。「時計」を例に説明しましょう（図 1-9）。そのしくみについての深い理解なしには、時計は作れません。しかし、時計を使う段階においては、その内部に触る必要はないようにしておくべきでしょう。時計には、時刻を知るためのインターフェイスと時刻をセットするためのインターフェイスが用意されていればよいのであって、その実装の詳細は重要ではないのです。

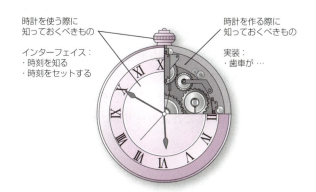

▲図 1-9　抽象化の例（インターフェイスと実装）

　プログラムの場合も同様です。コードを書いているときは、そのすべてを把握していなければなりませんが、それがある程度の規模になったら抽象化し、内部を知らなくても使えるようにします。抽象化という観点から言えば、プログラミングとは「コードを書く」、「書いたコードを抽象化する」、「抽象化されたものを利用するコードを書く」という作業の繰り返しです。

　プログラミングにおける抽象化の一例に、**オブジェクト**があります。これは広く普及している、とても強力な考え方です。プログラムの中で幾何学図形をモデル化することを例に、オブジェクトとは何かを説明しましょう。

[5) 「スクリプト言語」という用語にはここで紹介した以外にもさまざまな定義があり、含まれる言語も定義によって変わります。

図1-10は長方形の集合です。これらの長方形を「タテ」と「ヨコ」の辺の長さという**属性**（データメンバ、フィールド）と、「面積を計算する」、「描く」という**操作**（メンバ関数、メソッド）からなるものだと考えましょう。長方形をオブジェクトとして扱うということは、属性と操作を長方形ごとにまとめてとらえることを意味します。長方形だと認識した時点で「オブジェクト」になっていると思うかもしれませんが、それは一般用語のオブジェクトであって、プログラミングにおけるオブジェクトではありません。プログラミングにおけるオブジェクトとは、ここで示したように属性と操作をひとまとめにしたもののことです[*6]。

▲図1-10 長方形の集合

　図1-10の左の長方形を指すのに「タテXcm、ヨコYcm」のような詳細は必要ありません。単に「長方形A」と言えばよいのです。これが抽象化です。抽象化には、この例のタテとヨコのような詳細を隠蔽する過程が必然的に伴いますが、この過程は**カプセル化**と呼ばれます。この例では属性が2つしかないため意義がわかりにくいかもしれませんが、属性が大量にあるオブジェクトを想像すれば、抽象化のためにはカプセル化が必要不可欠だということが納得できるでしょう。この段階でタテとヨコの長さがわかっていなくても「長方形A」を扱えるように、オブジェクトは内部の詳細がカプセル化されていても扱えます。

　個々の長方形ではなく、すべての長方形を包含するようなひな形を考えましょう。それが**クラス**です。ひな形であるクラスに対して、それを基にした特定の長方形は**インスタンス**と呼ばれます（図1-11）。

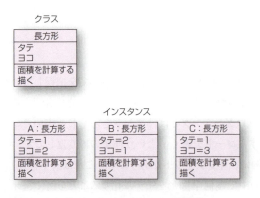

▲図1-11 クラスとインスタンスの関係

---

*6）「オブジェクト」という用語には、ここで用いているような意味の他に「コンピュータのメモリに格納されたデータ」という意味もあります。C#やJavaなどでは、最も基本的なクラス（後述）もObjectと呼ばれていますが、これをカタカナで「オブジェクト」と書くことはないので、日本語の文章に限って言えば混乱することはないでしょう。

ここで新たに、正方形をモデル化することを考えましょう。長方形と同様に、正方形にも「タテ」や「ヨコ」といった属性と、「面積を計算する」、「描く」といった操作があると考えます。正方形クラスにおいて、これらのすべてを再定義する必要はありません。既に定義されているクラス（長方形）との差異だけを定義すればよいのです（この場合の差異は「タテとヨコが同じ」という条件だけです）。このような考え方を**継承**といいます。この例では、長方形から派生した正方形が長方形の性質を継承しています。この例の長方形は正方形の**基底クラス**、正方形は長方形の**派生クラス**と呼ばれます。基底クラスと派生クラスの関係は、**親クラス**と**子クラス**、あるいは**スーパークラス**と**サブクラス**とも呼ばれます[7]。

　長方形と正方形の関係は図1-12のようになります。これはUMLクラス図と呼ばれる、クラスの関係を表現するための標準的な図です。UMLクラス図においては、1つの四角形でクラスを表します。四角形は3つの領域に分けられ、上段にクラス名、中段に属性、下段に操作を書きます。継承関係は、派生クラスから基底クラスに向けて描く白抜きの矢印で表現します。

▲図1-12　長方形と正方形のUMLクラス図

　オブジェクトとクラス、継承という概念を用いてプログラミングすることを、**オブジェクト指向プログラミング**（object-oriented programming：OOP）といいます。OOPは広く普及したプログラミング手法で、多くのプログラミング言語でサポートされています。「サポートされている」というのは、「実現可能である」ということではありません。たとえば、オブジェクト指向のアイディアをC言語で実現することは可能ですが、C言語自体がオブジェクト指向のための特別な機能を提供しているわけではありません。オブジェクト指向をサポートしている言語には、そのための特別な機能があらかじめ備わっているのです。

　オブジェクト指向に基づいてプログラムを構成するような言語は、**オブジェクト指向プログラミング言語**と呼ばれます。C#やJavaはオブジェクト指向プログラミング言語です。C++もオブジェクト指向プログラミング言語と呼ばれることがありますが、この呼び方には少し問題があります。C++はオブジェクト指向をサポートしてはいますが、オブジェクト指向以外の考え方に基づいてプログラムを書くこともできるからです[8]。

---

[7] この例はオブジェクト指向について説明するためのものです。長方形と正方形のための実際のプログラムで継承を使うとさまざまな困難に遭遇するでしょう。参考文献[Meyers05]を参照してください。

[8] C++を設計および実装したBjarne Stroustrupは、C++をオブジェクト指向プログラミング言語ではなくマルチパラダイム言語と呼んでいました。

オブジェクト指向についての理解を深めるための例として、四角形だけでなく、図1-13のような円も扱えるようにすることを考えましょう。

▲図1-13　円の集合

円は長方形と正方形のいずれとも継承関係は結べませんが、図1-14のように長方形と円を**一般化**した「図形」という基底クラスを新たに作成することで、全体を1つの体系にまとめることができます。

図形クラスが持つ操作（「面積を計算する」、「描く」）は、派生クラス（「円」と「長方形」）で再度、定義します。このように、基底クラスの操作を派生クラスで再定義することを**オーバーライド**といいます。

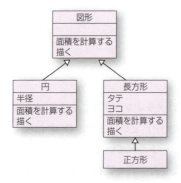

▲図1-14　幾何学図形のクラス図

今、「円、長方形、正方形」のどのインスタンスなのかが不明な図形Xの面積を計算したいとしましょう。面積を計算する基本的な方法は円と長方形ではまったく違いますが、そのことを気にする必要はありません。単に「Xの面積を計算する」というプログラムを書けば、Xのクラスに合ったオーバーライドされたメソッドが適切に実行されるのです[9]。これは、使い方（インターフェイス）を共通にして実装（機能を組み込むこと）を変える、**ポリモーフィズム**（**多態性**）と呼ばれる考え方の一例です[10]。Xが円か長方形かによって面積の計算方法を変えるのは、人

---

[9] ここで導入した「図形」のようなスーパークラスは、C++やC#、Javaでは必要ですが、このようなクラスがなくてもインターフェイスを共通にすることができるプログラミング言語もあります。C++では、テンプレートと呼ばれる機能を利用することで、「図形」クラスなしでポリモーフィズムを実現することもできます（10.4.5項を参照）。

間にとっては当たり前のことでしょう。しかし、コンピュータにとってこれは当たり前のことではなく、プログラミング言語によってサポートされて初めて簡単に実現できるのです。

　ここで作成した幾何学図形のクラス階層に「ひし形」を導入すると困難に直面します（図1-15）。正方形は長方形であると同時にひし形でもあるので、両方のクラスと継承関係を結ぶべきですが、多くのプログラミング言語は**多重継承**（複数のクラスを継承すること）をサポートしていないので、それはできません。これは、オブジェクト指向が現実を適切にモデル化できないことの一例です。C++は多重継承をサポートしていますが、それを使いこなすのは難しいです。

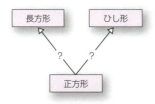

▲図1-15　ひし形を導入する際の困難

1.1.5　オブジェクト指向以外の考え方

　プログラミングには、オブジェクト指向以外にもさまざまな考え方があります。ここではその一部を紹介します。以下では、よく利用されているプログラミング言語の例として、Lisp、Prolog、SQL、Mathematicaを挙げています。プログラミング言語とこれらの考え方は1対1に対応するわけではありません。複数の考え方をサポートするプログラミング言語もあります。

　手続き型プログラミング（命令型プログラミング）は、コンピュータの情報処理を順番に記述していくプログラミング手法で、多くのプログラミング言語（この項で登場するものではSQL以外すべて）でサポートされています。オブジェクト指向プログラミングの際にも、多くの場合、そのメソッドの詳細は手続き的に記述します。つまり、C++やVisual Basic、C#も手続き型プログラミングをサポートしています。

　宣言型プログラミングは、情報処理の具体的な手続きではなく、必要な結果を記述していくプログラミング手法で、PrologやSQL、Mathematicaなどでサポートされています。結果を得るための具体的な手続きを書く手間が省けるので、プログラミングは簡単になります。

　関数型プログラミングは、すべての情報処理を関数の評価という形で記述するプログラミング手法で、LispやMathematicaでサポートされています。

　オブジェクト指向を含めて、プログラミングにおいて採用されている概念を理解するための最も良い方法は、それをサポートしている言語で実際にプログラムを書いて動かしてみることです。

＊10）プログラミングにおいて多態と呼ばれるものには、ここで紹介した継承によるものの他に、多重定義によるもの（5.3.1項）やパラメータによるもの（5.3.2項）などがあります。

C++ は手続き型とオブジェクト指向をサポートしているので、C++ を通じてこれらの考え方を学べます。宣言型や関数型も部分的にはサポートされていますが、上で紹介したようなC++ とは別のプログラミング言語を学ぶとよいでしょう。たくさんの考え方を知っていれば、解きたい問題に応じて最適な考え方を選べるようになります。

コードリーディング（ソースコードを読むこと）も、プログラミングを学ぶ際に欠かせない訓練です。幸運なことに、学習のための簡単なプログラムだけではなく、実際に使われている実用的なプログラムで、そのソースコードが公開されているものがたくさんあります。それらはまさに生きた教材なので、そこからたくさんのことを学べるでしょう。言語を学習することと、実用的なプログラムを読むことの間にはかなりのギャップがありますが、それは経験によって埋めるものです。初めはよくわからなくても、書くことと読むこととを繰り返すうちに、だんだん慣れていくでしょう。

1.2　C++

C++ はC言語を拡張する形で設計された言語です。この節では、C言語とC++ の関係、C++ の歴史、C++ の開発環境を紹介します。

1.2.1　C言語とC++

　C言語は1970年代前半にDennis Ritchie が設計したプログラミング言語です。ISO によって標準化されており、本書執筆時点での最新規格はISO/IEC 9899:2011で、C11 と呼ばれています。

　C言語は比較的低水準な言語であるため、C言語を学ぶことでコンピュータについての理解を深められます。プログラマにとっての常識と言ってよい言語です。

　C++ は、Bjarne Stroustrup によって設計されたプログラミング言語です。C++ もISO によって標準化されており、本書執筆時点での最新規格はISO/IEC 14882:2014で、C++14 と呼ばれています。

　C++ はC言語を拡張する形で設計されており、C言語のプログラムのほとんどはそのままC++ のプログラムと見なせます。C言語とC++ の最大の違いは、C++ がオブジェクト指向をサポートしていることです。オブジェクト指向をサポートする言語の多くはC++ を参考に作られているため、C++ で身に付けたオブジェクト指向についての知識は、JavaやC# など、他のオブジェクト指向言語でも生かせます。

　C++ は性能に関して妥協をせずに抽象度を上げることを追求している言語です。プログラミング言語の抽象度は高い方がわかりやすくていいのですが、わかりやすさは性能を犠牲にして実現されることがあります。C++ はそういうことが少ない言語です。言語の発展に伴い、便利な機能がいろいろと追加されてはいますが、それらは性能を犠牲にしないような形で導入されてい

ます。つまり、同じ機能をより低水準の言語で実装した場合と比較して、性能があまり落ちないように配慮されているのです。

　そのため、C++が利用されるのは、コードの書きやすさやわかりやすさよりも性能が重要であるような場面が多いでしょう。たとえばOSやデバイスドライバ、高性能計算（High Performance Computing：HPC）のような、ハードウェアの性能を最大限に引き出さなければならない場面です。プログラムの速さより、プログラミングの速さ、つまりプログラムを簡単に書けるかどうかが重要な場面も確かにありますが、そうでない場面もあるのです。実際、GNU/Linuxの大部分はC言語で、Windowsの大部分はC#やVisual BasicではなくC++で書かれています。Javaの実行環境であるJava仮想マシンもC++で書かれています*11。

1.2.2　C++の歴史

　C++の歴史は、1979年のC with Classes（クラス付きのC）から始まりました。その歴史を簡単にまとめると表1-2のようになります。

▼表1-2　C++の歴史（本書で紹介する機能を付記しています。ただし、小さな変更は割愛）

年	名　称	本書で紹介する機能
1979	C with Classes	オブジェクト指向
1984	C++（名称変更）	
1998	ISO/IEC 14882:1998（通称C++98）	テンプレートやSTL
2003	ISO/IEC 14882:2003（通称C++03）	
2011	ISO/IEC 14882:2011（通称C++11） ※承認前の通称はC++0x	型推論、範囲for、正規表現、リスト初期化、非順序コンテナ、ラムダ、ムーブ、乱数生成器、スレッド
2014	ISO/IEC 14882:2014（通称C++14）	2進数リテラル、戻り値の型推論

　表1-2の後もC++を改良する試みは続けられており、次の規格で取り込まれる予定の機能は**C++1z**と呼ばれています。

　このように、C++は誕生当時と比べて大きく変わっていますが、C++の古いプログラムが新しい環境でも動くように配慮されています。このような性質を、**後方互換性**と呼びます。C++（C言語）は、後方互換性を保ちながら進化してきた言語です。たとえば、自分で書いた1,000行のプログラムがあるとしましょう。後方互換性を無視した形で言語仕様が変わってしまうと、それに合わせてプログラムも書き直さなければなりません。不幸なことに、書き直さなければならないのは、その1,000行だけではないかもしれません。そのプログラムが使っていた（言語に標準では含まれない外部の）ライブラリを書き直す人がいなければ、それも書き直さなければなりません。その作業ができなければ、自分が書いた、たった1,000行のプログラムも、あきらめなければなりません。このようなことが起こるため、後方互換性を重視しないプログラミング言語は、

＊11）C++を使って実装されたソフトウェアがStroustrupのWebサイト（http://www.stroustrup.com/applications.html）で紹介されています（日本語訳：http://wgag.net/doc/cpp_apps_ja.html）。

短期的に使えればよい、いわゆる書き捨てのプログラムには向いていますが、数年あるいは数十年使うかもしれないプログラムには向きません。C++ やC 言語は、長期利用するプログラムも安心して書ける言語です。

1.2.3　C++ の開発環境

　C++ のプログラミングのためには、最低限、プログラムをコンパイルするためのコンパイラとプログラムを書くためのテキストエディタが必要です。実行中のプログラムの内部を調べるデバッガもあると便利です。

　よく知られたコンパイラには、次のようなものがあります[12]。

- **Visual C++**：Microsoft 製のコンパイラです。
- **GNU C++**：フリーソフトウェアのコンパイラ群（GNU Compiler Collection：GCC）に含まれるC++ コンパイラです。主要なOS 上で動作します。
- **Clang**：GCC を置き換えることを目標に開発されているフリーソフトウェアのコンパイラです。C++14のすべての機能を最も早く実装しました。主要なOS 上で動作します。Visual Studio でC++ を使ってAndroid アプリを開発するときには、Visual C++ ではなくClang を使うことになっています。
- **Intel C++**：CPU メーカーであるIntel が提供するコンパイラです。無料版はないので、使う機会は限られているでしょう。

　本書で利用するのはVisual C++ 2015 ですが、掲載しているコードは、GNU C++ 6.0、Clang 3.8 でも動作を確認しています。

　テキストエディタとデバッガは、別々に用意してもいいのですが、これらをすべて合わせた**統合開発環境（IDE）**が便利です。OS ごとに導入しやすいものを紹介しましょう。

- **Visual Studio（Windows）**：Microsoft 製のIDE で、C++ のほかに、C 言語やC#、Visual Basic、Python、JavaScript などに対応しています。エディションにはVisual Studio Community とVisual Studio Professional、Visual Studio Enterprise があり[13]、Community のみ無料です（フリーソフトウェアではありません）。C++ のコンパイラはVisual C++ が使われます（実行画面は第2章に掲載）。
- **Xcode（macOS）**：Apple 製のIDE です。C++ のほかに、C 言語やObjective-C、Swift などに対応しています。C++ のコンパイラはClang が使われます（実行画面は図1-16）。

---

[12] 各コンパイラの標準規格への対応状況はhttp://cpprefjp.github.io/implementation-status.html でまとめられています。

[13] 各製品の違いはhttps://www.visualstudio.com/products/compare-visual-studio-2015-products-vs にまとめられています。

● **NetBeans（GNU/Linux）**：WindowsやmacOSでも動作するフリーソフトウェアのIDEです。C++のほかに、C言語やJava、JavaScript、PHPなどに対応しています。C++のコンパイラはGNU C++またはClangが使われます（実行画面は図1-17）。

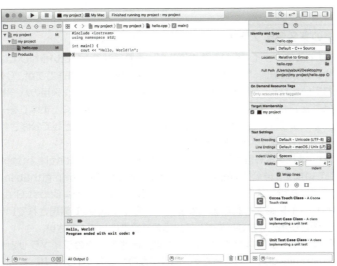

▲図1-16　macOSでXcodeを実行しているようす

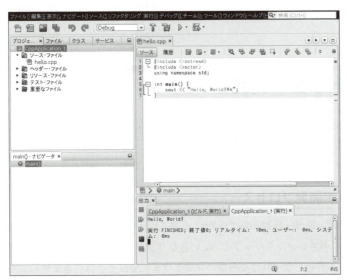

▲図1-17　UbuntuでNetBeansを実行しているようす

本書では Visual Studio Community 2015 を使います（2.1 節）。https://www.visualstudio.com/ で配布されているので、ダウンロード、インストールしてください。ただし、本書の内容で IDE に依存する部分はあまりないので、その部分だけ読み替えれば、Xcode や NetBeans など、他の IDE を使って本書を読み進めることもできるでしょう。

> **Column** 非標準の有名ライブラリ
>
> 　C++ は言語自体も付属する標準ライブラリも強力ですが、それだけで十分というわけではありません。たとえば、行列やグラフ構造はプログラミングでよく使われるデータ構造ですが、C++ の標準ライブラリには含まれていません。画像処理機能や GPGPU（グラフィックス用のハードウェアを一般的な計算に用いること）も、そのままでは使えません。そういう場合に、すべてを一から自分で実装するのは大変です。まずは、自分が必要とする機能が、ライブラリとして公開されているかどうかを探してみるといいでしょう（製品開発の場合はライセンスに注意）。
>
> 　まず探すべきは Boost、準標準とも言える、有名なライブラリ群です。Boost は http://www.boost.org/ で配布されています。非公式の日本語解説サイト（http://boostjp.github.io/）も参考になります。先に例に挙げた行列は Boost.uBLAS として、グラフ構造は Boost.Graph として実装されています。C++11 に導入された機能の多くは、先に Boost で実現されていました。Boost のインストール方法と使用例を付録に掲載しているので参考にしてください。
>
> 　Boost 以外にも便利なライブラリはたくさんあります。行列のためのライブラリとしては、Eigen（http://eigen.tuxfamily.org/）も有名です。画像処理のためのライブラリには、OpenCV があります。GPGPU のためのライブラリには、汎用の Boost.Compute や OpenCL、NVIDIA のハード限定の CUDA などがあります。

1.3　ソフトウェア開発

　1.1 節ではプログラムとは何か、1.2 節では C++ がどのようなプログラミング言語で、どのような環境でプログラムを作成および実行するかを説明しました。この節では、ソフトウェア開発手法、つまりどのようにプログラムを作成するかについて説明します。

1.3.1　ソフトウェア開発プロセス

　ソフトウェア開発において、通常、最初からプログラムを書くということはありません。本書で扱うような、単純な目的のための小さいソフトウェアなら、いきなりプログラムを書いても問題ないかもしれません。しかし、現実に開発しなければならないソフトウェアではそうはいきません。プログラムを書く前に、どのようなプログラムを書くのかを明確にしておく必要があります。開発するソフトウェアが自分で使うためのものでない場合は特に、そもそもの目的から考えなければならないでしょう。

ソフトウェア開発は、次のようなステップからなるのが一般的です。

1. **業務分析**：どのような作業が必要なのかを考える。
2. **要求定義**：必要な作業のうち、何をコンピュータで行うかを決める。
3. **設計**：ソフトウェアの作り方を決める。
4. **コーディング**：実際にコードを書く。
5. **テスト**と**デバッグ**：プログラムの動作をテストし、バグがあればそれを修正する。

　これらをどのように実行していくかを定めたものが**開発プロセス**です。さまざまな開発プロセスが提案されていますが、ここでは**ウォーターフォール型開発プロセス**と**反復型開発プロセス**、**アジャイルソフトウェア開発**を紹介しましょう。
　ウォーターフォール型開発プロセスでは、これらのソフトウェア開発のステップを1回ずつ実行します。滝の流れのように後戻りをしないで進めるため、ウォーターフォールと呼ばれます。この手法には2つの問題があります。第1に、要求定義の段階で必要な機能をすべて列挙できない可能性や、開発の途中で要求が変わる可能性があります。第2に、開発が進んだ段階で技術的な問題が表面化する可能性があります。いずれの場合においても、やり直すにはかなりのコストがかかります。

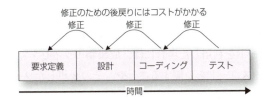
▲図1-18　ウォーターフォール型開発プロセス

　反復型開発プロセスでは、要求定義からテストまでのステップを繰り返し実行します。繰り返しの最初の段階では、要求を確定させずにソフトウェアを作ります。それを中間成果物として、ユーザーからフィードバックを得て、要求定義に反映させます。これによって要求の変化に対応します。中間成果物で表面化する技術的な問題なら、対処も容易なはずです。このように、反復型開発プロセスならウォーターフォール型開発プロセスの問題を回避できます。

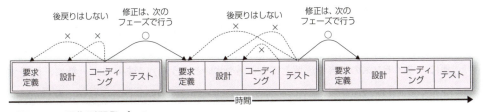
▲図1-19　反復型開発プロセス

アジャイルソフトウェア開発は、次のような原則[*14]に基づく開発方法論です。

- プロセスやツールよりも、個人や協調が大切
- 包括的な文書よりも、動くソフトウェアが大切
- 顧客との契約交渉よりも、顧客との協調が大切
- 計画に従うよりも、変化に対応することが大切

2番目の原則のため、アジャイルソフトウェア開発においては、ウォーターフォール型や反復型開発のような、コーディングに先立つ要求定義と設計のステップがなくなり、実際に動くソフトウェアを作りながら要求定義と設計を詰めていくことになります。

1.3.2　ライセンス

コンピュータプログラムには、利用者が遵守すべき事項を記載した文書である**ライセンス**を付けるのが一般的です。利用者が自分だけであるという特殊な場合を除いて、開発者は何らかのライセンスを定めるべきでしょう。

ライセンスは、必ずしも開発者が自由に決められるわけではありません。開発するソフトウェアに他で公開されているソースコードやライブラリを利用することはよくありますが、そのような場合には、最終的な成果物のライセンスが、利用したソースコートやライブラリのライセンスによって制限されます。たとえば、**GNU General Public License（GPL）**というライセンスで公開されているソフトウェアのソースコードを利用した場合には、成果物のライセンスもGPLにしなければなりません。その結果、ソースコードを公開することや、その変更したソースコードの配布を許可することが義務づけられることになります。

この例から、ライセンスをどのようなものにするかは、開発の初期段階で決まっていなければならないということがわかります。ライセンスは開発方法にも影響を与えるからです。たとえば、GPLとは矛盾するような事項をライセンスに含めたい場合には、GPLで公開されているソフトウェアのソースコードを使って開発することはできなくなります。これはとても重要なことです。1.1.5項でも述べたように、私たちは公開されているたくさんのソースコードを読んで勉強できますが、それらを自分のソフトウェアの中で直接利用できるかどうかは、それらがどのようなライセンスで公開されているかと、自分のソフトウェアのライセンスをどのようなものにするかによって決まってしまうのです。

既存のライセンスの中から1つ（あるいは複数）を選び、開発するソフトウェアのライセンスにするということがよく行われます。これにはライセンスを作成する手間が省けるということの他に、ライセンスの内容を理解してもらいやすいという利点があります。特に、開発するソフト

[*14] アジャイルソフトウェア開発マニフェスト（http://agilemanifesto.org/）

ウェアを「ソースコードが利用可能で、その改変と再配布も自由」な**フリーソフトウェア**として公開する場合には、既存のライセンスの利用を検討するとよいでしょう（フリーソフトウェアの「フリー」は自由という意味であり、無料という意味ではないことに注意してください。無料のソフトウェアは**フリーウェア**と呼ばれます）。フリーソフトウェアには、改変して配布するソフトウェアもフリーソフトウェアにしなければならないもの（**コピーレフト**）と、そうでないものがあります。前者のライセンスとしては上述の GPL が、後者のライセンスとしては **MIT ライセンス**や **BSD ライセンス**などが有名です。

1.3.3 コーディングとテスト、チューニング

　設計が終わったら**コーディング**となりますが、実際にコードを書く前にしなければならないことがあります。**コーディング規約**の確認です。複数人で開発するときには、全員がある程度共通のスタイルでコードを書く必要があります。一人で開発するときでも、適切なスタイルを決めてそれに従ってコードを書く習慣を付けておくと、後で自分のコードを読み直したり修正したりするのが容易になります。本書では、付録 A.1 でスタイルの重要な要素の 1 つである命名規則を紹介しています。

　問題があることがわかっているときにデバッグをするのは当然ですが、問題がないと思われるときにもしなければならないことがあります。**テスト**です。プログラムが処理すべき問題をあらかじめ用意しておいて、開発中のソフトウェアをテストするのです。

　必要な機能を実装する前に、まずそれをテストするコードを書く**テストファースト**という開発手法もあります。この手法には、テストを書くことによって要求や設計が明確になる（あるいは問題点が明らかになる）という利点があります。テストを先に書いた方がエラーの検出および削除にかかる時間が短くなるという報告もあります。どんな問題に対しても必ずテストを用意できるというわけではありませんが、用意できる状況なら、その手間を惜しむべきではありません。ただし、テストにパスすることがバグがないことの証明になるわけではないことに注意してください。

　クラスを対象にしたテストを**単体テスト**（**ユニットテスト**）と呼び、Visual Studio もそのための機能を備えています。

　ソフトウェアがテストを通過しても、実行速度が遅すぎる、メモリやディスクなどの資源を消費しすぎるなどの問題が残ることがあります。そのような場合には、パフォーマンスの調整（**チューニング**）が必要になります。

　チューニングは、設計からコーディングまでのさまざまなレベルで行います。設計のような上位レベルに修正を施すと、その影響はソフトウェア全体に及び、大量のコードを書き換えなければならなくなる可能性があります。そのため、設計の段階では性能についてよく考慮しなければなりません。

　その一方で、コーディングの初期段階では性能を追求すべきではありません。この段階で性能を追求すると、コードが複雑でわかりにくくなり、バグも入り込みやすくなります。性能を追求するのは、コーディング後のテストで性能を悪化させている原因（**ボトルネック**）が特定されてからでよいでしょう。

複数人で開発を行う際には、だれがソースコードの最新版を持っているのかわからなくなったり、複数人が同時にソースコードを更新しようとした結果、成果の一部が失われてしまったりする危険を回避する手段を用意しておかなければなりません。**バージョン管理システム**と呼ばれるシステムを導入することで、このような問題は簡単に解決できます。このシステムには次のような機能があります。

- 同じファイルを複数人が同時に更新しようとすると警告を発する。
- 手元のすべてのファイルを簡単に最新状態にする。
- ソフトウェアを簡単に以前の任意のバージョンに戻す。
- 開発中のソフトウェアをバックアップする。

3番目と4番目の機能は、1人で開発している場合にも有用です。Visual Studio Professional と Enterprise は、最も有名なバージョン管理システムである Git との連携機能を備えています。

実際の開発の現場では、バージョン管理にバグ追跡（発見されているバグを管理する）やWiki（情報共有のための書き換え可能な Web ページ）を付加したようなシステムがよく利用されます。

第1章 練習問題

1 C++ のコードをマシン語に変換するプログラムを何と呼びますか。

2 「オブジェクト」という語の意味を2つ挙げてください。

3 オブジェクトとクラス、継承という概念を用いてプログラミングすることを何と呼びますか。

第2章 C++ の基礎 〜やさしい入門

この章ではC++ がどのような言語なのかを概説し、Visual Studio 上で簡単なC++ のプログラムを作成、実行します。

2.1 開発環境の準備

この節ではプログラミングを始める準備をします。

2.1.1 統合開発環境

本書で扱うのは標準、つまりMicrosoft の独自拡張などを含まないC++ なので、本書に掲載したコードはmacOS やGNU/Linux でも動作します。しかし本書では、統合開発環境についての入門的な解説は、Visual Studio のみを対象にします。ですから、XcodeやNetBeans など、Visual Studio 以外の開発環境の操作方法の説明は割愛します[*1]。もっとも、Visual Studio 自体についても、そのインストール方法やGUI の使い方はあまり説明しないので、それらについて詳しく知りたい場合には、Microsoft のWeb サイト (https://www.microsoft.com/ja-jp/dev/products/visual-studio-2015.aspx) などを参照してください。

[*1) macOS ではXcode をインストールすればすぐにプログラミングを始められます。Ubuntu 16.04 では、次のコマンドでG++ とClang をインストールしてから、NetBeans をhttps://ja.netbeans.org/downloads/からダウンロードしてインストールします。

```
sudo apt-get update
sudo apt-get install -y g++ clang
```

NetBeans では、プロジェクト・プロパティのC++ 標準を、「C++14」に設定してください。

2.1.2　Visual Studio Community 2015 のインストール

　Visual Studio Community 2015（以下、Visual Studio）を https://www.visualstudio.com/ からダウンロードしてインストールします。インストールの種類の選択は［既定］でかまいません。次の節でプロジェクトを作成するときに、C++用に必要なソフトウェアを追加します。

　インストール後にVisual Studioを起動すると、図2-1のような画面が表示されます。

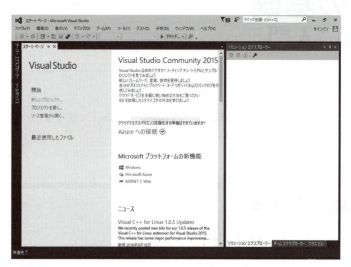

▲図2-1　Visual Studio Community 2015 の起動画面

 ## 2.2　Hello, World!

　「Hello, World!」と表示するだけの簡単なプログラムを例に、Visual Studio上でC++のプログラムを作成し、実行する方法を紹介します。

2.2.1　プロジェクトの作成

　Visual Studio は、プログラムを管理するためにプロジェクトというしくみを使うので、まずはプロジェクトを作成します。

1. ［ファイル］メニューの［新規作成］をポイントし、［プロジェクト］をクリックすると、図2-2のような［新しいプロジェクト］ダイアログボックスが表示されます。［Visual C++ 2015 Tools for Windows Desktop をインストール］を選択し、［OK］をクリックします。

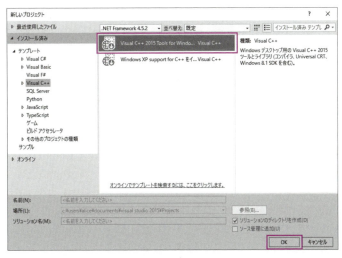

▲図2-2 ［新しいプロジェクト］ダイアログボックス（Visual C++ 2015 Tools for Windows Desktop のインストール前）

2. Visual C++ 2015 Tools for Windows Desktop をインストールしてから、もう一度［ファイル］メニューから［新規作成］―［プロジェクト］をクリックすると、図2-3のように［Win32 コンソールアプリケーション］が現れます。［名前］ボックスに自分の好きな名前（画面の例ではConsoleApplication1）を入力して、［OK］をクリックします。

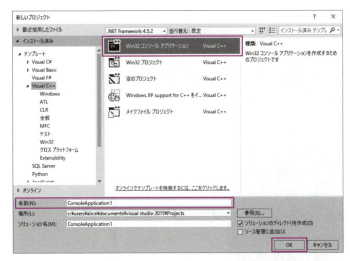

▲図2-3 ［新しいプロジェクト］ダイアログボックス（Windows Desktop のインストール後）

3. 図2-4のような［Win32アプリケーションウィザード］が現れるので、［アプリケーションの種類］で［コンソールアプリケーション］を選択し、［追加のオプション］で［空のプロジェ

クト］にチェックを入れて、［完了］をクリックします。これで、C++のためのプロジェクトが作られます。コンソールアプリケーションはCUIアプリケーションと同じものだと考えてください。

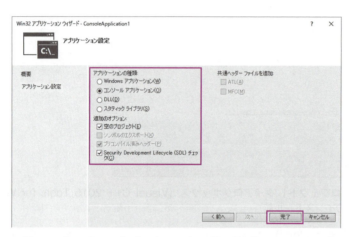

▲図2-4　［Win32アプリケーションウィザード］（［コンソールアプリケーション］を選択し、［空のプロジェクト］にチェックを入れる）

プロジェクトが作成されると、図2-5のような画面になります。右側のソリューションエクスプローラーに、先ほど付けた名前（画面の例ではConsoleApplication1）のプロジェクトがあることが確認できます。

▲図2-5　プロジェクト作成後の画面

2.2.2　コーディング

「Hello, World!」のためのコードを書きます。C++ のコードは、拡張子が .cpp であるソースファイルに書きます*2。まずはソースファイルを作成します。ソースファイルには内容を推定できるファイル名を付けます。ただし、長すぎるファイル名や、漢字などの全角文字を含んだファイル名のファイルは、環境によっては使えなくなるので注意してください。

1. ソリューションエクスプローラー（前項の図2-5）で［ソースファイル］を右クリックし、メニューの［追加］-［新しい項目］をクリックします。図2-6のような［新しい項目の追加］ダイアログボックスが表示されます。
2. テンプレートで［C++ ファイル（.cpp）］を選択し、ファイル名を hello.cpp として［追加］をクリックします。

▲図2-6　［新しい項目の追加］ダイアログボックス

3. ソースファイル hello.cpp が生成され、その編集画面が表示されるので、次のコードを入力します。なお、日本語キーボードでバックスラッシュ「\」を入力するには、円記号「¥」が印字されたキーを押してください（詳しくは本節の末尾のコラムを参照してください）。

[サンプル] hello.cpp

```
#include <iostream>

int main() {
  std::cout << "Hello, World!\n";
}
```

---

*2）拡張子には、cpp のほかに cc もよく使われます。本章で作成するファイルは hello.cpp ですが、hello.cc としてもかまいません。

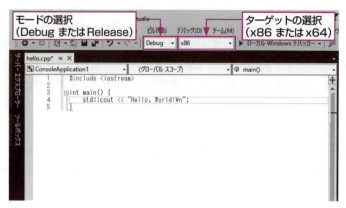

▲図2-7　hello.cpp の編集画面（モードとターゲットについては後述）

2.2.3　プログラムの実行

　プログラムを実行する前に、プロジェクトのオプションを変更して、コンパイラが警告をたくさん出すようにしておきましょう。警告は、エラーと言うほど深刻なものではありませんが、何かがおかしいことを示唆するものです。エラーではないからといって放置せずに、常に解決するようにしましょう。［デバッグ］メニューの［プロパティ］（この例では［ConsoleApplication1 のプロパティ］）を選択してプロジェクトのプロパティページを開き、［C/C++］の［全般］で［警告レベル］を［レベル 4（/W4）］に設定しておきましょう（図2-8）。さらに上のレベルもありますが、それを選択すると警告が多く出すぎるので実用的ではありません。

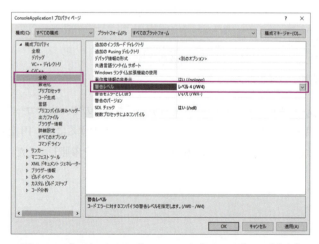

▲図2-8　プロジェクトのプロパティで［C/C++］の［全般］の警告レベルを 4 に上げる

［デバッグ］メニューの［デバッグなしで開始］をクリック、あるいは Ctrl キーを押しながら F5 キーを押してプログラムを実行します（ファイルを保存していない場合には、確認画面が表示されるので、［はい］をクリックしてください）。

1.1.3項で説明したように、プログラムはすぐに実行されるわけではありません。まず実行可能な形式に変換しなければなりません。その変換プロセスの全体を**ビルド**と呼びます。そのようすが［出力］ウィンドウに表示されます。この場合は図2-9のような表示になります（［ビルド］メニューを使って、ビルドのみを行うこともできます）。

▲図2-9　ビルドが正常終了したときのようす

重要なのは、「ビルド: 1 正常終了、0 失敗、0 更新不要、0 スキップ」のところです。プログラムが文法的に間違っていると、エラーか警告が発生します。たとえば、std と書くべきところを Std と書いたとしましょう。実行しようとすると、［エラー一覧］ウィンドウに図2-10のようなエラーメッセージが表示されます。エラーメッセージの正確な意味はこの段階ではわからないかもしれませんが、［行］列に「4」と表示されていることから、4行目に問題があるということがわかります。

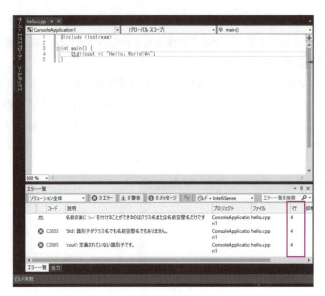

▲図2-10　ビルド時にエラーが発生したようす

　プログラムが正しければ、ビルド後にアプリケーションが実行され、図2-11のように「Hello, World!」と表示されます。「続行するには何かキーを押してください . . .」というのはVisual Studioからのメッセージであって、ここで作成しているプログラムとは関係ありません。

▲図2-11　「Hello, World!」の実行結果

　プログラムのビルド方法には、**Debug**モードと**Release**モードという2つのモードがあります（切り替え方法は前項の図2-7）。開発中、実行しているプログラムの内部状態を観察したい場合はDebugモードでビルドします。開発が終了して、デバッグのための情報がいらなくなったらReleaseモードでビルドします。Releaseモードでビルドしたプログラムの方が高速です。

　ビルドの**ターゲット**、つまりどういうコンピュータを対象にするかにも選択肢があります（切り替え方法は前項の図2-7）。32ビット環境用の実行ファイルを作るならx86を、64ビット環境用の実行ファイルを作るならx64を選択してください。32ビット環境用の実行ファイルは64ビット環境でも動作しますが、64ビット環境用の実行ファイルは32ビット環境では動作しません。

　Debugモードで［標準］ツールバーの［ローカルWindowsデバッカー］ボタンをクリック、あるいは F5 キーを押してプログラムを実行することもできます。これは［デ

バッグ］メニューの［デバッグ開始］をクリックするのと同じです。しかし、この方法で実行すると、プログラムの終了時にコンソールが閉じてしまうので、結果を確認できません。プログラムの最後にブレークポイント（付録A.3）を設定すればこの問題を回避できますが、ここで行ったように［デバッグなしで開始］を使う方が簡単ですし、動作も速いでしょう。

2.2.4　コードの書き方

　コード中の空白やタブ、改行の使い方にはかなりの自由度があります。たとえば、以下の2つのコードは本質的には同じものです。#include <iostream> の後の改行は必須です。

```
#include <iostream>

int main() {
  std::cout << "Hello, World!\n";
}
```

```
#include <iostream>
int main(){std::cout<<"Hello World!\n";}
```

　改行や空白の使い方によって、コードの読みやすさは大きく変わります。コードを書く際には、空白やタブ、改行を入れながら、読みやすいものになるように心がけてください。

　コードのスタイルにはさまざまな流儀があります。たとえば、C++ の設計・実装者であるStroustrup は、次のようなスタイルでコードを書いています。本書のスタイルと異なり、左波かっこ「{」の前後で改行し、その後、半角スペース3個分字下げしています。

```
#include <iostream>

int main()
{
   std::cout << "Hello, World!\n";
}
```

　スタイルの選び方は自由ですが、選んだスタイルを一貫して使うことが大切です。

　空白の使い方に自由度があると言っても、次のように全角の空白は使えません。

```
全角の空白
  ↓
□□□std::cout << "Hello, World!\n";
```

　このコードを実行すると、次のようなエラーが発生します[*3]。

[*3] 0x3000は全角の空白のことです（全角の空白はUnicodeではU+3000という番号が付いています）。Unicodeには単なる半角の空白（U+0020）とU+3000の他にもたくさんの空白がありますが、コードの中で空白として利用できるのはU+0020だけです。

```
'0x3000': この文字を識別子で使用することはできません
```

「Hello, World!」を題材に学べることは他にもたくさんあります。

1. **全角と半角、大文字と小文字は区別される**
   std と書くべきところを間違えて Std と書くエラーになることを先ほど確認しました。
2. **main() に書かれた処理が実行される**
   C++ のプログラムの実行プロセスは、main() を呼び出すことから始まります。main() の具体的な処理は、その後の{ ～ }の間（ブロック）に書きます。
3. 「Hello, World!」の具体的な処理は「std::cout << "Hello, World!\n";」であり、これは「Hello, World!」という文字列を画面に表示することを意味する

　cout は画面に文字列を表示するためのオブジェクトです。このオブジェクトは、名前空間 std の中で定義されています。**名前空間**というのはその名のとおり、名前のための空間です（5.4.2 項も参照）。名前空間 std の中で定義された cout は、std::cout と書くことで利用できます。この「::」は**スコープ演算子**と呼ばれます。名前が同じでも属する名前空間が異なれば、別のものになります。たとえば、std::cout と a::cout は別のものです（図2-12）。

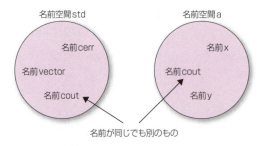

▲図2-12　名前空間

　同じ名前空間の要素を何度も使う場合には、次の構文を用いて利用する名前空間を指定しておくと便利です。

[構文] 名前空間の利用
```
using namespace 名前空間名;
```

　この構文を用いると hello.cpp は次のように書き直せます。std::cout ではなく単に cout と書けるようになったことに注目してください。

[サンプル] hello2.cpp

```cpp
#include <iostream>
using namespace std;

int main() {
  cout << "Hello, World!\n";
}
```

　C++ ライブラリのほとんどの要素は名前空間 std で定義されているため、標準 C++ のプログラムでは、最初に using namespace std; と書いておくとよいでしょう。そうしないと、何度も std:: と書くことになります。

　「Hello, World!」から学べることの紹介を続けます。

4. **文字列（ここでは Hello, World!\n）は二重引用符「"」で囲む**
　　二重引用符自体を使いたいときは、エスケープシーケンス（後述）を使って「\"」のように書きます。

5. **\n は改行を表す**
　　このようにバックスラッシュに続けて文字を書くことで特別な意味を表すものがあり、**エスケープシーケンス**と呼ばれます。主なエスケープシーケンスは次のとおりです。

▼表2-1　主なエスケープシーケンス

エスケープシーケンス	意味
\n	改行
\t	タブ
\0	ヌル文字（7.1.3項）
\\	バックスラッシュ
\'	一重引用符
\"	二重引用符

　\n が改行を表すことは、プログラムの一部を「cout << "Hello, World!";」のように変更した場合の実行結果（図2-13）から確認できます。\n の代わりに「cout << "Hello, World!" << endl;」として改行することもできます。endl は改行を表すオブジェクトで、名前空間 std で定義されています[*4]。このように、複数の << によって複数のデータを cout に渡せます。

[構文] cout に複数のデータを渡す

cout << データ1 << データ2 << ... << データn;

[*4] 厳密に言えば、\n と endl は同じではありません。endl の代わりに \n を使うと、コンソールに結果が表示されるまでに時間がかかる場合があります（8.2.3項）。

▲図2-13 「cout << "Hello, World!";」の結果。改行がない（図2-11と比較）

6. **処理の最後にはセミコロン「;」を書く**

   セミコロンを付け忘れると、次のようなエラーが発生します。

```
構文エラー：';' が '}' の前にありません。
```

7. **cout を使うためには、プログラムの初めに #include <iostream> が必要である**

   iostream は画面への出力やキーボードからの入力機能を定義するもので、**ヘッダ**と呼ばれます。標準C++ に用意されているライブラリはすべて、ヘッダを読み込むことで利用可能になります。ヘッダは次のような構文で読み込みます。

[構文] ヘッダの読み込み
```
#include <ヘッダ名>
```

本書では、本文で「<iostream> が必要です」などとコメントし、サンプルコードの「#include <iostream>」のような記述を省略することがあります。

2.2.5　コメント

ソースコードにはコメントを付けられます。コメントは人間が読むためのものであって、コンパイラには無視されます。コメントには次の2つの形式があります[5]。

[構文] コメントの形式1
```
/*
ここに
コメント
を書く
*/
```

/* と */ に挟まれた領域がコメントになります。関数などの説明としてまとまった量のコメントを書く際に利用します。

[構文] コメントの形式2
```
//ここにコメントを書く
```

---

[5] 特殊な形式のコメントを書くことによって、ソースコードからドキュメントを自動生成するようなツールもあります。標準C++ ではDoxygen (http://www.doxygen.org/) が有名です。

// から行末までがコメントになります。短いコメントを付けたり、コードの一部を無効にしたりする際に利用します。

> **Column**　**Visual Studio のコメント関連機能**
>
> 　Visual Studio のコメントに関連する機能を 2 つ紹介します。
> 　1 つ目は、コメントとその解除のための機能です。プログラムの一部をコメントにしたり、コメントにしていた部分をコメントでなくしたいことがよくあります。// や /*、*/ を 1 つずつ編集すればいいのですが、行数や回数が多くなると面倒です。そういう場合のために、選択部分をコメントにしたり、コメントを解除したりする機能が Visual Studio に備わっています。コメントにしたい、あるいはコメントを解除したい部分を選択し、[編集] メニューの [詳細] － [選択範囲のコメント] あるいは [選択範囲のコメントを解除] をクリックします。
> 　2 つ目は、コメントをタスクとして一覧表示する機能です。冒頭に HACK や TODO、UNDONE と書かれたコメントは、Visual Studio の [タスク一覧] ウィンドウに表示されます。図 2-14 のように、[表示] メニューの [タスク一覧] で一覧表示できます。これは C++ の仕様ではなく、Visual Studio の機能です。
>
>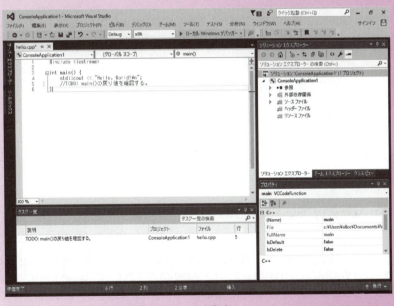
>
> ▲図 2-14　タスク一覧を表示させているようす

Column　バックスラッシュと円記号

　Unicode（ユニコード）と呼ばれる現在のコンピュータで広く使われている文字体系においては、バックスラッシュと円記号は区別されています。このことは、IME パットの表示フォントを Times New Roman にして確認できます（図 2-15 の U+005C がバックスラッシュ、U+00A5 が円記号です）。

▲図 2-15　IME パットでバックスラッシュと円記号を確認しているようす
　　　　　（フォントは Times New Roman）

　Visual Studio の既定の表示フォントである MS ゴシックでは、図 2-16 のようにバックスラッシュと円記号の字形が同じになっており、見た目には区別が付きません。

▲図 2-16　IME パットでバックスラッシュと円記号を確認しているようす
　　　　　（フォントは MS ゴシック）

　本書では、バックスラッシュ（U+005C）と円記号（U+00A5）を混同しないように、バックスラッシュの字形は「\」にしています。2.2.2 項の図 2-7 のように、Windows の日本語環境ではバックスラッシュの字形が円記号の字形と同じになりますが、入力しているのはバックスラッシュです。本書で円記号（U+00A5）は使いません。

　日本語キーボードには、バックスラッシュが印字されたキーと円記号が印字されたキーがありますが、どちらを押してもバックスラッシュが入力されます（mac では、円記号が印字されたキーを押したときに入力される文字を切り替えられます）。英語キーボードには円記号が印字されたキーはありません。バックスラッシュが印字されたキーを使ってください。

　Microsoft Office など一部のソフトウェアを日本語環境で使うと、バックスラッシュと円記号の字形が違うはずのフォントを指定しても、バックスラッシュの見た目が円記号のものになることがあるので注意してください。

2.3　コンソールでのビルドと実行

　2.2節ではVisual Studio上でプログラムをビルドして実行しましたが、これらの作業はコンソール（コマンドプロンプト）でも行えます。この方法はテキストで明確に書けるため、手順を人に伝えたり、機械に伝えて自動化したりするのに便利です。

　まず、［スタート］メニューの［Visual Studio 2015］―［開発者コマンドプロンプト for VS2015］をクリックして、開発用のコマンドプロンプトを起動します。通常のコマンドプロンプトと違い、このコマンドプロンプトはC++開発のためのコンパイラ等を起動するための設定が済んでいます。

　次に、プログラム（たとえばhello.cpp）があるディレクトリに移動します。2.2節で作成したプロジェクトなら次のようになります（「ユーザ名」の部分は、自分の環境に合わせて変えてください。適当な作業ディレクトリにcppファイルをコピーして、そこに移動してもかまいません）。

```
cd "C:/Users/ユーザ名/Documents/Visual Studio 2015/Projects/ConsoleApplication1/ConsoleApplication1"
```

　コマンドプロンプトで次のように入力して、hello.cppをコンパイルします。

```
cl hello.cpp
```

　エラーがなければhello.exeが生成されるので、コマンドプロンプトで「hello.exe」あるいは単に「hello」と入力して実行します。

　図2-17は以上の作業を行っているようすです（円記号に見える文字はすべてバックスラッシュです。Windowsでは、ディレクトリの区切り文字としてスラッシュまたはバックスラッシュを使います。プログラミングでは、スラッシュが扱いやすいです。コマンドプロンプトでは、バックスラッシュを使うと Tab キーでの補完が効きます）。

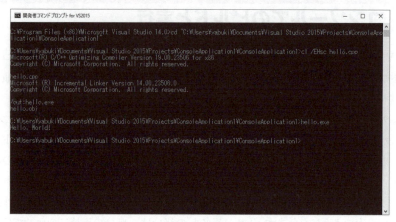

▲図2-17　hello.cpp をコマンドラインでビルドして実行しているようす（「例外」に関する警告が出ないようにオプション /EHsc を付けている）

　コンパイルのためのコマンドである cl にはたくさんのオプションがあるので、「cl /?」と入力して確認してください。よく利用するのは、警告をたくさん表示するための /W4 と[6]、最適化のための /Ox でしょう。

　1.2.3項で紹介したGNU C++ やClang は、Windows 10 Anniversary Update で追加されたWindows Subsystem for Linux で簡単に試せます（Ubuntu でも同様です）[7]。Bash で次のコマンドを入力することでインストールできます。

```
sudo apt-get update
sudo apt-get install -y g++ clang
```

　インストールされるコンパイラのバージョンが少し古いかもしれないので、「g++ --version」や「clang++ --version」と入力してバージョンを確認してください。

　GNU C++ でコンパイル実行する方法は次のとおりです（hello.cpp は c:/Users/ ユーザ名/にコピーしておきます）[8]。

```
g++ hello.cpp
./a.out
```

　C++14の機能を使う場合、GNU C++ 4.9までは、コンパイル時にオプション -std=c++1y が必要です。バージョン6未満では -std=c++14 です。6以上では C++14 がデフォルトになったた

[6) すべての警告を表示する /Wall もありますが、Visual C++ でこれを使うと警告が多く出すぎます。
[7) Windows Subsystem for Linux に比べると導入は面倒ですが、本格的に開発する場合には、VirtualBox と Vagrant のような仮想化環境を用意した方がいいでしょう。よくわからなくなったときに、気軽に最初からやり直せます。
[8) ソースファイルの文字コードは、Visual C++ では Shift_JIS に、GNU C++ と Clang では UTF-8 にしてください。

め、このようなオプションは不要です。本書のコードをコンパイルする際には、数学ライブラリを利用するためのオプション **-lm** と、OpenMP を利用するためのオプション **-fopenmp** が必要になる場合があります。

　Clang でコンパイル実行する方法は次のとおりです（hello.cpp は c:/Users/ ユーザ名 / にコピーしておきます）。macOS のターミナルでもこの方法でビルドして実行できます。

```
clang++ hello.cpp
./a.out
```

　C++14 の機能を使う場合、Clang 3.4 までは、コンパイル時にオプション **-std=c++1y** が必要です。バージョン 3.5 以降では **-std=c++14** です。

　GNU C++ と Clang では、ほぼすべての警告を表示するオプション **-Wall** を付けて開発をするといいでしょう。プログラムを高速にするための最適化オプション **-O3** もよく利用します。

第2章　練習問題

1 2.2節の「Hello, World!」のコードをわざと間違えて、エラーを発生させてみてください。間違え方を工夫して、3種類のエラーを発生させてください。

2 2.2節の「Hello, World!」をコマンドラインでコンパイルしてください。

3 C++ のコードをコマンドラインでコンパイルする際の、最適化のためのオプションを調べてください。

第3章

変数と型
～データの種類と基本操作

　C++で扱うすべてのデータは型を持っています。型はデータの性質を決める最も基本的な情報です。この章では型の種類と、型に対して適用できる演算を紹介します。

3.1　変数と型

　C++言語自体に組み込まれている型と、その型のデータに名前を付ける方法を紹介します。

3.1.1　変数

　データには名前を付けることができ、その名前のことを**変数**と呼びます。たとえば、「12345」と「98765」という2つの数の和と差は「12345 + 98765」と「12345 - 98765」と書けば計算できますが、同じ数を2回も書くのは面倒ですし、間違う危険もあるので、「a = 12345」、「b = 98765」としておいて、「a + b」と「a - b」と書いても計算できます。これをC++では次のように実現します。

[サンプル] 03-variable.cpp

```cpp
#include <iostream>
using namespace std;

int main() {
  int a = 12345;
  int b = 98765;
  cout << a + b << endl;//出力値:111110
  cout << a - b << endl;//出力値:-86420
}
```

「int」はinteger の略で、その変数が整数であることを示しています。「a はint 型の変数である」とか「a の型はint である」などと言います。

整数なら何でも表現できるというわけではありません。C++ の規格で厳密に決められているわけではありませんが、多くの処理系で、int 型の変数では 32 ビットを使って数を表現します。32 ビットというのは、0か1の選択肢が32個あるということで、それによって2の32乗、つまり4,294,967,296とおりの数を表現できます。これを半分にして正負の数と0を表現するので、int 型の変数は結局、-2,147,483,648 から 2,147,483,647 の整数を表現できることになります。

この段階で理解するのは難しいのですが、int 型の変数の範囲は次のようなプログラムで確認できます。

[サンプル] 03-limit.cpp

```cpp
#include <iostream>
#include <limits>
using namespace std;

int main() {
  cout <<
    numeric_limits<int>::lowest() << ", " <<
    numeric_limits<int>::max() << endl;
  //出力値:-2147483648, 2147483647
}
```

int の代わりにdouble として、実数（の一部）を扱います。

[サンプル] 03-double.cpp

```cpp
double a = 1.23;
double b = 5.43;
cout << a * b << endl;//出力値:6.6789
cout << a / b << endl;//出力値:0.226519
```

ここで紹介したdouble 型は**浮動小数点数**と呼ばれます。浮動小数点数には、double のほかに float と long double があり、float 型が数を 32 ビットで表現するのに対して、double 型は倍の 64 ビットで数を表現するため、float 型は**単精度浮動小数点数**、double 型は**倍精度浮動小数点数**と呼ばれます。

1.23 / 5.43は0.2265193……という10 進数では正確に書けない数であり、先の結果は近似値です。double 型を使った計算はほとんどの場合近似値になると考えてください。コンピュータは原理的には人間が扱える数をすべて扱えますが、計算効率を上げるために、この例のように正確さを犠牲にすることがよくあります。

3.1.2　基本型

C++ にはあらかじめ用意されている型があり、それらは**基本型**と呼ばれます。前項で紹介した int 型や double 型も基本型です。数を表現するための基本型を表3-1にまとめました。

▼表3-1　基本型（最小値と最大値は Visual C++ の場合）

型名	説明	最小値	最大値
char	文字も表せる整数。実体は8ビットの整数	-128	127
short	char 以上の範囲の整数	-32,768	32,767
int	short 以上の範囲の整数	-2,147,483,648	2,147,483,647
long	int 以上の範囲の整数	-2,147,483,648	2,147,483,647
long long	long 以上の範囲の整数	-9,223,372,036,854,775,808	9,223,372,036,854,775,807
float	単精度浮動小数点数	約-3.4E38	約3.4E38
double	倍精度浮動小数点数	約-1.8E308	約1.8E308
long double	double 以上の範囲の浮動小数点数	約-1.8E308	約1.8E308

3.4E38 というのは、3.4 ×（10の38乗）のことで、このような書き方は**指数表記**と呼ばれます。

char、short、int、long、long long の前に unsigned を付けると符号なしになります。たとえば、unsigned char は 0 から 255 の整数を表現します。unsigned int の場合は unsigned だけで十分です。

型で表現できる数の範囲は処理系によって変わります。表3-1は Visual C++ の場合で、64ビット環境の GNU C++ や Clang では long と long double の範囲が次のようになります[*1]。

```
long：-9,223,372,036,854,775,808～9,223,372,036,854,775,807
long double：約-1.18973E4932～約1.18973E4932
```

基本型には表3-1のほかに、論理型 bool（有効な値は true と false のみ）と、関数に戻り値がないことを示す void、文字を表す wchar_t、std::char16_t、std::char32_t があります。bool と void は後で登場します。wchar_t、std::char16_t、std::char32_t は本書では扱いません[*2]。

3.1.3　初期化と代入

基本型の変数の使用開始は、次の3段階からなります。

1. **宣言**：変数名の使用を宣言する。
2. **定義**：変数のための領域をメモリに確保する。

[*1] 整数の範囲が処理系によらない、std::intN_t や std::int_leastN_t、std::int_fastN_t が <cstdint> で定義されています（N の部分は 8、16、32、64 のいずれか）。順番に、ビット長がちょうど N の整数、ビット長が少なくとも N の数、ビット長が少なくとも N で最も高速な数です。int の前に u を付けると符号なしになります（例：std::uint64_t）。

[*2] C++ の標準ライブラリが期待どおりに動作するのは、1文字が1バイト、つまり char で表現できる場合だけだからです。

3. **初期化**：変数の最初の値を設定する。

前項で紹介した「int a = 12345;」という文は、上の3段階をすべて行っています。宣言のみを行う「extern int a;」や宣言と定義のみを行う「int a;」という記法もありますが、本書では使いません[*3]。変数は初期化してから使うようにしてください。

変数の初期化には、次の4とおりの書き方があり、すべて同じ結果になります。

```
int a = 12345;
int a(12345);
int a{12345};
int a = {12345};
```

本書では、基本型の変数の初期化には1番目の記法を使うことを原則とし、波かっこ（{ }）を使わなければならない場合のみ、3番目と4番目の記法を使うことにします（10.5節を参照）[*4]。

[構文] 変数の初期化
型名 変数名 = 値;

同じ名前の変数を2回初期化することはできません（定義もできません）。

```
int a = 12345;//初期化
int a = 100;  //エラー
```

一度初期化された変数に、別の値を割り当てることはでき、その操作を**代入**といいます。

```
int a = 12345;//初期化
a = 100;      //代入
```

上のコードの結果、a の値は100になります。

[構文] 代入
変数名 = 値;

宣言に const を付けると**定数**となり、代入はできなくなります。

```
const int a = 12345;
```

[*3] 第8章と第10章に例外があります。

[*4] 波かっこ{} を使う方法（3番目と4番目）は、初期化の統一的な記法としてC++11で導入されました。int x = 1.23; の結果xの値は1になるのに対し、int x{1.23}; はコンパイルエラーになるので、波かっこを使う方が安全です。しかし、混乱する場合もあります。int a{12345}; と int a = {12345}; は同じですが、auto a{12345}; と auto a = {12345}; は違います（auto については後述）。

```
a = 100;//エラー
```

定数として宣言しなくても、プログラマが代入しないように注意すればよいと思うかもしれません。しかし、定数として利用したい変数は、constを付けて宣言するべきです。そうすれば間違って値を変更する危険がなくなります。また、定数として宣言された変数しか使えない場面もあります（5.2節や6.3.2項）。

3.1.4 命名規則

変数などの名前には、アルファベットと数字、アンダースコア（_）が使えます。ただし、1文字目に数字は使えません。

アンダースコアから始まる名前（例：_A）や連続したアンダースコアを含む名前（例：ab__e）は予約された語（**予約語**）になっている場合があるため避けてください。

プログラム中で特別な意味を持つ**キーワード**も、名前として使うことはできません。C++のキーワードは以下のとおりです[5]。

▼表3-2　C++のキーワード一覧

alignas	alignof	asm	auto	bool	break
case	catch	char	char16_t	char32_t	class
const	const_cast	constexpr	continue	decltype	default
delete	do	double	dynamic_cast	else	enum
explicit	export	extern	false	float	for
friend	goto	if	inline	int	long
mutable	namespace	new	noexcept	nullptr	operator
private	protected	public	register	reinterpret_cast	return
short	signed	sizeof	static	static_assert	static_cast
struct	switch	template	this	thread_local	throw
try	true	typedef	typeid	typename	union
unsigned	using	virtual	void	volatile	wchar_t
while					

このような言語仕様上の規則とは別に、わかりやすい名前を付けるための経験的な規則があり、**命名規則**と呼ばれています（付録A.1）。C++の多くの命名規則において、変数の値には英単語の名詞を用い、その1文字目は小文字にすることが推奨されています。

---

[5] 代替表現と呼ばれるand、and_eq、bitand、bitor、compl、not、not_eq、or、or_eq、xor、xor_eqも名前としては使えません。

> **Column　変数名の変更**
>
> 　プログラミングの途中で変数名を変更したくなったとしましょう。エディタ上で変数名を1つずつ修正してもいいのですが、手間がかかりますし、間違う危険もあります。エディタの置換機能ではうまくいかないことがほとんどでしょう。
> 　変数名の変更は、IDEの機能を使って行うのが簡単です。Visual Studioでは、変数を右クリックして、[名前の変更]をクリックすることで、その変数名をまとめて変更できます。
> 　このように、プログラムの動作は変えずに修正することを**リファクタリング**といいます。変数名の変更は、リファクタリングの基本です。本書ではaやxのような無味乾燥な変数名を使うことがほとんどですが、現実のプログラミングでは、わかりやすい変数名を付けることが大切です。変数名がわかりにくいと思ったら、ここで紹介した機能を使って、積極的に名前を変更してください。

3.1.5　リテラル

　プログラム中で「42」と書くことで、42という数を表現します。このように表現されるデータを**リテラル**と呼びます。リテラルというのは「文字どおりの」という意味です。「42」という記述が、文字どおり数値の42を表すのです。

　リテラルには次のようなものがあります。

- 整数リテラル
- 浮動小数点数リテラル
- 文字リテラル
- 文字列リテラル
- 論理値リテラル
- ポインタリテラル

整数リテラルには次の4つがあります（アルファベットは大文字も可）。

- **2進数**：先頭が0b（ゼロビー）で、その後は0か1の数の並び
- **8進数**：先頭が0（ゼロ）で、その後は0から7の数の並び
- **10進数**：先頭は1から9の数で、その後は0から9の数の並び
- **16進数**：先頭が0x（ゼロエックス）で、その後は0から9の数またはaからfのアルファベットの並び

　以下に例を示します。最後の例では、区切り記号として「'」（引用符）を使っています。

[サンプル] 03-literal.cpp

```
cout << 0b11111 << endl;//出力値:31    (2進リテラル)
cout << 010     << endl;//出力値:8     (8進リテラル)
cout << 10 - 1  << endl;//出力値:9     (10進リテラル)
cout << 0x10    << endl;//出力値:16    (16進リテラル)
cout << 123'456 << endl;//出力値:123456(区切り記号)
```

　整数リテラルの型は基本的にはintですが、「42u」のようにu（またはU）を付けるとunsigned int、「42l」のようにl（またはL）を付けるとlong、「42ll」のようにll（またはLL）を付けるとlong longになります。「42ul」や「42lu」はunsigned longです。
　浮動小数点数リテラルには次のような書き方があります[*6]。

- 3.14：10進数（正の場合には「+」は省略できる）
- -1.2E2：-1.2×（10の2乗）の指数表記（小文字のeも可）

　浮動小数点数リテラルの型は基本的にはdoubleですが、「3.14F」のようにF（またはf）を付けるとfloat型に、「3.14L」のようにL（またはl）を付けるとlong double型になります。「1.」と「1.0」は同じです。たとえ小数点以下がなくても、浮動小数点数リテラルにするためには「.」（ドット、ピリオド）が必要です。
　文字リテラルは、「'a'」のように、表現したい文字を「'」（引用符）で囲んだものです。この形式で表現できるのはASCII文字だけです（ASCII文字については4.2.3項のコラムを参照）。引用符自体も1文字ですが、「\'」という2文字で表現します。Hello, World! で使った改行（\n）は「'\n'」です[*7]。
　文字列リテラルは「"」（二重引用符）で囲まれた文字列です。Hello World! で使った「"Hello, World!\n"」は文字列です。二重引用符自体は「\"」で表現します。文字列はC++の基本型ではなく、その扱い方には少し複雑な部分があるので、第7章で改めて説明します。
　見た目には1文字でも、文字と文字列は別物です。「'A'」は文字で、「"A"」は文字列です。「""」は長さ0の正当な文字列ですが、「''」はエラーになります。
　「R"XXX(」と「)XXX"」の間に文字列を書くと、「\」（バックスラッシュ）などが特別な意味を持たない**生文字リテラル**になります。

[*6) 0x1.23×（16の4乗）を「0x1.23p4」と書くような、16進数の浮動小数点数リテラルがC++1zで導入される予定で、GNU C++やClangでは既に実現されています（3.2.12項）。

[*7) ASCII以外の文字を表現するための、「u'あ'」（UTF-16の文字）や「U'あ'」（UTF-32の文字）のような文字リテラルもありますが、これらの文字を使う場合は、文字列にしてもいいでしょう。いずれにしても、C++の標準ライブラリは、ASCII以外の文字（列）に対して期待どおりの動作はしません（たとえばUTF-8の文字列「u8"あいうえお"」の長さは15になります！）。ですから本書で扱う文字列はASCII文字からなるものだけにしています。

```
cout << R"XXX(Hello, World!\n)XXX" << endl;//出力値:Hello, World!\n
```

XXXの部分は自由に決められます。表現したい文字列に含まれないものなら何でもかまいません。表現したい文字列が「)"」を含まないなら省略することもできます。

論理値リテラルはtrueとfalse、**ポインタリテラル**はnullptrの1つだけです。これらについては後で説明します。

3.1.6　型推論

変数の型が事前にわかる場合には、型名の代わりにautoと書けます[*8]。

```
auto x = 10;
auto pi = 3.14;
```

autoで初期化した変数が実際にどんな型になっているかは、Visual Studio上で変数をマウスでポイントすることでわかります。上の例のxはint型、piはdouble型になります。

上はあくまで例であり、intやdoubleと直接書いた方がわかりやすいでしょう[*9]。autoの有意義な使い方は、6.1.2項や9.1節、9.3.3項で紹介します。

3.1.7　参照

参照あるいは**リファレンス**と呼ばれるしくみを使って、変数に別名を付けられます。別名なので、元の変数と同じように使えます。

参照は次のように初期化します。

[構文] 参照の初期化
型名& 別名 = 元の変数名;

以下の例では変数aを別の名前bでも利用できるようにしています。bに値を代入すると、aの値も変わります。

[サンプル] 03-reference.cpp

```
#include <iostream>
using namespace std;

int main() {
  int a = 10;
  int& b = a;          //参照の定義
  b = 15;              //bに代入するとaの値が変わる
```

[*8) autoの意味はC++11で変わりました。この変更は、C++で後方互換性が失われる数少ない例の1つです。
[*9) 「auto x = 2147483648;」の結果が処理系によって違ったりするので、むやみに使うと危険です。

```
    cout << a << endl;//出力値:15
}
```

int& b と書く代わりに int &b とも書けます。1行で2つ以上の参照を定義する場合には、この書き方をした方がよいでしょう。

```
int &b = a, &c = a;  //b,cともにaの参照
```

次のように書くと、b は a の参照ですが、c は単なる int 型の変数で、a の値が代入されます。

```
int& b = a, c = a;  //bはaの参照。cはint型の変数
```

以上の例は、参照がどのようなものなのかを説明するためだけのもので、実際にこのように参照を利用することはほとんどありません。参照の有意義な使い方は、5.2節で紹介します。

3.1.8　ポインタ

ポインタは、オブジェクト（メモリ上のデータ）のメモリ上での場所（**アドレス**）を利用するためのしくみです。アドレスのための変数を**ポインタ変数**（あるいは単にポインタ）と呼びます。

[構文] ポインタの初期化
対象となる型* 変数名 = 対象となる型のオブジェクトのアドレス;

ポインタを扱う際には、次の2つの演算子が重要な役割を果たします。

- **&**（**アドレス演算子**）：変数等のアドレスを取得する。「&(変数)」の代わりに「addressof(変数)」とも書ける
- ***** （**間接演算子**）：指定したアドレスのデータにアクセスする。**参照はがし演算子**とも呼ばれる

これらの2つの演算子とポインタは次のように使います[10]。

---

[10] int* pA; としてポインタを定義してから、pA = &a; としてアドレスを代入するように、定義と代入を別にする場合には、定義時に int* pA = nullptr; として、ポインタをポインタリテラル nullptr で初期化しておくことをお勧めします。定義しただけでアドレスを代入するのを忘れたポインタに対して間接演算子を使った場合の結果は予測できませんが、nullptr で初期化したポインタに対して間接演算子を使った結果は単なる実行時エラーになるからです。ポインタの初期化には nullptr ではなく 0 や NULL が使われることがありますが、結果は同じです。

[サンプル] 03-pointer1.cpp

```cpp
#include <iostream>
using namespace std;

int main() {
    int a = 10;
    int* pA = &a;              //ポインタをaのアドレスで初期化
    //int* pA = addressof(a);//OK
    *pA = 20;                  //ポインタを使ってaの値にアクセス
    cout << a << endl;         //出力値:20
}
```

　このプログラムでは、&a あるいは addressof(a) によって取得される変数 a のアドレスを、ポインタ変数 pA（ポインタであることがわかりやすいように、p という接頭辞を付けています）に代入し、そのアドレスにあるデータに *pA としてアクセスしています。

　ここで行われていることを図示すると図3-1のようになります（205というアドレスの数値は架空のものです）。重要なことは、「& 名前」によってその名前のもののアドレスを取得できることと、「* ポインタ変数名」によってそのポインタ変数の値のとおりのアドレスにあるデータにアクセスできることです。

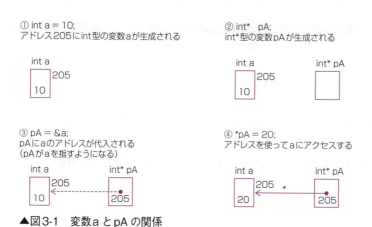

▲図3-1　変数 a と pA の関係

　参照の場合と同様に、ポインタも int* pA ではなく int *pA としても定義できます。1行で2つ以上のポインタを定義する場合には、この記法を使った方がよいでしょう。int* pA; という記述は、int* 型つまり int 型の変数へのポインタ pA を定義していると解釈できます。int *pA; という記述は、* を付けると int 型になるような変数 pA を定義していると解釈できます。2つの記述の解釈は異なりますが、結果は同じです。

　ポインタへのポインタも作れます。次のコードでは、int 型の変数 a と、a のアドレスを格納するためのポインタ変数 pA、pA のアドレスを格納するためのポインタ変数 ppA を利用していま

す。図3-2のように、ppAから矢印を2回たどるとaの値にアクセスできるので、**ppAの値は10になります。

[サンプル] 03-pointer2.cpp

```cpp
#include <iostream>
using namespace std;

int main() {
  int a = 10;
  int* pA = &a;            //aへのポインタ
  int** ppA = &pA;         //pAへのポインタ
  cout << **ppA << endl;//出力値:10
}
```

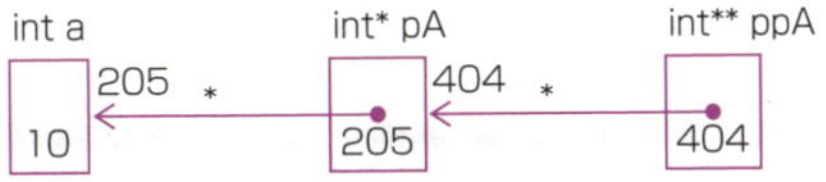

▲図3-2　変数aとpA、ppAの関係

　ここで紹介した例はポインタの原理を紹介するためのものでしかないので、この例ではポインタの意義はわからないかもしれません。ポインタはとても強力な道具で、うまく利用することによって、多くの問題を簡単に解決できます。本書でもさまざまな場所でポインタを利用しています。

3.1.9　型の別名宣言

　usingあるいは**typedef**というキーワードを使って型に**別名**（エイリアス）を付けます。

[構文] typedefによる型の別名宣言

```
using 新しい型名 = 元の型;
あるいは
typedef 元の型 新しい型名;
```

　次のように使います。

```
using uint = unsigned int;   //uintという別名を導入
//typedef unsigned int uint;//OK

uint x = 0;                  //unsigned int x = 0;と同じ
```

　型の別名宣言は次のような場合に使うとよいでしょう。

1. 本来の型名が長いため、入力が面倒だったりコードが読みにくくなっている場合
2. 利用する型が後で変更される可能性がある場合

たとえば、浮動小数点数の型としてdoubleを使うかfloatを使うかがはっきり決まっていない場合には、とりあえず次のようなコードを書いておきます。

[サンプル] 03-using.cpp

```
using real = double;//別名を付けておく
real x = 0;         //常に別名を使う
real y = 0;         //常に別名を使う
```

こうしておけば、後でdoubleではなくfloatを使いたくなったときに、「using real = double;」を「using real = float;」に変えるだけで対応できます。

3.2 演算子

この節ではC++でサポートされている演算の一部と、演算のされ方、演算結果の型について説明します。

3.2.1 式と演算子

プログラムの基本的な構成要素の1つに**式**があります。変数やリテラルは式です。これらの間の演算結果もまた式になります。たとえば、aやbがint型の変数のとき、aもbも式です。両者の加算であるa + bも式です。加算を表す+を**演算子（オペレータ）**、演算対象であるaとbを**被演算子（オペランド）**と呼びます。演算を実際に行うことを**評価**と言います。たとえば、a = 1、b = 2のときに、式a + bを評価すると3になります。

主な演算子を次の表にまとめました（lvalueは変数のことだとここでは考えてください）。

▼表3-3 C++がサポートする主な演算子

演算子	機能	使い方
*	乗算	式 * 式
/	除算	式 / 式
%	剰余	式 % 式
+	加算	式 + 式
-	減算	式 - 式
+（単項）	単項+	+式
-（単項）	単項-	-式

▲算術演算子（3.2.2項）

演算子	機能	使い方
<	未満	式 < 式
<=	以下	式 <= 式
>	より大きい	式 > 式
>=	以上	式 >= 式
==	等しい	式 == 式
!=	等しくない	式 != 式

▲比較演算子（3.2.3項）

演算子	機能	使い方
!	論理否定	!式
&&	論理AND	式 && 式
||	論理OR	式 || 式

▲論理演算子（3.2.4項）

演算子	機能	使い方
~	ビット反転	~式
<<	左シフト	式 << 式
>>	右シフト	式 >> 式
&	ビットAND	式 & 式
^	ビットXOR	式 ^ 式
|	ビットOR	式 | 式

▲ビット演算子（3.2.5項）

演算子	機能	使い方
=	代入	lvalue = 式
*=	乗算して代入	lvalue *= 式
/=	除算して代入	lvalue /= 式
%=	剰余を代入	lvalue %= 式
+=	加算して代入	lvalue += 式
-=	減算して代入	lvalue -= 式
<<=	左シフトして代入	lvalue <<= 式
>>=	右シフトして代入	lvalue >>= 式
&=	ビットAND を代入	lvalue &= 式
^=	ビットXOR を代入	lvalue ^= 式
|=	ビットOR を代入	lvalue |= 式

▲代入演算子と複合代入演算子（3.2.6項）

演算子	機能	使い方
++	後置インクリメント	lvalue++
++	前置インクリメント	++lvalue
--	後置デクリメント	lvalue--
--	前置デクリメント	--lvalue

▲インクリメントとデクリメント（3.2.7項）

演算子	機能	使い方
,	連続	式 , 式
?:	条件	式 ? 式 : 式
*	参照	*式
&	アドレス取得	&lvalue
.	メンバ選択	オブジェクト . メンバ
->	メンバ選択	ポインタ -> メンバ
::	スコープ解決	クラス名 :: メンバ
::	スコープ解決	名前空間名 :: 名前
::	グローバル	:: 名前

▲その他の演算子

3.2.2　算術演算子

　被演算子が2つであるような二項**算術演算子**には＋、－、＊、／、％があります。それぞれ加算、減算、乗算、除算、剰余を表します。浮動小数点数を％ の被演算子にはできません。
　除算と剰余の例を示します。整数同士の除算では小数点以下は切り捨てられることに注意してください。

[サンプル] 03-operator.cpp

```
cout << (10 / 4) << endl;//出力値:2
cout << (1 / 3) << endl;//出力値:0
cout << (10 % 4) << endl;//出力値:2
```

　次のように複数の演算子をつなげて使えます。

［サンプル］ 03-operator.cpp
```
cout << (1 + 2 * 3) << endl;//出力値:7
```

　演算子*、/、% の優先順位は+、−より高いので、上の例では2 * 3が先に評価され、その結果6と1が加算されます。加算を先に行いたい場合には丸かっこ()を使います。()は * よりも優先順位が高いので、先に評価されます。

［サンプル］ 03-operator.cpp
```
cout << ((1 + 2) * 3) << endl;//出力値:9
```

　優先順位が同じ場合には左から順に評価されます。つまり、1. / 2. / 3.は(1. / 2.) / 3.であって、1. / (2. / 3.) ではありません。このような規則を**左結合**と言います。

　演算子の優先順位は3.2.9項でまとめていますが、直感に反するものもありますし、プログラマが必ずしもこれを覚えているわけではないので、評価順序を明確にするために積極的に()を使うとよいでしょう。

　被演算子によっては、型変換が起こります。この型変換は、プログラマが明示的に指定しなくても行われるので、**暗黙の型変換**と呼ばれます。例を使って説明します。

［サンプル］ 03-operator.cpp
```
cout << (1 / 3) << endl;   //出力値:0
cout << (1 / 3.0) << endl;//出力値:0.333333
```

　1 / 3では、被演算子はどちらも整数（int 型）なので、割り算の結果は0になります。一方、1 / 3.0では、1がint 型なのに対して3.0はdouble 型です。int 型とdouble 型の演算では、まず、int 型のデータがdouble 型に暗黙的に変換されます。この場合には、1.0 / 3.0が評価されることになり、結果は0.333333になります。

　被演算子が1つであるような**単項算術演算子**には + と−があります。a が数値変数のとき、−a の評価結果はa の符号を反転したものになります。

3.2.3　比較演算子

　比較演算子（または**関係演算子**）には>、>=、<、<=、==、!= があります。これらを使った演算の結果はbool 型つまりtrue かfalse になります。a とb が数値のとき、a > b はa がb より大きいとき、a >= b はa がb 以上のとき、a < b はa がb より小さいとき、a <= b はa がb 以下のとき、a == b はa とb が等しいとき、a!= b はa とb が等しくないときにtrue になります。それ以外のときはfalse になります。== と書くべきところで、間違って = と書かないよ

うに注意してください*11。

　比較演算子の評価結果は次のように確認できます。ただし、演算子をこのように使うことはあまりないでしょう。比較演算子は条件演算子（3.2.8項）や制御文（4.2節）の中で使うのが一般的です。

[サンプル] 03-operator.cpp
```
cout << (1 < 2) << endl;//出力値:1(trueを意味する)
cout << (3 < 2) << endl;//出力値:0(falseを意味する)
```

　xが0から100までの間にあることを調べたいときに、0 <= x <= 100と書くのは間違いです。この式は、(0 <= x) <= 100のように解釈されます。(0 <= x)の評価結果はtrue あるいはfalseになります。true <= 100やfalse <= 100を評価する際には、trueは1、falseは0に変換されるため（暗黙の型変換）、いずれの場合にも全体の評価結果はtrueになります。この場合には、次に説明する論理演算子を使って、0 <= x && x <= 100と書かなければなりません。

3.2.4　論理演算子

　論理演算子には&&、||、!があります。それぞれ**論理積**と**論理和**、**否定**を表します。日本語の「かつ」と「または」、「ではない」に対応すると考えてよいでしょう。

　a && b は、a かつ b、つまり a と b が両方とも真（true）になるときに真（true）になります。

　a || b は、a または b、つまり a と b のどちらかがtrue になるときにtrue になります。

　!a は、a ではない、つまり a がtrue になるなら false に、a がfalse になるなら true になります。

　&& と || は、評価方法は他の演算子とは大きく異なるので注意してください（3.2.10項）。

　論理演算子の評価結果は次のように確認できます。ただし、比較演算子の場合と同様に、論理演算子をこのように使うことはあまりないでしょう。論理演算子は条件演算子（3.2.8項）や制御文（4.2節）の中で使うのが一般的です。

[サンプル] 03-operator.cpp
```
cout << (1 < 2 && 2 < 3) << endl;//出力値:1(trueを意味する)
cout << (1 < 2 && 3 < 2) << endl;//出力値:0(falseを意味する)
cout << (2 < 1 || 1 < 2) << endl;//出力値:1(trueを意味する)
cout << (!(2 < 1)) << endl;      //出力値:1(trueを意味する)
```

　論理演算子の被演算子として数値を与えると暗黙の型変換が行われ、0はfalse に、0以外の数値はtrue になります。以下に例を示します。

＊11）比較演算子==の左側に変数等を書かないという防御策があります。a == 3ではなく3 == aと書くようにしていれば、間違って3 = aと書いてもコンパイル時に間違いに気づきます（ただし、本書ではこの防御策は採用していません）。

[サンプル] 03-operator.cpp

```
cout << (1 < 2 && 0) << endl;//出力値:0(falseを意味する)
cout << (0 || 1 < 2) << endl;//出力値:1(trueを意味する)
```

主な論理演算を次の表にまとめました（1がtrue、0がfalseを表しています）。

▼表3-4 主な論理演算

a	b	論理積
0	0	0
0	1	0
1	0	0
1	1	1

▲論理積（日本語の「かつ」。a AND b とも書く）

a	b	論理和
0	0	0
0	1	1
1	0	1
1	1	1

▲aとbの論理和（日本語の「または」。a OR b とも書く）

a	否定
0	1
1	0

▲aの否定（日本語の「ではない」。NOT a とも書く）

a	b	排他的論理和
0	0	0
0	1	1
1	0	1
1	1	0

▲aとbの排他的論理和（aとbが異なるときのみ1になる。a XOR b とも書く。次項で利用する）

3.2.5 ビット演算子

ビット演算子はビットに関する操作を行う演算子で、&、|、^、~ があります。& と | を、論理演算子の && や || と混同しないように注意してください。10進数の5と3（2進数の101と011）を使って、ビット演算子の使い方を示します。

[サンプル] 03-operator.cpp

```
int a = 5, b = 3;//2進数の101と011
cout << (a & b) << endl;//出力値: 1(ビットごとの論理積)
cout << (a | b) << endl;//出力値: 7(ビットごとの論理和)
cout << (a ^ b) << endl;//出力値: 6(ビットごとの排他的論理和)
cout << (~a)    << endl;//出力値:-6(1の補数つまりビットごとの否定)
```

ビットごとの論理積とは、数を2進数で表現し、右から1桁ごとに論理積を計算することを意味します。ビットごとの論理和や排他的論理和も同様です。5 & 3 と 5 | 3、5 ^ 3、~5の計算方法を図3-3に示しました。~5が−6になるのは、int型の整数が表3-5のような2進数で表現されているためです。

```
  ビットごとの論理積        ビットごとの論理和       ビットごとの排他的論理和      ビットごとの否定
    101₂(=5₁₀)              101₂(=5₁₀)                101₂(=5₁₀)            ! 00...0101₂(=5₁₀)
  & 011₂(=3₁₀)            | 011₂(=3₁₀)              ^ 011₂(=3₁₀)            ---------------
  -------------           -------------             -------------             11...1010₂(=-6₁₀)
    001₂(=1₁₀)              111₂(=7₁₀)                110₂(=6₁₀)
```

▲図3-3 ビットごとの論理積と論理和、排他的論理和、否定
（右下の小さい「2」は2進数、「10」は10進数を表す）

▼表3-5　int 型の整数の内部表現

10進数	2進数による内部表現
5	00000000000000000000000000000101
4	00000000000000000000000000000100
3	00000000000000000000000000000011
2	00000000000000000000000000000010
1	00000000000000000000000000000001
0	00000000000000000000000000000000
-1	11111111111111111111111111111111
-2	11111111111111111111111111111110
-3	11111111111111111111111111111101
-4	11111111111111111111111111111100
-5	11111111111111111111111111111011
-6	11111111111111111111111111111010

　ビットシフトとは、数を2進数で表して、左あるいは右にずらす（シフトする）ことを言います。1ビット左(右)にシフトすることは、2倍する（2で割る）ことを意味します。以下に例を示します。

[サンプル]　03-operator.cpp

```
int c = 5;//2進数の101
cout << (c >> 1) << endl;//出力値：2(101を右に1ビットシフトすると10になる)
cout << (c >> 2) << endl;//出力値：1(101を右に2ビットシフトすると1になる)
cout << (c << 1) << endl;//出力値:10(101を左に1ビットシフトすると1010になる)
cout << (c << 2) << endl;//出力値:20(101を左に2ビットシフトすると10100になる)
```

3.2.6　代入演算子

　代入演算子は変数に値を代入するような効果を持つ演算子です。前項までに紹介した演算子とは異なり、代入演算子の左側には実際に代入が可能なものを書かなければなりません。たとえば、算術演算子を使った3 + 4という式は妥当なものですが、3 = 4は妥当な式ではありません。このように、実際に代入が可能なものは、代入演算子の左に書けることから**左辺値**（lvalue）と呼ばれます。

　代入演算子を使った式d = 5が評価されると、dの値が5になり、評価結果もその値つまり5になります。

[サンプル]　03-operator.cpp

```
int d = 0;
cout << (d = 5) << endl;//出力値:5(演算子の評価結果)
cout << d << endl;       //出力値:5(演算子の副作用)
```

代入演算子は**右結合**、つまり代入演算子が複数あるときは、右から順に評価されます。下の例のe = f = 5は、e = (f = 5) と同じです。

[サンプル] 03-operator.cpp
```
int e, f;
cout << (e = f = 5) << endl;//出力値:5(演算子の評価結果)
cout << e << endl;          //出力値:5
cout << f << endl;          //出力値:5
```

　このように、式の評価によってプログラムの内部状態（上の例では変数d、e、fの値）が変わることを、**副作用**と言います。
　代入演算子の左右の型が異なる場合には、型は演算子の左に書いたものに揃えられます。int型の変数にdouble型のデータを代入するなど、データが失われる可能性のある操作をしようとすると、コンパイル時に警告が出ることがあります。

[サンプル] 03-operator.cpp
```
int g = 0;
g = 1.;//警告「'=' : 'double' から 'int' への変換です。データが失われる可能性があります。」
```

　精度が落ちる危険を認識しているということをコンパイラに伝えるためには、次のような構文を使って、明示的に型を変換します。このような操作を**キャスト**と言います。

[構文] キャスト
```
static_cast<変換先の型>(式)
あるいは
(変換先の型)式
あるいは
変換先の型(式)
```

[サンプル] 03-operator.cpp
```
int h = 0;
static_cast<int>(1.);//警告は出ない
//h = (int)1.;//OK
//h = int(1.);//OK
```

　代入演算子の中には、演算と代入をまとめたものがあります。たとえば、代入演算子 += は、加算と代入を意味します。i += 5はi = i + 5と同じ結果、つまりi + 5の結果がiに代入されます。他の演算子 -=、*=、/=、%=、<<=、&=、^=、|= も同様です。

［サンプル］03-operator.cpp

```
int i = 5;
i += 5;
cout << i << endl;//出力値:10
```

3.2.7　インクリメントとデクリメント

　インクリメント演算子（++）とデクリメント演算子（--）は特殊な演算子です。使い方を例で示します。

［サンプル］03-operator.cpp

```
int j = 5, k = 5;

cout << (j++) << endl;//出力値:5
cout << j << endl;    //出力値:6

cout << (++k) << endl;//出力値:6
cout << k << endl;    //出力値:6
```

　j++の評価後にはjの値が1増え、++kの評価後にはkの値が1増えています。このように、値を1増やすことを**インクリメント**と言います。

　先の例でj++と++kの評価結果が違っていることに注意してください。++を後ろに書いて後置演算子として利用した場合の評価結果は、インクリメントされる前の変数の値です。それに対して++を前に置いて前置演算子として利用した場合の評価結果は、インクリメントした後の変数の値です*12。

　値を1減らすことを**デクリメント**と言います。デクリメント演算子の振る舞いも、インクリメント演算子と同様です。

3.2.8　条件演算子とコンマ演算子

　条件演算子a？b：cの評価結果は、aの評価結果がtrueならbの評価結果、そうでないならcの評価結果になります。被演算子が3つある演算子（**三項演算子**）はこの条件演算子だけなので、三項演算子という用語でこの条件演算子を指すことがあります。

［サンプル］03-operator.cpp

```
cout << (2 < 1 ? "ABC" : "DEF") << endl;//出力値:DEF
```

---

*12) i++がインクリメント前の値を保持するのに対して、++iはインクリメント前の値を保持しません。ですから、i++は++iより効率が悪いかもしれません。

コンマ演算子は2つの式を左、右の順に評価し、右側の式の評価結果を全体の評価結果とします。

[サンプル] 03-operator.cpp
```
int m = 0;
cout << (m = 1, m + 2) << endl;//出力値:3
```

3.2.9　演算の実行順序

大部分の演算子は**左結合**です（3.2.2項）。単項演算子（被演算子が1つの演算子）と代入演算子は例外で、**右結合**でした。

異なる種類の演算子が連続する場合には、**優先順位**の高いものから順に実行されます。たとえばa + b * cという式は、+ よりも * の方が優先順位が高いので、a + (b * c) という意味になります。

演算子の優先順位を次の表にまとめました。ほとんどすべての式の意味は、この表を使って判別することができます。他人が書いたプログラム中の式がわからない場合に参照してください。自分が書くプログラムで優先順位がわからないときは、この表を参照するのではなく、丸かっこ()を使って順番を明確にしてください。

▼表3-6　演算子の優先順位（上のものほど優先順位が高い）

() [] ::
! ~ ++ -- -（単項）*（単項）%（単項）&（単項）
* / %
+ -
<< >>
< <= > >=
== !=
&
^
|
&&
||
?:
= += -= *= /= %= >>= <<= &= ^= |=
,

3.2.10　被演算子の評価順序

大部分の演算において、被演算子の**評価順序**は決まっていません。たとえば、式A + 式Bという演算があったときに、式Aと式Bのどちらが先に評価されるかは決まっていません。ですか

ら、評価の順序に依存するようなコードを書かないように注意してください。次のコードの実行結果は、おそらく納得できるものにはならないでしょう。

[サンプル] 03-operator.cpp
```
int n = 1;
n = --n / --n;
cout << n << endl;
```

論理積（&&）と論理和（||）、コンマ演算子（,）は例外です。これらの演算子による演算では、左側に書いたものが先に評価されることが保証されています。特に、&& と || には、左側の評価結果によって演算結果が決まった場合には、右側は評価されないという重要な性質があります。たとえば、A && B は、A の評価結果がfalse なら、B を評価しなくても、結果がfalse になることがわかるので、B は評価されません。A || B においてA がtrue の場合も同様です。このような評価方法は**短絡評価**（ショートサーキット評価）と呼ばれます[13]。

3.2.11　符号なし整数についての注意

符号なし整数と符号付き整数との計算では、予想外のことが起こります。

[サンプル] 03-unsigned.cpp
```
unsigned a = 1;
int b = -3;
cout << a + b << endl;//出力値:4294967294
```

　a + b = 1 + (-3) なので、結果は -2 になりそうですが、試してみると4294967294になります。
　unsigned 型とint 型の計算では、まず、int 型の値がunsigned 型の値に変換されます。上の例では、int 型の変数b の値（-3）がunsigned 型の値に変換されるのです。
　unsigned 型において、0 より1 小さい値はunsigned 型の最大値（多くの処理系で4294967295）になることが決まっています。逆に、unsigned 型の最大値より1 大きい値は0 になることが決まっています[14]。ですから、int 型の -3は、unsigned 型の4294967293になります。結局、a + b = 1 + 4294967293 = 4294967294 となるのです。
　もう1 つ例を挙げましょう。

[サンプル] 03-unsigned.cpp
```
unsigned x = 10;
```

[13) 演算子を定義し直すこともできますが、そうすると、この性質は失われてしまうので注意してください。

[14) 範囲の制限なしに計算した結果の、2のn 乗で割った余りです（多くの処理系でnは32）。ちなみに、符号付き整数が範囲外になる場合の動作は未定義です（多くの処理系では最大値に1 を足すと最小値になります。逆も同様です）。

```
cout << (-1 <= x ? "小さくない" : "小さい") << endl;//出力値:小さい
```

　条件演算子を使って、xが-1以上なら「小さくない」、そうでなければ「小さい」と表示しようとしています。-1 <= 10なので、「小さくない」と表示されそうですが、試してみると「小さい」と表示されます。

　この原因も先の例と同じです。int型の-1[15]とunsigned型のxの比較では、まずint型の値(-1)がunsigned型に変換され、4294967295になります。「4294967295 <= 10」は偽なので、「小さい」と表示されます。

　紹介した2つの問題の簡単な解決策は、unsignedをintに変えることです。ただし、intの範囲を超える数を使いたいためにunsignedを使うような場合には、この解決策は使えないので、すべてをlong longに変えるといいでしょう。

　符号なし整数を使わなければ安全と思うかもしれません。しかし、C++のプログラムでは、符号なし整数は頻出します。たとえば、コンテナの要素数（6.1.2項）や文字列の長さ（7.1.2項）は、符号なし整数で表現されます。ですから、符号なし整数と符号付き整数については、常に注意しておく必要があります。

3.2.12　浮動小数点数についての注意

　3.1.1項でも述べたように、浮動小数点数は近似値だと考えてください。この項では、いくつかの例を使ってそのことを説明します。

　0.1を10個加算したものは数学的には1.0ですが、次のコードからわかるように、double型の変数に格納される値は1.0ではありません（この項のコードのビルドには、<iomanip>と<string>、<cmath>が必要です）。

[サンプル] 03-floatingpoint.cpp

```
double x = 0.1;
double y = x + x + x + x + x + x + x + x + x + x;
cout << (x == 1.) << endl;//出力値:0(等しくない)
```

　桁数を増やして表示させてみると[16]、1.0より少し小さいことがわかります（setprecisionについては7.1.4項を参照）。

[サンプル] 03-floatingpoint.cpp

```
cout << setprecision(20);//小数点以下20桁まで表示する
cout << y << endl;       //出力値:0.99999999999999988898
```

---

[15] 絶対値の比較的小さい整数は何も指示しなければint型になります。
[16] 表示桁数を元に戻すときはcout << setprecision(6);です。

そもそも、xの値自体が0.1からはずれています。

[サンプル]　03-floatingpoint.cpp

```
cout << x << endl;//出力値:0.10000000000000000555
```

この問題の原因は、10進数と2進数の違いにあります。人間にとって親しみやすいのは10進数ですが、コンピュータで効率よく扱えるのは2進数で、浮動小数点数の内部表現も2進数なのです[*17]。

10進数の0.1は2進数では0.00011001100……となり、有限の桁数では表せません。そのため、10進数の0.1を浮動小数点数で表現しようとすると、不正確になるのです。

浮動小数点数の値を表示するときにも同じ問題が起こります。cout << x で表示される値は、実際の x の値ではありません。コンピュータが処理する値を正確に知りたい場合は、16進数を使います。2進数と16進数の間では、2進数と10進数の間のようなずれは生じないので、正確な値がわかります。

[サンプル]　03-floatingpoint.cpp

```
cout << hexfloat;     //16進数で表示する
cout << x << endl;    //出力値:0x1.999999999999a0000000p-4
cout << defaultfloat; //元に戻す(10進数で表示する)
```

0.1という10進数を浮動小数点リテラルで初期化した値は、正確には0x1.999999999999a ×（2の-4乗）だということがわかりました[*18]。

人間が入力する値（0.1）とコンピュータが処理する値（0x1.999999999999ap-4）が同じにならないことも問題です。この問題を解決するためには、人間も2進数（あるいは16進数や8進数）を使うことです。3.1.5項で紹介した2進数、8進数、16進数リテラルは、整数しか表現できません[*19]。そこで次のように、16進数を文字列で書いて、変換します。

[サンプル]　03-floatingpoint.cpp

```
double z = stod("0x1.999999999999ap-4");      //文字列をdoubleに変換する
//double z = 0x1.999999999999ap-4;            //GNU C++とClangのみ
cout << (x == z ? "等しい" : "等しくない") << endl;//出力値:等しい
```

[*17] コンピュータが10進数を使えないということではありません。人間が扱える数はすべてコンピュータでも扱えますが、浮動小数点数では、正確さよりも必要な計算資源の少なさが重視されます。

[*18] 10進数の分数で書けば3602879701896397 / 36028797018963968で、1 / 10からは、ずれています（付録A.2.2）。

[*19] double z = 0x1.999999999999ap-4;というような16進数の浮動小数点数リテラルがC++1zで導入される予定で、GNU C++やClangでは既に実装されています。

これで、人間が入力する値とコンピュータが処理する値を一致させることができました。

いつもこういうことを考えるのは大変なので、浮動小数点数を扱うときは、何らかの許容誤差を定めておいて、その範囲内のずれは気にしないようにします。

[サンプル] 03-floatingpoint.cpp

```
double epsilon = 1e-10;
cout << (abs(y - 1) < epsilon ? "等しい" : "等しくない") << endl;
//出力値:等しい
```

ここで、10進数とは関係ない、浮動小数点数の新たな問題が発生します。浮動小数点数は、0から離れるにつれて、不正確になっていくのです。次の例では、1を足したにもかかわらず、結果は変わっていません。2つの数は区別されないのです。

[サンプル] 03-floatingpoint.cpp

```
double a = 9007199254740992;
double b = a + 1;
cout << (a == b ? "等しい" : "等しくない") << endl;//出力値:等しい
```

以上のように、浮動小数点数は、厳密さという点ではいろいろと問題があります。そういう問題があることを理解した上で利用するようにしてください[20]。

3.3 列挙型

整数型の変数は、その型で利用できる範囲の数なら何でもその値にできます。利用できる値の範囲を制限したい場合には**列挙型**を使います。

グー、チョキ、パーのような3つの選択肢だけを扱いたいとしましょう。次のようにint型の整数を用意して、その値と選択肢の対応を決めておくという方法が考えられます。しかし、この方法には間違って変数choiceに0、1、2以外の整数を代入してしまう危険があります。

```
/*
choiceの値は次の3とおりとする。
0: グー
1: チョキ
2: パー
*/
int choice = 4;//文法的には正しい
```

---

[20] たとえば、お金の計算を浮動小数点数でするべきではありません。C++でお金の計算をしなければならなくなったら、Boost.Multiprecision（付録A.2.2）などのライブラリの利用を検討してください。

3.3 列挙型

　代入できる値が限定された型が欲しいときには、列挙型を使います。次のような構文で列挙型を定義します（列挙型における選択肢を**列挙子**と呼びます）。enum class と enum struct に違いはありません。

[構文] 列挙型の定義（スコープ付き）
```
enum class 名前 { 列挙子1, 列挙子2, ...};
あるいは
enum struct 名前 { 列挙子1, 列挙子2, ...};
```

　ここではグー、チョキ、パーの3つの選択肢があればよいので、次のように列挙型 choice1 を定義します。

[サンプル] 03-enum.cpp
```
enum class choice1 { ROCK, SCISSORS, PAPER };
//enum struct choice1 { ROCK, SCISSORS, PAPER };//OK
```

　列挙型の扱い方は普通の基本データ型と同じです。変数の宣言や初期化、変数への代入ができます。

[サンプル] 03-enum.cpp
```
choice1 x = choice1::ROCK;//列挙型の使用
cout << (x == choice1::ROCK ? "グー" : "グー以外") << endl;//出力値:グー
```

　列挙型の定義には class や struct を書かないものもあります。

[構文] 列挙型の定義（スコープなし）
```
enum 名前 { 列挙子1, 列挙子2, ...};
```

　この方法の方が古くからあるので、さまざまな場面で使われていますが、次のような欠点があります。列挙子として使った名前が使えなくなるのです。

[サンプル] 03-enum.cpp
```
enum choice2 { rock, scissors, paper };
choice2 y = rock;
cout << y << endl;//出力値:0(rockのこと)

int rock = 1;//エラー(名前が重複している)
```

　最初に紹介した enum class や enum struct では、このような問題は起こりません。自分の書くプログラムでは、スコープ付きの列挙型を使うようにしましょう。

[サンプル] 03-enum.cpp
```
int ROCK = 1;//OK(名前の重複はない)
```

3.4　クラスのオブジェクト

　型には前節までに紹介したものの他にもさまざまなものがあります。クラス（1.1.4項）も型です。この節では、クラスの利用方法を紹介します。似たような構文がたくさん登場します。本書で紹介するオブジェクト構築の構文を10.5節で改めてまとめるので、参考にしてください。

3.4.1　クラスのオブジェクトの構築1

　複素数のためのクラスcomplexを例に、オブジェクトの構築方法を説明します。
　C++は複素数をサポートしていますが、複素数は基本型ではありません。ですから、その扱い方が基本型とは違います。
　次の構文で、クラスのオブジェクトを構築（初期化）します。

[構文] クラスのオブジェクトの構築（構文1）
```
型 変数名
あるいは
型 変数名{}
```

　実部と虚部がdouble型であるような複素数の型はcomplex<double>です。何度も入力するのは面倒なので、3.1.9項で紹介した方法で、別名を付けておきましょう（<complex>が必要です）。

[サンプル] 03-complex1.cpp
```
using cplx = complex<double>;
```

　この型のオブジェクトを、次のように構築します。この例では、実部＝虚部＝0の複素数が構築されています。

[サンプル] 03-complex1.cpp
```
cplx a;
//cplx a();//NG
//cplx a{};//OK
cout << a << endl;//出力値:(0,0)
```

　次の構文で、実部と虚部を指定して構築（初期化）します。構文表記においては、省略可能なものには[]を使います（これは一般的な記法です）。

> [構文] クラスのオブジェクトの構築（構文2）
> 型 変数名(引数1[, 引数2, ...])
> あるいは
> 型 変数名{引数1[, 引数2, ...]}

次の例は、実部が3、虚部が4の複素数を構築します。

[サンプル] 03-complex1.cpp

```
cplx b(3., 4.);
//cplx b{ 3., 4. };//OK
cout << b << endl;//出力値:(3,4)
```

次の構文で、既に存在するオブジェクトをコピーして新しいオブジェクトを構築（初期化）します。

> [構文] クラスのオブジェクトの構築（構文3）
> 型 変数名(同型のオブジェクト)
> あるいは
> 型 変数名{同型のオブジェクト}
> あるいは
> 型 変数名 = 同型のオブジェクト （後述の構文6には対応なし）

先に作成したオブジェクトbをコピーして新しいオブジェクトを構築（初期化）します。

[サンプル] 03-complex1.cpp

```
cplx c(b);
//cplx c{ b };//OK
//cplx c = b;//OK
cout << c << endl;//出力値:(3,4)
```

2番目と3番目の構文では丸かっこ()を使っていますが、最初の「クラスのオブジェクトの構築（構文1）」では丸かっこは使えません。丸かっこを使ってcomplex<double> a();と書くと、関数の宣言（5.1.4項）という別の意味になってしまいます。

いずれの場合も波かっこ{}を使うことにすれば統一感があるのですが、クラスによっては波かっこを使うとリスト初期化（6.1.1項）という別の意味になってしまうので、本書では、他に手段がない場合にのみ波かっこを使います。

初期化と代入は別物です。次のコードでは、実部が0、虚部が0のオブジェクトdが構築（初期化）されてから、dにbが代入されます。complex<double> d(b);としたのと同じ結果にはなりますが、効率が悪いかもしれません。

[サンプル] 03-complex1.cpp

```
cplx d;//初期化してから
d = b; //代入(効率が悪い)
cout << d << endl;//出力値:(3,4)
```

3.4.2　メンバ関数の利用

1.1.4項で説明したように、オブジェクトはメンバ関数を持てます。メンバ関数を呼び出すには、メンバ演算子「.」を使います。構文は次のとおりです。

[構文] メンバ関数の呼び出し

変数名.メンバ関数名([引数])

complex<double> にもいくつかのメンバ関数が用意されています。たとえば、メンバ関数 real() はオブジェクトの実部を、imag() は虚部を返します。complex<double> b(3., 4.);（前項では別名を付けたのでcplx b(3., 4.);）として構築したオブジェクトで試します。

[サンプル] 03-complex1.cpp

```
cout << b.real() << endl;//出力値3
cout << b.imag() << endl;//出力値4
```

3.4.3　クラスのオブジェクトの構築2

3.4.1項で紹介したものの他にも、クラスのオブジェクトの構築方法はあります。

[構文] クラスのオブジェクトの構築（構文4）

型* ポインタ変数名 = new 型
あるいは
型* ポインタ変数名 = new 型{}
あるいは
型* ポインタ変数名 = new 型()　（構文1には対応なし）

この構文では、構築したオブジェクトではなく、そのアドレスがポインタ変数の値になります。オブジェクトにアクセスするためには間接演算子「*」を使います。complex<double> 型のオブジェクトで試します（using cplx = complex<double>; として別名を付けています）。

[サンプル] 03-complex2.cpp

```
cplx* p = new cplx;
//cplx* p = new cplx();//OK
//cplx* p = new cplx{};//OK
cout << *p << endl;//出力値:(0,0)
```

3.4 クラスのオブジェクト

　実部が0、虚部が0の複素数が構築されるという点で、3.4.1項の「クラスのオブジェクトの構築（構文1）」と似ています（冗長ですが、この構文では末尾に丸かっこ () を書けます）。
　3.4.1項の「クラスのオブジェクトの構築（構文2）」に対応するのは次の方法です。

[構文] クラスのオブジェクトの構築（構文5）
型* ポインタ変数名 ＝ new 型(引数1[, 引数2, ...])
あるいは
型* ポインタ変数名 ＝ new 型{引数1[, 引数2, ...]}

　次の例は、実部が3、虚部が4の複素数を構築します。

[サンプル] 03-complex2.cpp
```
cplx* q = new cplx(3., 4.);
//cplx* q = new cplx{ 3., 4. };//OK
cout << *q << endl;//出力値:(3,4)
```

　3.4.1項の「クラスのオブジェクトの構築（構文3）」に対応するのは次の方法です（「型 変数名 = 同型のオブジェクト」に対応するものはありません）。

[構文] クラスのオブジェクトの構築（構文6）
型* ポインタ変数名 ＝ new 型(同型のオブジェクト)
あるいは
型* ポインタ変数名 ＝ new 型{同型のオブジェクト}

　先に作成したオブジェクト *q をコピーして新しいオブジェクトを構築（初期化）します。

[サンプル] 03-complex2.cpp
```
cplx* r = new cplx(*q);
//cplx* r = new cplx{ *q };//OK
cout << *r << endl;//出力値:(3,4)
```

　以上の方法で構築されたオブジェクトのメンバ関数は、前項同様、メンバ演算子「.」を使って呼び出せます。

[サンプル] 03-complex2.cpp
```
cout << (*q).real() << endl;//出力値3(冗長)
cout << (*q).imag() << endl;//出力値4(冗長)
```

　間接演算子「*」とメンバ演算子「.」を合わせた矢印演算子（アロー演算子）「->」を使うと簡潔になります。

[サンプル] 03-complex2.cpp
```
cout << q->real() << endl;//出力値3
cout << q->imag() << endl;//出力値4
```

次項で詳しく説明しますが、new で構築したオブジェクトは、不要になったら明示的に解体します。

3.4.4　自動メモリとフリーストア

オブジェクトの構築方法は、大きく分けて2つあります。3.4.1項で紹介した方法と、3.4.3項で紹介した方法です。2つの方法の違いはその形式だけではありません。生成されたオブジェクトが置かれるメモリの種類と、オブジェクトの寿命が違います。

まずはメモリについて説明します。プログラムの実行中に生成されるオブジェクトは、次の2つのメモリのいずれかに配置されます。

- **自動メモリ**：オブジェクトが自動的に管理されるメモリ。サイズは比較的小さい（Visual C++ の既定は1MB）。**スタック**あるいは**スタックメモリ**、**スタック記憶域**、**自動記憶域**とも呼ばれる[*21]。
- **フリーストア**：オブジェクトをプログラマが管理するメモリ。サイズは比較的大きい。**動的メモリ**や**ヒープ**、**空き領域**とも呼ばれる[*22]。

オブジェクトがどのメモリに配置されるかは、オブジェクトを構築する構文で決まります。オブジェクトの生成方法とオブジェクトが配置されるメモリの対応関係は次のようになります（図3-4）[*23]。

- 3.4.1項（構文1、2、3）の new を使わない形式で生成したオブジェクトは、自動メモリに配置される。
- 3.4.3項（構文4、5、6）の new を使う形式で生成したオブジェクトは、フリーストアに配置される。

[*21] 「スタック」という語は本来、コンテナ（9.1節）の一種のことですが、メモリについて述べている文脈では自動メモリを意味します。

[*22] 「ヒープ」という語は本来、配列（6.3節）を使って木と呼ばれる形式のデータを表現する方法のことですが、メモリについて述べている文脈ではフリーストアを意味します。

[*23] ここでは説明を単純化しています。自動メモリに配置されたオブジェクトの内部にフリーメモリに配置されるオブジェクトがある場合や、その逆の場合があります。

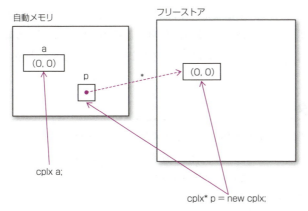

▲図3-4 オブジェクトの生成方法とオブジェクトが配置されるメモリの対応関係

　自動メモリに配置されたオブジェクトは、ブロック（3.4.1項の例ではmain()）の終わりで解体されます。

[サンプル] 03-complex1.cpp

```
int main() {
  ...
}//a, b, c, dは解体される。
```

　フリーストアに配置されたオブジェクトは、ブロック（3.4.3項の例ではmain()）の終わりで解体されません。3.4.3項の例ではプログラムがすぐに終了し、メモリはすべてOSによって回収されるので問題ありませんが、プログラムがすぐには終了しない場合には、次の構文で明示的に解体するようにしましょう。

[構文] オブジェクトの解体

```
delete ポインタ変数名;
```

[サンプル] 03-complex2.cpp

```
int main() {
  ...
  delete p;
  delete q;
  delete r;
}
```

　delete文を書き忘れるとフリーストア内に使われないオブジェクトが放置されることになり、それを繰り返すと利用可能なメモリがなくなってしまいます。そのような現象を**メモリリーク**と呼びます。

管理の手間を省くために、オブジェクトはなるべく自動メモリに配置するようにしましょう。本書では、オブジェクトをフリーストアに配置する方法を紹介してはいますが、それが本当に必要になるのは、自動メモリに入りきらないようなオブジェクトを構築する際など、特別な場合に限られます。

3.4.5 スマートポインタ

フリーストアに配置したオブジェクトを解体し忘れるとメモリリークが発生します。ですから、フリーストアのオブジェクトは、プログラマが注意深く管理しなければなりません。しかし管理を完璧にするのは難しいし面倒です。そこで、フリーストアのオブジェクトの管理を自動化する仕組みが導入されています。**スマートポインタ**です。スマートポインタで指されるオブジェクトは自動的に管理されるため、プログラマが delete で明示的に解体しなくても、使われなくなると自動的に解体されます。

スマートポインタには std::unique_ptr と std::shared_ptr があり、<memory> で宣言されています[*24]。std::unique_ptr のほうが速いのですが、std::shared_ptr の方が簡単に使えるので、ここでは std::shared_ptr を紹介します。

std::shared_ptr のポインタは次のように作成します。この構文は3.4.3項の構文と対応しています。1番目が引数なしの場合、2番目が引数ありの場合、3番目が既存のオブジェクトをコピーする場合です（T の部分にはオブジェクトの型を記述します）。

[構文] std::shared_ptr のポインタの作成
```
shared_ptr<T> ポインタ変数名 = make_shared<T>()
あるいは
shared_ptr<T> ポインタ変数名 = make_shared<T>(引数1[, 引数2, ...])
あるいは
shared_ptr<T> ポインタ変数名 = make_shared<T>(同型のオブジェクト)
```

複素数 complex<double> のオブジェクトをスマートポインタで管理すると、次のようになります。型が shared_ptr<cplx> であることは make_shared<cplx> からわかるので、型推論を使って shared_ptr<cplx> の代わりに auto とも書けます。

[サンプル] 03-complex3.cpp
```
#include <iostream>
#include <complex>
#include <memory>
using namespace std;
```

[*24] この項で挙げる例に限っては、shared_ptr を unique_prt に、make_shared を make_unique に変えても問題ありません。スマートポインタには std::unique_ptr と std::shared_ptr の他に、std::auto_ptr と std::weak_ptr がありますが、本書では使いません。std::auto_ptr は非推奨になっており、std::unique_ptr で代替できます。

```
int main() {
  using cplx = complex<double>;

  shared_ptr<cplx> p = make_shared<cplx>();
  //auto p = make_shared<cplx>();//OK
  cout << *p << endl;//出力値:(0,0)

  shared_ptr<cplx> q = make_shared<cplx>(3., 4.);
  //auto q = make_shared<cplx>(3., 4.);//OK
  cout << *q << endl;//出力値:(3,4)

  shared_ptr<cplx> r = make_shared<cplx>(*q);
  //auto r = make_shared<cplx>(*q);//OK
  cout << *r << endl;//出力値:(3,4)
}//*p, *q, *rはここで自動的に解体される
```

第3章　練習問題

1 「"(^_^)"」という文字列を、文字列リテラルと生文字リテラルで表現してください。

2 unsignedとintの演算の加算の結果がunsignedになることを、autoを使って確かめてください。

3 実部が5、虚部が10の複素数5 + 10iのオブジェクトをフリーストアに配置し、その絶対値を求めてください。複素数の絶対値はabs()で求められます。

第4章 文 〜C++プログラムの基本構成要素

この章では、C++のプログラムの基本的な構成要素である**文（ステートメント）**の種類とその利用法を紹介します。

4.1　C++の文

文はC++のプログラムの基本構成要素です。図4-1のように、文の並びが関数になり、関数の集合がプログラムになります。この章では文について詳しく説明します。文にはその受け皿となる関数が必要ですが、この章ではmain()のみを使い、独自の関数の作り方は次章で説明します。

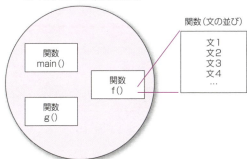

▲図4-1　C++のプログラムの構造

文にはさまざまな種類がありますが、まずは本書で既に紹介しているものを確認しましょう。次の3つの文です。

- 式文
- 宣言と定義
- ブロック

式文は3.2.1項で紹介した式にセミコロン「;」を付けたものです。たとえば、1+2; は文です。しかしこの文は、1+2を計算するだけで、その結果が他に影響を及ぼさないので、あまり意味のない文です。意義のある式文は、a = 10; や ++a; のような副作用を持つものです。cout<<"Hello, World!" のような式も、セミコロンを付けると文になります。

宣言と**定義**は3.1.3項で紹介したint n; のような文です。これは変数を定義する例ですが、このような文には他に、関数を宣言するもの（5.1.4項）や、クラスを宣言するものがあります。

ブロックは波かっこ「{」と「}」で囲まれた領域です。**複合文**とも呼ばれます（波かっこは初期化でも使いますが、それはブロックではありません）。ブロックには複数の文を含められますが、全体で1つの文と見なされます。

4.2 制御文

基本的には、文は書いたとおりの順番で実行されますが、**制御文**と呼ばれる文を用いて、実行順序を制御することもできます。文の実行を制御することは、手続き型のプログラム（1.1.5項）の本質です。制御方法には、書いた順に実行する**順次**（連続）と、条件に合えば実行する**選択**、複数回実行する**繰り返し**（反復）などがあります。手続き型のプログラムはこれら3つの要素で構成するべきだと考えられおり、その実践は**構造化プログラミング**と呼ばれています。

C++ の制御文には次のようなものがあります。

- if 文
- switch 文
- for 文
- while 文
- do while 文
- goto 文

この節では、これらの文を順に紹介します（順次は自明なので割愛します）。

4.2.1　if 文

選択は**if 文**によって実現されます。次のような if 文があると、条件が true のときにだけ文が実行されます。

[構文] if 文
```
if （条件） 文
```

次のコードの if 文は、変数 n を 2 で割った余りを調べて、余りが 1、つまり n が奇数なら、「nは奇数です。」と表示します。

[サンプル] 04-if1.cpp
```cpp
#include <iostream>
using namespace std;

int main() {
  int n = 5;
  if (n % 2 == 1) cout << "nは奇数です。\n";//出力値:nは奇数です。
}
```

かっこの中に書いた条件の評価結果が true になるときに、文が実行されます。プログラムの全体を図示すると図 4-2 のようになります。このような図を**フローチャート**と呼びます。フローチャートでは、条件判断をひし形で、普通の処理を長方形で表します。

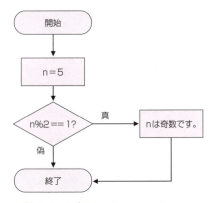

▲図 4-2　if 文のフローチャート

複数の文を実行したいときには、次のようにブロックを使います。

[サンプル] 04-if2.cpp

```
int n = 5;
if (n % 2 == 1) {
  cout << "nは奇数です。\n";         //出力値:nは奇数です。
  cout << "偶数ではありません。\n";//出力値:偶数ではありません。
}
```

ブロックの中の文は、読みやすさのために**インデント（字下げ）**します。コード中の改行や空白は比較的自由であり、インデントは必須ではありません。しかし、次のようなインデントのないコードに比べると、上記のインデントのあるコードの方がはるかに読みやすいはずです。

```
int n = 5;
if (n % 2 == 1) {
cout << "nは奇数です。\n";         //出力値:nは奇数です。
cout << "偶数ではありません。\n";//出力値:偶数ではありません。
}
```

3.2.4項で述べたように、0はfalse、それ以外の数値はtrueと見なされることになっているので、最初のコードは次のようにも書けます。

```
int n = 5;
if (n % 2) cout << "nは奇数です。\n";//出力値:nは奇数です。
```

条件が満たされたときに実行される文だけでなく、条件が満たされなかったときに実行される文を指定することもできます。次のような **if else 文**を使います。

[構文] if else 文

```
if (条件) 文A else 文B
```

条件の評価結果がtrueなら文Aが、falseなら文Bが実行されます（図4-3）。次のコードのif else文は、変数nの値が奇数なら「nは奇数です。」、偶数なら「nは偶数です。」と表示します。

[サンプル] 04-if3.cpp

```
int n = 4;
if (n % 2 == 1) cout << "nは奇数です。\n";
else cout << "nは偶数です。\n";
//出力値:nは偶数です。
```

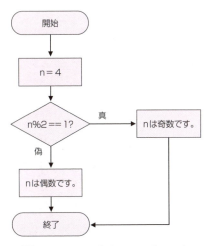

▲図4-3　if else 文のフローチャート

次のコードのように、if 文を**入れ子**にする、つまり if 文の中に if 文を書けます。

[サンプル]　04-if4.cpp

```
int n = 9;
if (n % 2 == 1) {
  cout << "nは奇数です。\n";                              //出力値:nは奇数です。
  if (n % 3 == 0) cout << "nは3の倍数かつ奇数です。\n";//出力値:nは3の倍数かつ奇数です。
}
```

入れ子の if 文で else を使うときには注意が必要です。次のコードの if 文は、変数 n の値が3の倍数かどうかで場合分けし、3の倍数ならさらに2の倍数かどうかを調べることを意図していますが、実際の動作は期待どおりではありません。

[サンプル]　04-if5.cpp

```
int n = 9;
if (n % 3 == 0)
  if (n % 2 == 0) cout << "nは3の倍数かつ偶数です。\n";
else cout << "nは3の倍数ではありません。\n";
//出力値:nは3の倍数ではありません。
```

ブロックを使っていない場合の else は、最も近い if に対応します。ですから、このコードの else は、if (n % 3 == 0) でなく if (n % 2 == 0) に対応してしまうのです。初めの意図のとおりにするためには、次のように書かなければなりません。

[サンプル] 04-if6.cpp

```
int n = 9;
if (n % 3 == 0) {
   if (n % 2 == 0) cout << "nは3の倍数かつ偶数です。\n";
}
else cout << "nは3の倍数ではありません。\n";
//出力値なし
```

　ここで起こったような間違いを避ける1つの方法は、実行する文が1つだけの場合にもブロックを使う習慣を付けることですが、本書では記述を簡潔にするために、文が1つの場合にはブロックを使わないことがあります[*1]。

　さらに、複雑な条件分岐を記述する場合は、次のコードのように、else の後に if 文を書くこともあります。

[サンプル] 04-if7.cpp

```
int n = 6;
if (n % 3 == 0) cout << "nは3の倍数です。\n";           //出力値:nは3の倍数です。
else if (n % 3 == 1) cout << "nは3の倍数+1です。\n";//条件は評価されない。
else if (n % 3 == 2) cout << "nは3の倍数+2です。\n";//条件は評価されない。
```

　この場合に限って言えば、次のように書いても結果は同じになりますが、すべての条件が評価されるので、効率が悪くなるかもしれません。

```
int n = 6;
if (n % 3 == 0) cout << "nは3の倍数です。\n";//出力値:nは3の倍数です。
if (n % 3 == 1) cout << "nは3の倍数+1です。\n";
if (n % 3 == 2) cout << "nは3の倍数+2です。\n";
```

4.2.2　switch 文

　式の値によって場合分けを行うときには **switch 文**を使います。switch 文の構文は次のとおりです。条件の評価結果が値1ならば文1が、値2なら文2が、対応する値がない場合には既定の文が実行されます。

[構文] switch 文

```
switch (条件) {
    case 値1:
        文1
        break;
    case 値2:
        文2
```

[*1] 複数行に分けることには、ブレークポイント(付録A.3)を設定してデバッグしやすくなるというメリットもあります。

```
        break;
    ...
    default:
        既定の文
        break;
}
```

次のコードでは、n％3の値によって、実行する文を変えています（フローチャートは図4-4）。

[サンプル] 04-switch1.cpp

```
int n = 5;
switch (n % 3) {
case 0:
  cout << "3の倍数です。\n";
  break;
case 1:
  cout << "3で割った余りは1です。\n";
  break;
case 2:
  cout << "3で割った余りは2です。\n";
  break;
default:
  cout << "何かがおかしいです。\n";
  break;
  //出力値:3で割った余りは2です。
}
```

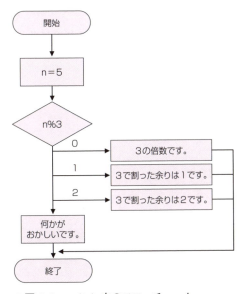

▲図4-4　switch文のフローチャート

各ケースの処理が終わったら、**break 文**によって switch 文全体を終了させます。最後の case （あるいは default）の後の break 文は不要ですが、将来他の case を追加したときに break 文を書き忘れないように、あらかじめ書いておくとよいでしょう。

break 文は必須ではありません。そのため、先のコードの break 文を書き忘れて、次のようなコードを書いてもコンパイルエラーにはなりません。

［サンプル］04-switch2.cpp

```
int n = 5;
switch (n % 3) {
case 0:
  cout << "3の倍数です。\n";
case 1:
  cout << "3で割った余りは1です。\n";
case 2:
  cout << "3で割った余りは2です。\n";
default:
  cout << "何かがおかしいです。\n";
}
```

結果は次のように予想外のものになります。5 % 3 は 2 なので、case 2: の文が実行されますが、switch 文を終わらせるための break 文がないので、それ以降のすべての文が実行されてしまうのです。

```
3で割った余りは2です。
何かがおかしいです。
```

break 文がなければ次の文も実行されるという性質を利用して、複数の場合に共通する処理をまとめて書けます。以下に例を示します。

［サンプル］04-switch3.cpp

```
int n = 5;
switch (n % 3) {
case 0:
  cout << "3の倍数です。\n";
  break;
case 1:
  /*FALLTHROUGH*/
case 2:
  cout << "3の倍数ではありません。\n"
  break;
  //出力:3の倍数ではありません。
}
```

break文がないと書き忘れを疑われてしまうので、このコードのように、それが意図的なものであることを示すコメントを書いておくとよいでしょう[*2]。

switch文は、if文で書き換えられます。たとえばこの項の最初のコードは、if文を使って次のように書けます。

[サンプル] 04-switch4.cpp
```
int n = 5;
if (n % 3 == 0) cout << "3の倍数です。\n";
else if (n % 3 == 1) cout << "3で割った余りは1です。\n";
else if (n % 3 == 2) cout << "3で割った余りは2です。\n";
else cout << "何かがおかしいです。";
//出力値：3で割った余りは2です。
```

if文の方がswitch文よりも柔軟性があります。たとえば、switch文では、caseの後には定数を書かなければならない、つまり定数との比較しか行えないのに対して、if文では任意の条件を評価できます。しかし、コードの読みやすさや実行時の性能という点で、switch文がif文よりもふさわしい場合があります。たとえば、ここで示したif文を使ったコードは、剰余の計算回数がswitch文を使ったコードよりも多いので、効率が悪いかもしれません。

4.2.3　for文

繰り返し（文を複数実行すること）にはfor文やwhile文、do while文を使います。まずは、for文を紹介しましょう。構文は次のとおりです。

[構文] for文
```
for (文1 条件; 式) 文2
```

このようなfor文があると、まず文1が実行され、条件の評価結果がtrueであるかぎり、文2の実行と式の評価が繰り返されます。

次のコードは、コンソールに「Hello, World!」と5回表示します[*3]。

[サンプル] 04-for1.cpp
```
for (int i = 0; i < 5; ++i) cout << "Hello, World!\n";
```

プログラムの実行結果は次のようになります。

[*2) C++1zで、コメントではなく [[fallthrough]]; と記述することで、コンパイラがbreak文がないことについて警告を出さないようにすることが検討されています。それに代わる [[clang::fallthrough]]; がClangでは実装されています。

[*3) forに続く()の中には2つのセミコロン「;」がありますが、2つの意味は違います。1つ目のセミコロンは文の終わりに付くセミコロンです。これは文の一部なので、先に示した構文表記では、この位置にはセミコロンはありませんでした。2番目のセミコロンは2つの式を区切るためのものです。初期のC言語ではforに続く()の中に文は書けなかったので、構文表記は「for (初期化式; 条件; 式) 文」というものでした。

```
Hello, World!
Hello, World!
Hello, World!
Hello, World!
Hello, World!
```

　この例では、変数iを使って数を数えています。iの値が0から4の間はcout<<"Hello, World!\n"; が実行されるので、「Hello, World!」と5回表示されることになります。フローチャートは図4-5のようになります。

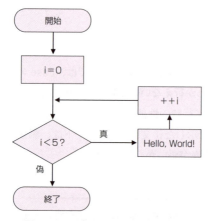

▲図4-5　for文のフローチャート1

　switch文の場合と同様に、break文によって、for文を終了させられます。

[サンプル] 04-for2.cpp

```
for (int i = 0; i < 5; ++i) {
  if (i == 2) break;
  cout << "Hello, World!\n";
}
```

　実行結果は次のようになります。変数iの上限は、for ()の条件は「i < 5」ですが、for文の中にあるif文が、iの値が2になるとfor文を中断させるので、「Hello, World!」は2回（iが0と1のとき）だけ表示されます。フローチャートは図4-6のようになります。

```
Hello, World!
Hello, World!
```

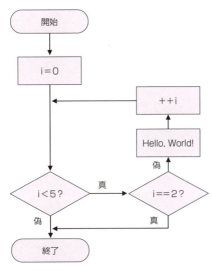

▲図4-6　for文のフローチャート2

　for (文1 条件; 式) の文1や条件、式は省略できます。たとえば、次のように条件を省略すると、for文は無限ループになります。実行した場合には、Ctrl+C（Ctrl キーを押しながら C キーを押す）で停止させてください。

```
for (;;) cout << "Hello, World!\n";//無限ループ
```

　次のコードは、1から100までの整数を表示します。ただし、3の倍数のときには数の代わりに「Fizz」と、5の倍数の時には「Buzz」と、15の倍数の時には「FizzBuzz」と表示します。

[サンプル]　04-fizzbuzz1.cpp
```
for (int i = 1; i <= 100; ++i) {
  if (i % 3 == 0) cout << "Fizz";
  if (i % 5 == 0) cout << "Buzz";
  if (i % 3 != 0 && i % 5 != 0) cout << i;
  cout << endl;
}
```

　for文の本体（繰り返されるブロック）のフローチャートは図4-7のようになります。

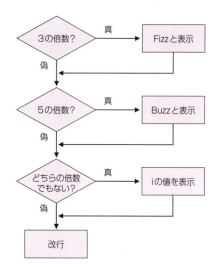

▲図4-7　for 文の本体のフローチャート1

実行結果は次のようになります。

```
1
2
Fizz
4
Buzz
Fizz
7
8
Fizz
Buzz
11
Fizz
13
14
FizzBuzz
16
（後略）
```

このプログラムは、ループの残りを飛ばすことを指示する **continue** 文を使って次のようにも書けます。

［サンプル］04-fizzbuzz2.cpp

```
for (int i = 1; i <= 100; ++i) {
  if (i % 15 == 0) {
    cout << "FizzBuzz\n";
    continue;//残りを飛ばす
```

```
    }
    if (i % 3 == 0) cout << "Fizz\n";
    else if (i % 5 == 0) cout << "Buzz\n";
    else cout << i << endl;
}
```

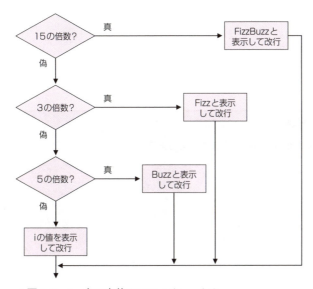

▲図4-8　for文の本体のフローチャート2

　for文は入れ子にできます。for文を入れ子にしたときには、カウンタ変数名をi、j、kとするのが一般的です。次のコードは掛け算九九の表を出力します。<iomanip>で定義されているsetw()を使って表示に使う文字数を3に設定し、数値を揃えています（詳細は7.1.4項を参照）。

[サンプル] 04-99.cpp

```
#include <iostream>
#include <iomanip>//setw()のために必要
using namespace std;

int main() {
  const int N = 9;
  for (int i = 1; i <= N; ++i) {    //行を数える
    for (int j = 1; j <= N; ++j) {//列を数える
      cout << setw(3) << i * j;     //i*jを3文字分で表示
    }
    cout << endl;                   //1行書くたびに改行
  }
}
```

実行結果は次のようになります。

```
1  2  3  4  5  6  7  8  9
2  4  6  8 10 12 14 16 18
3  6  9 12 15 18 21 24 27
4  8 12 16 20 24 28 32 36
5 10 15 20 25 30 35 40 45
6 12 18 24 30 36 42 48 54
7 14 21 28 35 42 49 56 63
8 16 24 32 40 48 56 64 72
9 18 27 36 45 54 63 72 81
```

Column　ASCII コード表

for 文を使って次のような ASCII コード表を作ってみましょう。

```
 | 0 1 2 3 4 5 6 7 8 9 A B C D E F
-|--------------------------------
2|   ! " # $ % & ' ( ) * + , - . /
3| 0 1 2 3 4 5 6 7 8 9 : ; < = > ?
4| @ A B C D E F G H I J K L M N O
5| P Q R S T U V W X Y Z [ \ ] ^ _
6| ` a b c d e f g h i j k l m n o
7| p q r s t u v w x y z { | } ~
```

　ASCII コード表の範囲の文字は、char 型のデータとして表現できます（3.1.2 項の表 3-1 を参照）。char 型は文字を表すための型ですが、その実体は整数です。そのため、char ch='A'; として変数 ch の値を 'A' にできるのはもちろんですが、char ch=0x42; としても同じ結果になります。A が 0x42 であることは ASCII コード表からわかります。ASCII コード表の表記は 16 進数のため、0x を付けています。この変数 ch は整数なので、ch++ としてインクリメントすれば、ch の値は 0x43 つまり 'B' になります。このような、数値で文字を指定できるという性質を利用して、ASCII コード表を作ります。
　表の 1 行目と 2 行目は、for 文でも作れますが、ここではそのまま表示させます。3 行目以降は for 文で作ります。掛け算九九の場合と同様に for 文を入れ子にして、外側の for 文で行を、内側の for 文で列を処理します。
　全体をまとめると次のようなプログラムになります。実行結果は先に示したとおりです。

[サンプル] 04-ascii.cpp

```
cout << " | 0 1 2 3 4 5 6 7 8 9 A B C D E F\n";//1行目
cout << "-|-------------------------------\n";//2行目

//3行目以降
char ch = 0x20;                          //表の最初の文字(半角スペース)
for (int i = 2; i <= 7; ++i) {           //行を処理
  cout << i << '|';                      //16の位を表示
  for (int j = 0; j < 16; ++j) {         //列を処理
    cout << ' ' << ch++;                 //文字を表示し、chをインクリメントする
  }
  cout << endl;                          //1行書くごと改行
}
```

4.2.4　while 文

　while 文も繰り返しのための文です。while 文の構文は次のとおりです。条件の評価結果が真の間は文の実行と条件の評価が交互に行われます。

[構文] while 文

```
while (条件) 文
```

　for 文を使った繰り返しを、while 文を使って書き直すと次のようになります[4]。フローチャートは後で紹介する do while 文と合わせて図 4-9 に示します。

[サンプル] 04-while.cpp

```
int i = 0;
while (i < 5) {
  cout << "Hello, World!\n";
  i++;
}
```

　次のようにコンパクトに書くこともできます。i++ ではなく ++i と書くと違う結果になることに注意してください（3.2.7 項）。

```
int i = 0;
while (i++ < 5) cout << "Hello, World!\n";
```

---

[4] while 文を使ったこのプログラムは、変数 i を利用できる領域が、while 文の中だけに限定されないという点で、for 文を使った場合に劣ります。全体を波かっこ {} で囲むことでこの問題を解決できますが、記述が冗長になります。変数を利用できる領域については、5.4 節を参照してください。

while 文の条件を1やtrueにすると無限ループになります。

```
int i = 0;
while (1) {
  cout << "Hello, World!\n";//無限ループ
}
```

for 文と while 文はほとんど等価な書き換えができますが、あらかじめカウンタの上限が定まっているような単純な繰り返しにはfor文を、終了条件が複雑な繰り返しにはwhile文を使うのが一般的です。

4.2.5　do while 文

do while 文も繰り返しのための文です。構文は次のとおりです。

[構文] do while 文
```
do 文 while (条件);
```

for 文や while 文がループの本体の実行前に終了条件を評価するのに対して、do while 文はループの本体の実行後に終了条件を判定します。そのため、for 文や while 文と異なり、do while 文の本体は、必ず1回は実行されます。

「Hello, World!」を5回表示するプログラムは次のようになります。フローチャートは図4-9のようになります。while 文との違いを確認してください。

[サンプル] 04-dowhile.cpp
```
int i = 0;
do {
  cout << "Hello, World!\n";
  ++i;
} while (i < 5);
```

while 文のときと同じで、次のように簡潔に書くこともできます。++i ではなく i++ と書くと違う結果になることに注意してください（3.2.7項）。

```
int i = 0;
do {
  cout << "Hello, World!\n";
} while (++i < 5);
```

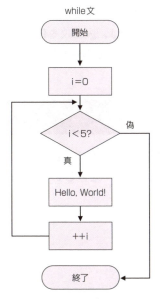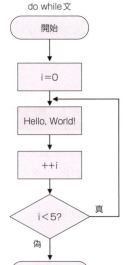

▲図4-9　while 文と do while 文のフローチャート

4.2.6　goto 文

goto 文を使うとコード中の指定した文にジャンプできます。goto 文の構文は次のとおりです。

[構文] goto 文
goto ラベル名;

ジャンプする先には、次のような構文でラベルを付けておきます。

[構文] ラベル
ラベル名:
文

「Hello, World!」を5回表示するプログラムを goto 文を使って書くと次のようになります。ラベル end を付けた文「;」は、何もしない文です。

[サンプル] 04-goto.cpp

```
  int i = 0;
start:
  if (i++ == 5) goto end;
  cout << "Hello, World!\n";
  goto start;
end:
  ;//ラベルは文だから、何もなくても「;」が必要
```

goto 文は構造化プログラミングの構成要素ではなく、プログラムの構造が把握しにくくなる原因になるため、多用しないほうがいいでしょう。たいていの場合は、goto 文を使わない方がプログラムは簡単に書けるはずです（文献［McConnell］に詳しい解説があります）。

第4章　練習問題

1 -10 から 10 までの整数を表示しようと思って次のようなプログラムを書きましたが、期待どおりに動作しません。その原因を説明し、プログラムを直してください。

［サンプル］04-problem1.cpp

```
#include <iostream>
using namespace std;

int main() {
  unsigned end = 10;

  for (int i = -10; i <= end; ++i) {
    cout << i << endl;
  }
}
```

2 1 から 10 までの整数を表示するプログラムを、for 文や while 文を使わずに、if 文と goto 文を使って書いてください。

3 ASCII コード表を、for 文を使わずに、1つの while 文で作成してください。

第5章 関数とプログラム構造
～文をまとめて抽象化する方法

　関数は、複雑な操作を抽象化し、簡単に利用できるようにするためのしくみです。C++ では、関数はプログラムの基本的な構成要素で、ほとんどすべての操作は関数の中に記述されます。この章では、関数の使い方と作り方を説明します。

5.1　関数の基本

　4.1節の図4-1で説明したように、C++ のプログラムは**関数**の集合です。プログラムによって実行されるほとんどすべての操作は関数の中に文として記述されます。この節では、関数の使い方と作り方の基本をまとめます。

5.1.1　関数の呼び出し方

　C++ にはあらかじめ多くの関数が用意されています。ここでは、そのような組み込みの関数を使って、関数の呼び出し方を説明します。

　これまでにも何度か使っていますが、関数は次のような形で呼び出します。

[構文] 関数呼び出し（引数あり）
関数名(引数1[, 引数2, ...])

　引数がない場合もあります。

[構文] 関数呼び出し（引数なし）
関数名()

関数呼び出しの例として、標準ライブラリに含まれる数学関数を利用します。数学関数の多くはヘッダ<cmath>に含まれています。このヘッダで宣言されている関数sin()を用いて三角関数の正弦を求めるプログラムは、次のようになります。

[サンプル] 05-sin.cpp
```
#include <iostream>
#include <cmath>//数学関数のために必要
using namespace std;

int main() {
  double x = 3.141;
  double y = sin(x);//xを引数として関数sin()を呼び出す
  cout << y << endl;//出力値:0.000592654
}
```

この例の変数xのような、関数に与えるデータは**引数**と呼ばれます。

この例では、y=sin(x)として、求めた値を変数に代入していますが、そのようなことができるのは、関数呼び出しが式だからです。関数呼び出しである式の評価結果は**戻り値**あるいは**返り値**と呼ばれます[*1]。

関数sin()の引数や戻り値の型はあらかじめ決められています。どのような型を使うことになっているかは、文献［Stroustrup］や、cpprefjp（https://cpprefjp.github.io/）、cplusplus.com（http://www.cplusplus.com/）などのリファレンスサイトで確認できます。sin()は「double sin(double);」ということになっているので、戻り値の型と引数の型はともにdoubleであることがわかります（図5-1）。

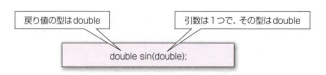

▲図5-1 「double sin(double);」の読み方

引数や戻り値の型は、決められたものを使わなければなりません。たとえば、次のように関数sin()の引数として文字列を利用したり、戻り値をstring型の変数に格納することはできません[*2]。

[*1]「呼び出す」や「戻す」、「返す」という表現はプログラミング用語です。数学における関数と違って、プログラミングにおける関数は具体的な一連の操作です。

[*2] 引数の型がdouble型の関数を、int型のデータを引数にして呼び出すと、暗黙の型変換（3.2.2項）が起こります。しかし、数学関数の場合は暗黙の型変換に頼ることはできません。実は、関数sin()には、戻り値と引数がfloat型のものとlong double型のものも用意されており、引数をintにした場合に、doubleとfloat, long dooubleのどれに型変換をしたらよいかをコンパイラが判断できないからです。

```
double a = sin("Hello, World!");   //エラー
string b = sin(3.131);             //エラー
```

5.1.2　関数の定義

　前項では、sin() というあらかじめ用意されている関数の使い方を説明しました。この項では、自分で独自の関数を作る方法を説明します。

　関数は次のような構文で定義します[*3]。

[構文] 関数の定義
```
戻り値の型　関数名(パラメータ1の型　パラメータ1名, ...) {
  文
}
```

　関数や**パラメータ**の名前は自由に付けられますが、なるべくわかりやすいものを選んでください。

　数学とは違って、プログラミングではパラメータや値（戻り値）のない関数も定義できます。

　パラメータのない関数は、次のように定義します。void という記述はパラメータがないことを強調するためのもので、省略できます。

[構文] 関数の定義（パラメータなし）
```
戻り値の型　関数名([void]) {
  文
}
```

　戻り値のない関数を定義する場合は、上記構文の「戻り値の型」を void にします。

　これまで書いてきたコードはすべて、次のような形式のコードを含んでいましたが、これは関数main() の定義です[*4]。

```
int main() {
  ...
}
```

　戻り値のない関数の例として、パラメータとして受け取った数だけ「Hello, World!」と表示する関数sayHello() を定義します。

```
void sayHello(int times) {
  for (int i = 0; i < times; ++i) {
    cout << "Hello, World!\n";
  }
```

[*3) パラメータは仮引数あるいは単に引数と呼ばれることもあります。本書では使っていませんが、「パラメータの型 パラメータ名＝値」としてパラメータの既定値を指定し、引数を省略して関数を呼び出すこともできます。このしくみはデフォルト引数と呼ばれます。

[*4) 関数main() の引数や戻り値については、7.1.3項のコラムを参照してください。

}
```

前項で説明したように、関数は、関数名（引数）で呼び出します。関数sayHello()を呼び出すプログラムは次のようになります。

[サンプル] 05-hello.cpp

```cpp
#include <iostream>
using namespace std;

void sayHello(int times) {
  for (int i = 0; i < times; ++i) {
    cout << "Hello, World!\n";
  }
}

int main() {
  sayHello(5);//関数の呼び出し
}
```

関数が呼び出されると、図5-2のように、パラメータが引数で初期化されます。プログラムの実行結果は次のようになります。

```
Hello, World!
Hello, World!
Hello, World!
Hello, World!
Hello, World!
```

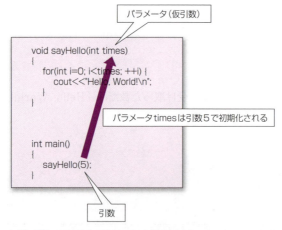

▲図5-2　関数のパラメータと引数の関係
```

戻り値のある関数の例として、引数として与えられた数に1を足した結果を返す関数add1()を定義します。

```
int add1(int x) {
  return x + 1;
}
```

このように、関数から値を返すには**return 文**を使います。return 文の構文は以下のとおりです。式の評価結果が関数の戻り値になります。

[構文] return 文
```
return 式;
```

戻り値の型がvoidではない関数の定義で、return文を書き忘れると次のようなコンパイルエラーが発生します[5]。

```
C4716 'add1': 値を返さなければいけません
```

ここで定義した関数add1() は次のように呼び出します。

[サンプル] 05-add1.cpp
```
#include <iostream>
using namespace std;

int add1(int x) {
  return x + 1;
}

int main() {
  int result = add1(1);
  cout << result << endl;//出力値:2
}
```

return 文から戻り値の型がわかる場合は、関数定義の最初に、戻り値の型ではなくautoと書けます（戻り値の型推論）。

```
auto add1(int x) {
  return x + 1;
}
```

[5) 関数main() は例外です。7.1.3項のコラムを参照してください。

5.1.3　関数の例：約数を数える関数

少し複雑な例として、約数を数えるという問題を考えましょう。ある数iが数nの約数かどうかは、剰余（つまり割った余り）が0かどうかを調べればわかります。1からnまでのすべての数についてこれを調べれば、数nの約数の数がわかります[*6]。10の約数の数は、次のようなプログラムで数えられます。

関数の有用性を確認するために、まずは関数を使わずにこの問題を解決します。

[サンプル] 05-divisors1.cpp

```
#include <iostream>
using namespace std;

int main() {
  int n, divisors;

  //10の約数を数える
  n = 10;
  divisors = 0;//約数を数えるための変数
  for (int i = 1; i <= n; ++i) {
    if (n % i == 0) ++divisors;//割り切れたら数を増やす
  }
  cout << n << "の約数の数:" << divisors << endl;//出力値:10の約数の数:4
}
```

このプログラムで10の約数は数えられます。しかし、別の数の約数も数えたい場合には、次のようにほとんど同じコードを2回書かなければなりません。

[サンプル] 05-divisors2.cpp

```
#include <iostream>
using namespace std;

int main() {
  int n, divisors;

  //10の約数を数える
  n = 10;
  divisors = 0;//約数を数えるための変数
  for (int i = 1; i <= n; ++i) {
    if (n % i == 0) ++divisors;//割り切れたら数を増やす
  }
  cout << n << "の約数の数:" << divisors << endl;//出力値:10の約数の数:4

  //12の約数を数える
```

[*6] 1からnの平方根まで調べれば十分で、その方が計算時間ははるかに短くて済みます。

```
  n = 12;
  divisors = 0;
  for (int i = 1; i <= n; ++i) {
    if (n % i == 0) ++divisors;
  }
  cout << n << "の約数の数:" << divisors << endl;//出力値:12の約数の数:6
}
```

このように同じようなコードを何度も書いているときには、共通部分を関数にすることを考えます。以下のような、引数として与えた数の約数を返す関数numOfDividors()を定義します。

```
int numOfDivisors(int n) {
  int divisors = 0;
  for (int i = 1; i <= n; ++i) {
    if (n % i == 0) ++divisors;
  }
  return divisors;
}
```

この関数numOfDivisors()を使えば、先ほどのような10と12だけでなく、大量の数の約数も簡単に数えられます。先ほどの例と比較してください。

［サンプル］ 05-divisors3.cpp

```
#include <iostream>
using namespace std;

int numOfDivisors(int n) {
  int divisors = 0;
  for (int i = 1; i <= n; ++i) {
    if (n % i == 0) ++divisors;
  }
  return divisors;
}

int main() {
  //10から20までの数の約数を数える
  for (int n = 10; n <= 20; ++n) {
    int result = numOfDivisors(n);
    cout << n << "の約数の数:" << result << endl;
  }
}
```

実行結果は次のようになります。

```
10の約数の数：4
11の約数の数：2
12の約数の数：6
13の約数の数：2
14の約数の数：4
15の約数の数：4
16の約数の数：5
17の約数の数：2
18の約数の数：6
19の約数の数：2
20の約数の数：6
```

5.1.4　関数の宣言

　前項で作成した、10から20までの約数を数えるプログラムで、次のようにnumOfDivisors()の定義とmain()の定義の順番を変えることはできません。

```cpp
#include <iostream>
using namespace std;

int main() {
  //10から20までの数の約数を数える
  for (int n = 10; n <= 20; ++n) {
    int result = numOfDivisors(n);
    cout << n << "の約数の数:" << result << endl;
  }
}

int numOfDivisors(int n) {
  int divisors = 0;
  for (int i = 1; i <= n; ++i) {
    if (n % i == 0) ++divisors;
  }
  return divisors;
}
```

　関数main()の中にnumOfDivisors()を利用する記述がありますが、その段階ではまだ関数numOfDivisors()は定義されていません。そのため、次のようなコンパイルエラーが発生します。

エラー　C3861　'numOfDivisors'：識別子が見つかりませんでした

　関数を呼び出すコードを書く前に、その関数がどのようなものなのか、つまり関数名と戻り値やパラメータの型が明確になっていなければなりません。今の場合には、関数main()の定義の前に、次のような記述が必要です。

[サンプル] 05-divisors4.cpp

```
#include <iostream>
using namespace std;

int numOfDivisors(int n);//関数の宣言

int main() {
//以下は省略
```

　このような、関数名と戻り値やパラメータの型の記述を**関数の宣言**あるいは**関数プロトタイプ**と呼びます。宣言の構文は次のようになります。

[構文] 関数の宣言

戻り値の型　関数名([パラメータ1の型[パラメータ1名], パラメータ2の型[パラメータ2名], ...]);

　関数の宣言は、関数の定義（5.1.2項）の最初の部分とほとんど同じですが、これは文なので、最後にセミコロンが必要です。パラメータ名は省略できます（そのため、上記の構文ではパラメータ名を[]で囲んでいます）。つまり、関数numOfDivisors()の宣言は、次のようにも書けます。しかし、パラメータの意味をわかりやすくするために、パラメータ名は書いておいた方がよいでしょう。

```
int numOfDivisors(int);//パラメータの意味がわかりにくい
```

　関数は、利用する前に必ず宣言されていなければなりません。ただし、関数の定義は関数の宣言を兼ねるので、前項の例のように、関数main()を定義する前に関数numOfDivisors()を定義しておけば、別に宣言を書く必要はありません。宣言と定義の書き方を図5-3にまとめました。

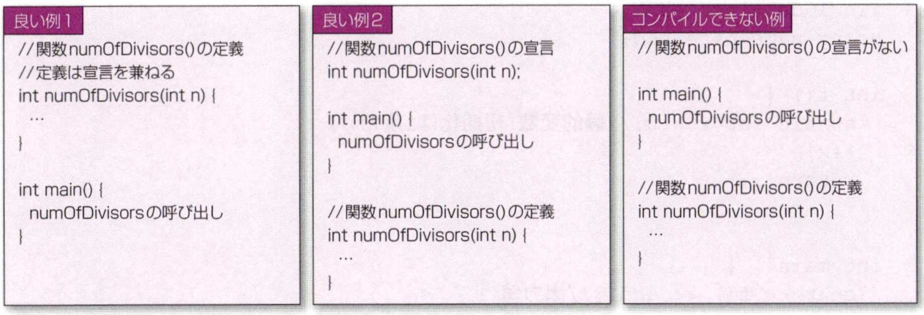

良い例1	良い例2	コンパイルできない例

//関数numOfDivisors()の定義
//定義は宣言を兼ねる
int numOfDivisors(int n) {
　…
}
 	
int main() {
　numOfDivisorsの呼び出し
}
	//関数numOfDivisors()の宣言
	int numOfDivisors(int n);
	
	int main() {
	　numOfDivisorsの呼び出し
	}
	
	//関数numOfDivisors()の定義
	int numOfDivisors(int n) {
	　…
	}
		//関数numOfDivisors()の宣言がない
		int main() {
		　numOfDivisorsの呼び出し
		}
		
		//関数numOfDivisors()の定義
		int numOfDivisors(int n) {
		　…
		}

▲図5-3　関数の宣言と定義の書き方

5.1.5　ローカル変数

　関数定義の中で定義される変数は、その関数の**ローカル変数**であり、その関数の中でのみ利用できます。たとえば、これまでに作成したすべての関数において、その中で定義した変数に、関数の外部からアクセスすることはできません。さらに、関数の中で普通に定義したローカル変数は、その関数の特定の呼び出しの中でのみ利用できます。以下に例を示します。

[サンプル]　05-local.cpp

```cpp
#include <iostream>
using namespace std;

int f() {
  int x = 0;
  ++x;
  return x;
}

int main() {
  cout << f() << endl;//出力値:1
  cout << f() << endl;//出力値:1(前の呼び出しとは無関係)
  cout << f() << endl;//出力値:1(前の呼び出しとは無関係)
}
```

　キーワード**static**を付けて宣言したローカル変数は、**静的変数**と呼ばれる特別な変数になります。静的変数は最初に利用されるときに一度だけ初期化され、その関数のすべての呼び出しで共有されます。以下に例を示します。

[サンプル]　05-static.cpp

```cpp
#include <iostream>
using namespace std;

int f() {
  static int x = 0;//静的変数(初期化は1度だけ)
  ++x;
  return x;
}

int main() {
  cout << f() << endl;//出力値:1
  cout << f() << endl;//出力値:2(静的変数の共有)
  cout << f() << endl;//出力値:3(静的変数の共有)
}
```

5.1.6　再帰

　関数定義の中でその関数自身を呼び出せます。そのような関数の呼び出し方を**再帰**と言います。再帰の例として、「f(1)=1、f(2)=1、n が 3 以上なら f(n)=f(n − 1)+f(n − 2)」と定義されるようなフィボナッチ数を計算する関数 fibonacci() を作ります。

[サンプル]　05-fibonacci1.cpp

```cpp
#include <iostream>
using namespace std;

int fibonacci(int n) {
  if (n < 3) return 1;                           //再帰の終了条件
  return fibonacci(n - 1) + fibonacci(n - 2);//再帰呼び出し
}

int main() {
  //10番目までのフィボナッチ数を計算する
  for (int n = 1; n <= 10; ++n) {
    cout << "f(" << n << ") = " << fibonacci(n) << endl;
  }
}
```

　実行結果は次のようになります。

```
f(1)  = 1
f(2)  = 1
f(3)  = 2
f(4)  = 3
f(5)  = 5
f(6)  = 8
f(7)  = 13
f(8)  = 21
f(9)  = 34
f(10) = 55
```

　再帰を利用する場合には、最初に再帰が終了する条件を明確にします。この条件が間違っていると、再帰呼び出しが止まらなくなります。ここで紹介したフィボナッチ数の例では、再帰が終了する条件は、引数の値が 3 未満であることです。

　再帰のもう 1 つの例として、階乗を計算する関数 factorial() を作ります。正の整数 n の階乗は、「f(0)=1、n が 1 以上なら f(n)=n*f(n − 1)」と定義できます。この定義なら、次のように再帰呼び出しを使って実装できます。再帰が終了する条件は、引数の値が 2 未満であることです。

[サンプル]　05-factorial.cpp

```cpp
#include <iostream>
using namespace std;
```

```
int factorial(int n) {
  if (n < 2) return 1;            //再帰の終了条件
  return n * factorial(n - 1);//再帰呼び出し
}

int main() {
  //1から15までの整数の階乗を計算する
  for (int n = 1; n <= 15; ++n) {
    cout << "f(" << n << ") = " << factorial(n) << endl;
  }
}
```

実行結果は次のようになります。階乗は非常に速く増加する関数なので、すぐにint型の上限を超えてしまいます。この結果で正しいのは12の階乗までです。

```
f(1)  = 1
f(2)  = 2
f(3)  = 6
f(4)  = 24
f(5)  = 120
f(6)  = 720
f(7)  = 5040
f(8)  = 40320
f(9)  = 362880
f(10) = 3628800
f(11) = 39916800
f(12) = 479001600
f(13) = 1932053504
f(14) = 1278945280
f(15) = 2004310016
```

ここで紹介したフィボナッチ数と階乗の例は、再帰の説明のためのもので、あまり実用的ではありません。実際にフィボナッチ数や階乗を使う場合には、次のように繰り返しを使って計算した方がはるかに効率がよいです。

[サンプル] 05-fibonacci2.cpp

```
int fibonacci(int n) {
  int a;       //2つ前の数
  int b = 1;//1つ前の数
  int f = 1;//結果
  for (int i = 3; i <= n; ++i) {
    a = b;
    b = f;
    f = a + b;
  }
  return f;
}
```

5.2　関数へのデータの渡し方

既存の関数を使うだけならいいのですが、自分で関数を作るときには、関数にどうやってデータを渡すのかを決めなければなりません。そのための方針を確認し、実践してみましょう。

5.2.1　パラメータの型の決定方針

関数へのデータの渡し方は大きく分けて4つあります。int型のデータを渡すなら、パラメータの型はintとint&（参照）、int&&（右辺値参照）、int*（ポインタ）の4とおりです。

ここにさらにconstを付けるかどうかという選択肢があるため、結局パラメータの型は以下の8とおりになります。

1. int
2. const int
3. int&
4. const int&
5. int&&
6. const int&&
7. int*
8. const int*

これらの中から1つを選ばなければならないのですが、その方針を考える前に、そもそもこれらがどういうものなのかを調べましょう。

整数に1を足した結果を表示する関数を例に、1つずつ確認します。

パラメータの型がconstでない場合は、パラメータの値自体を変更し、その結果を表示することにします。パラメータの型がconstの場合は、パラメータの値は変更できないので、1を足した結果を表示することにします。そういう関数の定義は以下のとおりです。

[サンプル]　05-parameter.cpp

```
//xは引数のコピー
void f1(int x)          { cout << ++x     << endl; }

//xは引数のコピー(変更不可)
void f2(const int x)    { cout << x + 1   << endl; }

//xは引数の参照
void f3(int& x)         { cout << ++x     << endl; }

//xは引数の参照(変更不可)
```

```
void f4(const int& x)    { cout << x + 1    << endl; }

//xは引数の右辺値参照
void f5(int&& x)         { cout << ++x      << endl; }

//xは引数の右辺値参照(変更不可)
void f6(const int&& x)   { cout << x + 1    << endl; }

//pはint型変数のアドレスのコピー
void f7(int* p)          { cout << ++(*p)   << endl; }

//pはint型変数のアドレスのコピー(*pは変更不可)
void f8(const int* p)    { cout << (*p) + 1 << endl; }
```

関数f1とf2を試します。

[サンプル] 05-parameter.cpp

```
int x1 = 100;
f1(x1);                  //出力値:101
cout << x1 << endl;      //出力値:100(変わっていない)
f1(110);                 //出力値:111(リテラルもOK)

int x2 = 200;
f2(x2);                  //出力値:201
cout << x2 << endl;      //出力値:200(変わっていない)
f2(210);                 //出力値:211(リテラルもOK)
```

次のことがわかります。

- f1のパラメータxは引数x1のコピーだから、xの値が変わってもx1の値は変わらない。
- f2のパラメータxはconstだから、その値は変更できない（変更を試みるコードは割愛）。
- f1、f2ともに、引数がリテラルでも問題ない。

関数f3とf4を試します。

[サンプル] 05-parameter.cpp

```
int x3 = 300;
f3(x3);                  //出力値:301
cout << x3 << endl;      //出力値:301(変わっている)
//f3(310);               //エラー(リテラルはNG)

int x4 = 400;
f4(x4);                  //出力値:401
cout << x4 << endl;      //出力値:400(変わっていない)
```

```
f4(410);                         //出力値:411(リテラルもOK)
```

次のことがわかります。

- f3のパラメータxは引数x3の参照だから、xの値が変わるとx3の値も変わる。
- f4のパラメータxはconstだから、その値は変更できない（変更を試みるコードは割愛）。
- パラメータがconstでないf3では、リテラルを引数にはできない。

関数f5とf6を試します。

［サンプル］ 05-parameter.cpp

```
int x5 = 500;
f5(static_cast<int&&>(x5));//出力値:501
cout << x5 << endl;         //出力値:501(変わっている)
f5(510);                    //出力値:511(リテラルもOK)

int x6 = 600;
f6(static_cast<int&&>(x6));//出力値:601
cout << x6 << endl;         //出力値:600(変わっていない)
f6(610);                    //出力値:611(リテラルもOK)
```

次のことがわかります。

- パラメータxは右辺値参照だから、左辺値（代入演算子の左に書けるもの）を引数にする場合は型変換が必要である。
- f5のパラメータxは参照だから、xの値が変わるとx5の値も変わる。
- f6のパラメータxはconstだから、その値は変更できない（変更を試みるコードは割愛）。
- f5、f6ともに、引数がリテラルでも問題ない。

関数f7とf8を試します。

［サンプル］ 05-parameter.cpp

```
int x7 = 700;
f7(&x7);                    //出力値:701
f7(addressof(x7));          //出力値:702
cout << x7 << endl;         //出力値:702(変わっている)
//f7(nullptr);              //リテラルはOKだが、nullptrでは実行時エラーになる

int x8 = 800;
f8(&x8);                    //出力値:801
```

```
f8(addressof(x8));          //出力値:801
cout << x8 << endl;         //出力値:800(変わっていない)
//f8(nullptr);              //リテラルはOKだが、nullptrでは実行時エラーになる
```

次のことがわかります。

- パラメータpはint*型のポインタだから、引数はintの変数のアドレスである。
- f7のパラメータpは引数x7のアドレスのコピーだから、*pの値が変わるとx7の値も変わる。
- f8のパラメータpはconstだから、*pの値は変更できない[7]。
- ポインタリテラルを引数にできる。ただし、nullptrに対して間接演算子を使った時点でエラーになる。

以上の結果を表5-1にまとめました。

▼表5-1 関数へのデータの渡し方のまとめ

関数	パラメータの変更	引数の変更	リテラル
f1(int x)	○	×	○
f2(const int x)	×	×	○
f3(int& x)	○	○	×
f4(const int& x)	×	×	○
f5(int&& x)	○	○	○
f6(const int&& x)	×	×	○
f7(int* p)	○	○	△
f8(const int* p)	×	×	△

※f7とf8の「パラメータの変更」は「パラメータが指すオブジェクトの変更」、「引数の変更」は「引数が指すオブジェクトの変更」

関数にデータを渡す方法は、まず、f1を考えます。変数の値はコピーされるので、関数によって元の値が変更されることはありません[8]。パラメータも変更できないようにしたければf2を採用します。引数が基本型のときは問題ありませんが、引数が大きなオブジェクトになると、コピーが重い処理になります。コピーを避けたい場合はf4を、コピーを避けて要素を変更したい場合はf3を検討します。

f5とf6をこのような形で使うことはあまりないでしょう。右辺値参照（&&）を使う現実的な例を10.2節で紹介します。

この例ではf7とf8を使う必要はありません。f3とf4で代用できます。引数が配列（6.3節）のときは、f7やf8を使うことになります。

---

*7) pの値は変更できますが、これはx1のアドレスのコピーなので、呼び出し側に変更の影響は及びません。
*8) JavaやC#のような言語を既に知っている方は、この点においてC++はJavaやC#とは大きく異なることに注意してください。

5.2.2 関数の例：値の交換

　関数を作る例として、2つのint型の変数の値を交換するmySwap()を作ってみましょう[*9]。2つのint型のパラメータをa, bとします。戻り値はいらないので、voidです。

　まず考えるのはvoid mySwap(int a, int b)です。この場合、引数はパラメータにコピーされるので、関数の中でパラメータを変更しても、引数は影響を受けません。

　引数を変更したいので、前項のf3を使います。この場合はvoid mySwap(int& a, int& b)です。関数定義は次のとおりです。

[サンプル] 05-swap.cpp
```cpp
void mySwap(int& a, int& b) {
  int tmp = a;
  a = b;
  b = tmp;
}
```

　動作を確認します。

[サンプル] 05-swap.cpp
```cpp
int main() {
  int a = 1;
  int b = 2;

  mySwap(a, b);
  //swap(a, b);//標準ライブラリを使う場合(<algorithm>が必要)

  cout << a << endl;//出力値:2
  cout << b << endl;//出力値:1
}
```

　a = 1、b = 2だったのが、mySwap()を呼び出した後はa = 2、b = 1になっているので成功です。

[*9] 2つの変数の値を交換する関数swap()が<algorithm>で既に宣言されています。本文のコードに<algorithm>の読み込みを追加して、mySwapをswapに置き換えれば試せます。

5.3 関数のオーバーロードと関数テンプレート

同一の利用方法（インターフェイス）で、状況に応じて異なる実装を選択できる性質を**多態性**と言います。C++ はさまざまな方法で多態性を実現しています。1.1.4項で紹介した、オブジェクト指向における多態性もその一例です。この節では、関数の多態性を実現する方法であるオーバーロードとテンプレートを紹介します。

5.3.1 関数のオーバーロード

実装の異なる関数を同じ名前で定義でき、これを関数の**オーバーロード**あるいは**多重定義**と呼びます。5.2.2項で紹介した2つの変数の値を交換する関数mySwap() を例に説明しましょう。

関数mySwap() は次のようなものでした。この関数はint 型の変数の値を交換します。

[サンプル] 05-overload.cpp
```
void mySwap(int& a, int& b) {
  int tmp = a;
  a = b;
  b = tmp;
}
```

引数がdouble 型である次の関数を定義すれば、double 型の変数の値を交換できます。

[サンプル] 05-overload.cpp
```
void mySwap(double& a, double& b) {
  double tmp = a;
  a = b;
  b = tmp;
}
```

2つの関数が同じ名前であることに注意してください。名前が同じでも混乱することはありません。引数に応じて適切なものが選択されます。利用例を以下に示します。

[サンプル] 05-overload.cpp
```
int main() {
  int a = 1;
  int b = 2;
  mySwap(a, b);      //mySwap(int& a, int& b)を使う
  cout << a << endl;//出力値:2
  cout << b << endl;//出力値:1
```

```
    double x = 1.23;
    double y = 4.56;
    mySwap(x, y);        //mySwap(double& a, double& b)を使う
    cout << x << endl;//出力値:4.56
    cout << y << endl;//出力値:1.23
}
```

　オーバーロードする関数は、その引数で区別できるものでなければなりません。戻り値の型だけが違うような関数はオーバーロードできません。

5.3.2　関数テンプレート

　前項でオーバーロードした2つの関数mySwap(int& x, int& y)とmySwap(double& x, double& y)の間には、intとdoubleという型の違いしかありません。このような型が違うだけの関数は、**関数テンプレート**という1つの関数にまとめられます。関数テンプレートは、次のように定義します。

[構文] 関数テンプレートの定義

```
template <typename T>
関数定義（定義中でTを利用できる）
```

　関数mySwap(int& x, int& y)とmySwap(double& x, double& y)をまとめた関数テンプレートは次のようになります。

［サンプル］05-template.cpp

```
template <typename T>
void mySwap(T& x, T& y) {
  T tmp = x;
  x = y;
  y = tmp;
}
```

　関数テンプレートの利用方法は普通の関数と同じです。使用例を以下に示します。ここで定義した関数テンプレートmySwap()は、int型やdouble型だけでなく、string型の変数の値も交換できます。

［サンプル］05-template.cpp

```
#include <iostream>
#include <string>
using namespace std;

（mySwap()の定義）
```

```
int main() {
  int a = 1;
  int b = 2;
  mySwap(a, b);      //mySwap(int& a, int& b)を使う
  cout << a << endl;//出力値:2
  cout << b << endl;//出力値:1

  double x = 1.23;
  double y = 4.56;
  mySwap(x, y);      //mySwap(double& a, double& b)を使う
  cout << x << endl;//出力値:4.56
  cout << y << endl;//出力値:1.23

  string s = "abc";
  string t = "xyz";
  mySwap(s, t);      //mySwap(string& a, string& b)を使う
  cout << s << endl;//出力値:xyz
  cout << t << endl;//出力値:abc
}
```

5.4 識別子の有効範囲

関数や変数の名前である識別子の有効範囲は、さまざまな要素によって決まります。この節では、識別子の有効範囲に関する3つの要素、スコープと翻訳単位、名前空間について説明します。

5.4.1 スコープ

変数を宣言すると、その変数の**スコープ**が決まります。スコープとはその変数が有効な範囲のことです。

関数定義の中で宣言された変数（ローカル変数）のスコープは、宣言の位置からその宣言が行われたブロック（{ から } まで）の終わりまでです。関数やクラス（第10章）、名前空間（5.4.2項）の外で普通に宣言される変数は**グローバル変数**と呼ばれ、そのスコープは宣言の位置から宣言が行われたファイルの終わりまでです。以下に例を示します。

［サンプル］05-scope.cpp

```
#include <iostream>
using namespace std;

int x;//グローバル変数

void f() {
  x = 2;
```

```
    int y = 2;//ローカル変数
    cout << "y in f = " << y << endl;//出力値:y in f = 2;
}
int main() {
    x = 1;
    int y = 1;//ローカル変数
    f();
    cout << "x = " << x << endl;//出力値:x = 2
    cout << "y = " << y << endl;//出力値:y = 1
}
```

変数xはグローバル変数なので、このファイルのどこからでも利用できます。関数main()でx = 1とした後で関数f()でx = 2としているので、xの最終的な値は2です。ちなみに、このxのような数値のグローバル変数は、値を明示しなければ0で初期化されています。

関数f()の変数yと関数main()の変数yはどちらもローカル変数なので、yという名前はそれぞれの関数の中でのみ有効です。関数main()の中でy = 1とした後で関数f()でy = 2としていますが、2つの変数は別のものなので、関数main()のyの最終的な値は1です。

グローバル変数xとローカル変数yの違いを図示すると、図5-4のようになります。

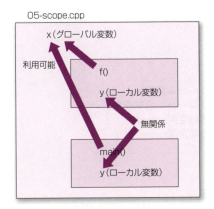

▲図5-4　グローバル変数xとローカル変数yの違い

グローバル変数は複数の関数から直接アクセスできるので便利ですが、多用するとプログラムがわかりにくくなります。変数のスコープはできるかぎり小さくするとよいでしょう。

5.4.2　名前空間

プログラムが大きくなると、関数や変数の名前が重複する危険が大きくなります。そのような危険に対処するために、**名前空間**というしくみが用意されています。名前空間は次のような構文で利用します。

> **[構文] 名前空間**
>
> ```
> namespace 名前空間名 {
>     関数や変数の宣言
> }
> ```

　ある名前空間の中で使った名前を、別の名前空間で利用したいときは、スコープ演算子「::」を使って、「名前空間名::識別子」のように指定します。名前空間に属さない関数やグローバル変数は、**グローバル名前空間**で管理されます。グローバル名前空間の名前は、「::識別子」のように指定します。以下に例を示します。

［サンプル］05-namespace.cpp

```
#include <iostream>
using namespace std;

int x;//グローバル変数(グローバル名前空間)

namespace nameA {
    int x = 1;
}

namespace nameB {
    int x = 2;
}

int main() {
    int x = 3;
    cout << x << endl;          //出力値:3(ローカル変数)
    cout << ::x << endl;        //出力値:0(グローバル名前空間)
    cout << nameA::x << endl;   //出力値:1(名前空間nameA)
    cout << nameB::x << endl;   //出力値:2(名前空間nameB)
}
```

5.4.3　変数や関数のファイル間での共有

　グローバル変数として宣言された変数は、複数の関数の間で共有されます。ただし、別のソースファイルで定義する関数でも共有したい場合には、そのファイル内でキーワード**extern**を使って次のように変数を宣言します（変数を宣言するだけで定義はしていません）。

> **[構文] extern**
>
> ```
> extern 型名 変数名;
> ```

　同様に、関数をファイル間で共有したい場合には、その関数を定義したファイル以外でも、関数を宣言する必要があります。宣言の構文は、5.1.4項で紹介したものと同じです。
　例を使って説明します。次のようなファイル05-file1.cppがあるとしましょう。

[サンプル] 05-file1.cpp

```cpp
#include <iostream>
using namespace std;

int x = 10;

void f() {
  cout << "Hello, World!\n";
}
```

　この05-file1.cppで定義された変数xと関数f()を、別のファイル05-file2.cppでも利用したい場合には、05-file2.cppでもxとf()の宣言が必要です。関数の宣言は普通の宣言ですが、変数はキーワードexternを使って宣言します。

[サンプル] 05-file2.cpp

```cpp
#include <iostream>
using namespace std;

void f();//関数f()の宣言のみ。定義は別のファイルにある

int main() {
  extern int x;      //別のファイルで定義されている変数を利用する
  cout << x << endl;//出力値:10
  f();               //出力値:Hello, World!
}
```

　名前も呼び出し方も同じ関数が複数個存在したり、externで宣言された変数と同じ名前のグローバル変数が複数のファイルにあったりするとコンパイルはできません。グローバル変数や関数をそのファイル内でのみ利用できるようにしたい場合には、無名の名前空間を使います。05-file1.cppを次のように修正すると、変数xや関数f()を05-file2.cppからは利用できなくなります。

```cpp
#include <iostream>
using namespace std;

//無名の名前空間
namespace {
  int x = 10;

  void f() {
    cout << "Hello, World!\n";
  }
}
```

05-file1.cpp と 05-file2.cpp のように、コードを複数のファイルに分けることにはさまざまな利点があります。

すべてのコードを1つのファイルにまとめていると、そのうちの1か所でも変更されれば、すべてのコードをコンパイルし直さなければなりません。コードを複数のファイルに分けておけば、変更のあったファイルだけをコンパイルし直せばよいので、平均的なコンパイル時間は短縮されます。

ファイルを分割することの別の利点を、5.1.3項で作成した関数 numOfDividors() や 5.1.6項で作成した関数 fibonacci()、関数 factorial() を例に説明しましょう。これらの関数は汎用的なものなので、さまざまな場所で利用したいのですが、必要になるたびにコードをコピーすると、管理が面倒になります。

そこで、次のようなファイル number.cpp を用意して、その中で3つの関数を定義しておきます。

[サンプル] number.cpp

```
int numOfDivisors(int n) の定義

int fibonacci(int n) の定義

int factorial(int n) の定義
```

先に述べたように、別のファイルで定義された関数を使うためにはその宣言が必要ですが、何度も宣言を書くのは面倒なので、次のようなファイル number.h に書いておくことにします。このように関数の宣言を書いたファイルを**ヘッダファイル**と呼びます[10]。ヘッダファイルの拡張子は .h にするのが一般的です。

[サンプル] number.h

```
//少し問題がある
int numOfDivisors(int n);
int fibonacci(int n);
int factorial(int n);
```

これらの関数を利用したい場合には、次のようにまずファイル number.h を読み込みます（独自のヘッダファイルの読み込みには、< と > ではなく二重引用符「"」を使います）[11]。

---

[10] 読み込んだファイルの意味を変えてしまう危険を避けるために、ヘッダファイルには「using namespace std;」というような記述は含めないようにしましょう。

[11] コマンドラインでコンパイルする場合、Visual C++ なら「cl 05-number.cpp number.cpp」、GNU C++ なら「g++ 05-number.cpp number.cpp」、Clang なら「clang++ cl 05-number.cpp number.cpp」ですが、これではすべてのファイルが毎回コンパイルされるので効率が悪いです。効率よく開発するためには、ファイルを個別にコンパイルして後でリンクするのですが、その詳細は割愛します。

[サンプル] 05-number.cpp

```cpp
#include "number.h"//ヘッダファイルの読み込み
#include <iostream>
using namespace std;

int main() {
  cout << numOfDivisors(10) << endl;//出力値:4
  cout << fibonacci(10) << endl;    //出力値:55
  cout << factorial(10) << endl;    //出力値:3628800
}
```

　#include は指定したファイルを埋め込むための命令で、**プリプロセッサ**によってコンパイルの前に実行されます。ヘッダの読み込みが終わった結果を**翻訳単位**と呼びます[*12]。
　ここで作成したヘッダファイル number.h の書き方には少し問題があります。このようなヘッダファイルをたくさん作ると、ファイルがお互いに読み込みあって、読み込みが無限に続いてしまう危険があるのです。ヘッダファイルを次のように修正することでこの危険を回避できます。

[サンプル] number.h

```cpp
#ifndef NUMBER_H//NUMBER_Hが定義されていないなら#endifまでを有効にする
#define NUMBER_H//NUMBER_Hを定義する

int numOfDivisors(int n);
int fibonacci(int n);
int factorial(int n);

#endif//#ifndef NUMBER_Hの影響はここまで
```

　このファイル number.h の読み込みは、NUMBER_H が定義されていない場合のみ有効になります。最初に読み込んだときには NUMBER_H は定義されていないので、全体が有効になります。しかし次の行で NUMBER_H が定義されるので、このファイルをもう一度読み込もうとしても、1行目でそれは無効になります。この例の NUMBER_H のように、プリプロセッサによって処理される文字列を**マクロ**、マクロを使ってヘッダファイルの読み込みを制御する方法を**インクルードガード**と呼びます。これとは別に、ヘッダファイルの最初に #pragma once と書くことで、インクルードガードにするという方法もあります。
　C 言語のプログラムでは、マクロを使って複雑な処理を行うことがよくありますが、C++ ではマクロに代わるさまざまな機能が導入されたため、マクロはあまり使われません。マクロの用途は、インクルードガードやビルド環境の取得など、わずかしかありません。
　ビルド環境を取得する例として、コンパイラが Visual C++、GNU C++、Clang のどれなのかをコンパイル時に検出するコードを以下に示します。

---

*12）厳密に言えば、この項で説明した変数や関数の可視性は、ファイル間ではなく翻訳単位間に関するものです。

[サンプル] 05-compiler.cpp

```cpp
#include <iostream>
using namespace std;

int main() {
#ifdef _MSC_VER
  cout << "Visual C++" << endl;
#endif

#if (defined(__GNUG__)) && !(defined(__clang__) || defined(__ICC))
  cout << "GNU C++" << endl;
#endif

#ifdef __clang__
  cout << "Clang C++" << endl;
#endif

}
```

__GNUG__ がGNU C++ だけでなくClang やIntel のコンパイラでも定義されているため、GNU C++ の検出が少し複雑になっています。

第5章　練習問題

1 5.1.6項で作成した階乗を求める関数factorial(int) を、for 文を使って書き換えてください。

2 5.2.2項で作成したmySwap(int&, int&) を、参照ではなくポインタを使う形で定義し、実際に使ってみてください。

3 5.3.2項で作成した05-template.cpp を、標準ライブラリの関数swap() を使って書き換えてください。

第6章
コンテナと配列
～データをひとまとめにする方法

　プログラミングでは、複数のオブジェクトをひとまとめにして扱いたいということがよくあります。この章では、そういう場合によく使われるstd::vector、std::unordered_map、配列を紹介します。

 ## 6.1　vector

　複数のオブジェクトをひとまとめにするために、C++の標準ライブラリに用意されているしくみを**コンテナ**と呼びます。数種類あるコンテナの中で、最もよく使われるのがstd::vector（以下、vector）です。この節では、vectorの基本的な使い方を説明します。

6.1.1　vectorとは何か

　vectorは、同じ型の複数のオブジェクトをメモリ上に並べて管理するコンテナで、<vector>で宣言されています。vectorの代表的な初期化方法は以下のとおりです[*1]。最初の2つは、3.4.1項で紹介したオブジェクトの構築構文1と2です（構文3に相当する方法は6.1.4項で紹介します）。3番目の方法は**リスト初期化**と呼ばれます（管理するオブジェクトの型をTとしています）。

［構文］vectorの初期化

```
vector<T> 名前
あるいは
vector<T> 名前(要素数)
あるいは
vector<T> 名前{ 要素1, 要素2, … }
```

[*1] 波かっこ{}を使ってvector<T> 名前{}、vector<T> 名前{要素数}、vector<T> 名前{要素1, 要素2, ……}とすると統一感があります。しかし、vector<string> v1{10}は2番目の意味になるのに対してvector<int> v2{10}は3番目の意味になるといった混乱があるため、本書では、3番目でしか波かっこは使いません。

2、3、5、7という4つの整数をvectorで管理してみましょう。3とおりの方法があります。

第1の方法では、空のvectorを作り、要素を追加していきます（<vector>が必要です）。

[サンプル] 06-vector.cpp

```cpp
vector<int> v1;　//空のvectorを構築する
v1.push_back(2);//要素を追加していく
v1.push_back(3);
v1.push_back(5);
v1.push_back(7);
```

この例から、メンバ関数push_back()で要素を追加できることがわかります。

第2の方法では、要素数4のvectorを作り、各要素を変更します（要素が数値の場合、その初期値はすべて0です）。

[サンプル] 06-vector.cpp

```cpp
vector<int> v2(4);//要素数4のvectorを構築する
v2[0] = 2;         //要素を変更していく
v2[1] = 3;
v2[2] = 5;
v2[3] = 7;
```

この例から、vectorのn番目の要素には[n]でアクセスできることがわかります。[]の中に書かれるものを**添字**と呼ぶことがあります。

第3の方法では、要素を明示してvectorを初期化します（リスト初期化）。

[サンプル] 06-vector.cpp

```cpp
vector<int> v3{ 2, 3, 5, 7 };
```

3とおりの方法でできるvectorがすべて等しいことを確認します。等号はすべての要素が等しいかどうかを調べます。

[サンプル] 06-vector.cpp

```cpp
cout << (v1 == v2 ? "等しい" : "等しくない") << endl;//出力値:等しい
cout << (v1 == v3 ? "等しい" : "等しくない") << endl;//出力値:等しい
```

6.1.2　vector 上のループ

vector のすべての要素について何らかの処理を行うには、次の3とおりの方法があります。

1. for 文を使う
2. 拡張 for 文を使う
3. イテレータを使う（9.1 項）

for 文を使って vector の要素を出力してみましょう。vector の n 番目の要素に [n] でアクセスできることが前項でわかっているので、次のようなコードで実現します。

[サンプル] 06-for.cpp
```
vector<int> v{ 2, 3, 5, 7 };

for (int i = 0; i < 4; ++i) cout << v[i] << ", ";
cout << endl;//出力値:2, 3, 5, 7,
```

vector の要素は出力できましたが、このコードには少し問題があります。for 文で使う変数 i の上限が、4 に固定されていることです。これでは、サイズの違う vector には対応できません。vector のサイズがメンバ関数 size() で取得できるので、これを使って for 文を書き直します。

[サンプル] 06-for.cpp
```
size_t s = v.size();
for (size_t i = 0; i < s; ++i) cout << v[i] << ", ";
cout << endl;//出力値:2, 3, 5, 7,
```

変数 i の型を size_t に変えています。メンバ関数 size() の戻り値の型は符号なしなので、int のままでは符号付きと符号なしの数を比較するという、トラブルの温床になります（3.2.11 項）。符号なしなので、unsigned でもよいのですが、処理系によっては unsigned では vector のサイズが大きい場合に対応できない恐れがあります。size_t も符号なしの整数ですが、そのコンピュータに格納できるオブジェクトの最大数に対応することが保証されています。

コンテナ（および 6.3 節で紹介する配列）のすべての要素を処理するというのはよくあることなので、**拡張 for 文**と呼ばれる専用の文が用意されています。

[構文] 拡張 for 文（コピー）
```
for (auto 変数名 : コンテナ名) 文
```

コンテナの要素を 1 つずつ、変数名として与えた仮の名前の変数にコピーし、その名前を使った文を実行します。auto と書いて型推論を使っていますが、型を明示してもかまいません（こ

こでの例ならint)。コンテナからは要素をコピーして取り出すので、要素を変更することはできません。要素を1つずつ表示するプログラムは次のように書き換えられます。

[サンプル] 06-for.cpp

```
for (auto x : v)  cout << x << ", ";
cout << endl;//出力値:2, 3, 5, 7,
```

拡張 for 文で要素を変更したい場合は、コピーではなく参照としてアクセスします。

[構文] 拡張 for 文（参照）

```
for (auto& 変数名 : コンテナ名) 文
```

vector のすべての要素に1を足してみましょう。

[サンプル] 06-for.cpp

```
for (auto& x : v) ++x;

for (auto x : v) cout << x << ", ";
cout << endl;//出力値:3, 4, 6, 8,
```

vector の要素がクラスのオブジェクトの場合、コピーだと時間がかかるかもしれません。そういう場合にも参照は有用です。そういう理由で参照を使う場合、要素を変更しないなら const auto& とするといいでしょう。

6.1.3　要素の追加と削除

6.1.1項で、メンバ関数 push_back() を使って vector の末尾に要素を追加する方法を紹介しました。要素がクラスのオブジェクトの場合には、少し注意が必要です。3.4節でも使った複素数（complex<double>）を例に説明しましょう（#include <complex>; と using cplx = complex<double>; が必要です）。

[サンプル] 06-pushback.cpp

```
vector<cplx> v;

cplx z(3., 4.);//オブジェクトの構築
v.push_back(z);//要素の追加（コピー）
```

オブジェクトを構築してからvectorに要素を追加すると、オブジェクトのコピーがvectorに格納されます。コピーための手間とメモリが無駄なので、次のように引数を使って要素のオブジェクトを構築するメンバ関数emplace_back()で要素を追加しましょう。

[サンプル] 06-pushback.cpp
```
v.emplace_back(1., 2.);    //オブジェクトの構築と追加
```

vectorは要素を追加できるとはいっても、そのための処理が重くなることがあります。図6-1のように、vectorにはあらかじめ予備の領域が確保してあって、要素はその領域に追加されます。しかし、予備の領域が足りなくなると、別の領域を確保して、すべての要素をその新しい領域にコピー[*2]しなければなりません。vectorでは、すべての要素がメモリ上に並んでいることになっているからです。

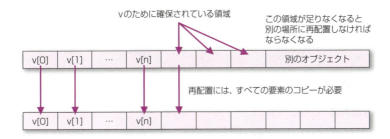

▲図6-1　vectorの再配置が発生すると全要素のコピーが必要になる

vectorが確保している領域のサイズはメンバ関数capacity()で取得できます。vectorに要素を1つずつ追加したときに、その領域のサイズがどうなるかを調べてみます（この結果は処理系によって変わります）。

[サンプル] 06-reserve.cpp
```
const int n = 20;

vector<int> v1;
for (int i = 0; i < n; ++i) {
  cout << v1.capacity() << ", ";
  v1.push_back(i);
}
cout << endl;
//出力例:0, 1, 2, 3, 4, 6, 6, 9, 9, 9, 13, 13, 13, 13, 19, 19, 19, 19, 19, 19,
```

---

*2) ムーブ（10.2.8項）でよい場合もあります。

数が変わっているところで領域を確保し直しています。

　vector の要素数の上限があらかじめわかっているなら、メンバ関数 reserve() で、その分の領域を先に確保してしまえば、途中で領域を確保し直すリスクを回避できます。

[サンプル] 06-reserve.cpp

```
vector<int> v2;
v2.reserve(100);//100個分の領域の確保
for (int i = 0; i < n; ++i) {
  cout << v2.capacity() << ", ";
  v2.push_back(i);
}
//出力例:100, 100, 100, 100, 100, 100, 100, 100, 100, 100, 100, 100, 100, …
```

　vector の要素の削除は、メンバ関数 pop_back() や erase() で行います。pop_back() は末尾専用ですが高速です。

[サンプル] 06-erase.cpp

```
vector<int> v{ 2, 3, 5, 7 };

v.pop_back();//末尾の削除
for (auto x : v) cout << x << ", ";
cout << endl;//出力値:2, 3, 5,

v.erase(v.begin() + 1);//1番目の要素の削除
for (auto x : v) cout << x << ", ";
cout << endl;//出力値:2, 5,
```

6.1.4　vector のコピーと代入

　既存の vector をコピーして新しい vector を構築します。この構文は、3.4.1項で紹介したクラスオブジェクトの構築構文3に相当します。型推論を使う auto の代わりに、vector<int> のような型を書いてもかまいません。

[構文] vector のコピー初期化

```
auto 変数名(既存のvector);
あるいは
auto 変数名 = 既存のvector;
```

　この構文を使って、vector<int> である v1 をコピーして、v2 を構築します[3]。

---

[3] このコードをそのまま Java や C# に翻訳すると、v2 は v1 のコピーではなく参照になります。C++ では、コピーなのか参照なのかは見た目でわかります（参照には「&」が必要です）。

［サンプル］06-copy.cpp

```
vector<int> v1{ 2, 3, 5, 7 };
auto v2(v1);
//auto v2 = v1;//OK
```

v2はv1のコピーなので、v1を変更してもv2は変わりません。

［サンプル］06-copy.cpp

```
v1[0] = 100;//v1を変更する。
for (auto x : v2) cout << x << ", ";
cout << endl;//出力値:2, 3, 5, 7 （v2は変わっていない）
```

次のように「代入」を使っても同じ結果になりますが、コピーの前に要素数0のvectorを作るので、効率が悪くなるかもしれません。

```
vector<int> v2;
v2 = v1;//代入
```

6.1.5　vectorのvector

vectorには任意のオブジェクトを格納できます。vectorにvectorを格納すれば、2次元vectorのように見えるオブジェクトになります。速度（とサポートするアルゴリズムがないこと）を気にしなければ、数学の行列にもなります[4]。

［サンプル］06-matrix.cpp

```
vector<vector<int>> v{ {1, 2, 3}, {4, 5, 6} };
```

こうしてできるvectorの、0番目の要素は{1, 2, 3}のvector<int>、1番目の要素は{4, 5, 6}のvector<int>です。

行列と見なしたときの行数と列数は次のとおりです。

［サンプル］06-matrix.cpp

```
cout << v.size() << endl;    //出力値2（行数）
cout << v[0].size() << endl;//出力値3（列数）
```

1行2列、あるいは1, 2成分には次のようにアクセスします。

---

[4] 本格的な行列が必要な場合は、EigenやBoostのuBLASの採用を検討してください。

[サンプル] 06-matrix.cpp

```
cout << v[1][2] << endl;      //出力値:6(1行2列あるいは1, 2成分)
```

この方法を使って全要素にアクセスします。拡張 for 文も使えます。

[サンプル] 06-matrix.cpp

```cpp
for (size_t i = 0; i < v.size(); ++i) {
  for (size_t j = 0; j < v[i].size(); ++j) {
    cout << v[i][j] << ", ";
  }
  cout << endl;
}
/*出力値
1, 2, 3,
4, 5, 6,
*/

for (const auto& row : v) {
  for (const auto& x : row) {
    cout << x << ", ";
  }
  cout << endl;
}//出力値は上と同じ
```

6.1.6　引数や戻り値としての vector

　vector を引数にする場合の考え方は 5.2 節のとおりです。パラメータの型が vector<T> ならコピー、const vector<T>& なら参照（変更不可）、vector<T>& も参照（変更可）です。

[サンプル] 06-parameter.cpp

```cpp
#include <iostream>
#include <vector>
using namespace std;

void g1(vector<int> v) {
  v[0] = 100;//パラメータの変更
}

int g2(const vector<int>& v) {
  //v[0] = 10000;//エラー(vはconst)
  return v[0];
}

void g3(vector<int>& v) {
  v[0] = 1000;//パラメータの変更
```

```
}
auto h() {
  vector<int> v{ 11, 13, 17, 19 };
  return v;
}
int main() {
  vector<int> v1{ 2, 3, 5, 7 };

  g1(v1);
  cout << v1[0] << endl; //出力値:2(変わっていない)

  cout << g2(v1) << endl;//g2()はv1を変更しない

  g3(v1);
  cout << v1[0] << endl; //出力値:1000(g3での変更が反映された)

  auto v2(h());              //h()で構築したvectorを受け取る
  //auto v2 = h();           //OK
  for (auto x : v2) cout << x << ", ";
  cout << endl;              //出力値:11, 13, 17, 19,
}
```

　g1()のパラメータvは引数v1のコピーなので、関数内でのvの変更は、v1に影響しません。

　コピーを避けるためにg2()を検討します。g2()のパラメータvは引数v1のconst参照なので、関数内でのvの変更は、v1に影響しません。引数を更新したい場合はg3()を使います。

　関数内で構築したvectorは、h()のようにreturnで返せます。この場合、vectorはコピーではなくムーブ（10.2.8項）されるので、効率は悪くありません。効率をよくするためにポインタを使う必要はありません。

6.1.7　vector以外のコンテナ

　vectorは多くの場面で使えるコンテナですが、別のコンテナを使ったほうがいい状況を2つ紹介します。

　1つ目は、末尾以外の場所での要素の追加や削除が頻繁に行われる場合です。6.1.3項で述べたように、vectorの要素はメモリ上に並んでいなければならないので、末尾以外で要素の追加や削除が起こると、その後ろにあった要素をすべてコピー（あるいはムーブ）しなければなりません。要素が多ければその処理にはかなり時間がかかるはずなので、それを避けたい場合には、vector以外のコンテナを使った方がいいでしょう。そういう場合に有用なのは<list>で宣言されているstd::listです。std::listの要素はメモリ上に並んでいる必要はないため、追加や削除が高速です（std::listの使用例が9.1.1項にあります）。

2つ目は、要素を頻繁に検索する場合です。9.2.2項でvectorの要素を検索する方法を紹介しますが、要素が多くなると検索にかかる時間は長くなります。このこと自体はどんなコンテナでも変わりませんが、時間の長くなり方が緩やかになるように設計されたコンテナがあります。<unordered_set>で宣言されているstd::unordered_setです（使用例が10.3節にあります）。

　本書ではこのほかに、要素が常に並び替えられているstd::set（第9章の練習問題2と10.3節）や、先頭と末尾の要素だけを操作できるstd::queue（13.2.2項）を使います。

6.2　unordered_map

　マップは、キーと値という2つのオブジェクトのペアを管理するコンテナです。この節ではマップの一種であるstd::unordered_map（以下、unordered_map）を紹介します。

6.2.1　unordered_mapとは何か

　unordered_mapの概念を図示すると図6-2のようになります。キーと値のペアが登録されている状態で、キーを使ってマップにアクセスして、対応する値を取得します。標準ライブラリには、キーと値のペアがキーによって並べ替えられているstd::mapと、並び替えられていないunordered_mapがあります。ペアを管理するだけなら、std::mapよりも高速なunordered_mapを使ってください*5。std::mapは<map>で、unordered_mapは<unordered_map>で定義されています。

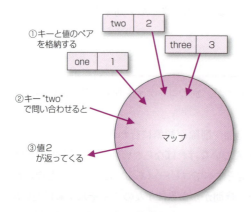

▲図6-2　unorder_mapの概念図

＊5）std::mapの使用例が9.4.2項にあります。

6.2.2 unordered_map の利用

unordered_map の例として、{"one", 1}、{"two", 2}、{"three", 3} という簡易的な辞書を unordered_map で作ります*6（<unordered_map> と <string> が必要です）。

[サンプル] 06-map.cpp
```
unordered_map<string, int> dictionary{ { "one", 0 },{ "two", 2 },{ "three", 3 } };
```

{"one", 0} は後で{"one", 1}に修正しましょう。
"two"というキーに対応する値を取得します。vectorと同様、値の取得には角かっこ[]を使います。

[サンプル] 06-map.cpp
```
cout << dictionary["two"] << endl;//出力値:2
```

角かっこを使って値を更新します。これも vector と同様です。

[サンプル] 06-map.cpp
```
dictionary["one"] = 1;
```

存在しないキーを使うと、キーと値のペアが追加されます。この点は、vector と違っています。vector では、[] で要素数以上の数を指定できません。

[サンプル] 06-map.cpp
```
cout << dictionary["four"] << endl;//出力値:0
```

メンバ関数find()を使って検索するだけなら要素が登録されることはありません。find()は、キーが見つからないときはメソッドend()の結果を返します。これは反復子と呼ばれるもので、反復子については9.1節で解説します。

[サンプル] 06-map.cpp
```
//検索するだけなら要素が登録されることはない
if (dictionary.find("five") == dictionary.end()) cout << "not found\n";
//出力値:not found
```

「=」を使ってキーと値のペアを追加します。

---

*6) このようなデータを単純にvectorで表現すると、"one"のようなキーから1のような値を得るために、検索が必要になります。要素が多くなるとその処理が重くなるのはvectorもunordered_mapも同じですが、遅くなるなり方が、unordered_mapのほうが緩やかです。

[サンプル] 06-map.cpp
```
dictionary["six"] = 6;//ペアの追加
```

　最後に、この時点でのdictionaryの全ペアを拡張for文で取り出して表示させます（unordered_mapには順番の概念がないので、次のコードの実行結果はペアを追加した順番どおりとは限りません）。

[サンプル] 06-map.cpp
```
for (const auto& p : dictionary) {
  cout << p.first << ": " << p.second << endl;
}
/*
出力例:
one: 1
two: 2
six: 6
three: 3
four: 0
*/
```

　ペアの型を正確に書くとstd::pair<string, int>です。std::pair（以下、pair）については6.2.5項で説明しますが、型推論があるので、ここではautoで十分です。「&」を付けないと繰り返しのたびに値がコピーされてしまいます。

6.2.3　ペアの追加についての注意

　前項の例では値が基本型なので問題ありませんでしたが、値がクラスのオブジェクトの場合には注意が必要です。
　オブジェクトを構築してから格納すると、コピーになるため効率が悪くなります（以下のコードではusing cplx = complex<double>; が必要です）。

[サンプル] 06-complex.cpp
```
unordered_map<string, cplx> dic;

cplx z(3., 4.);
dic["A"] = z;//コピー
```

　その場でオブジェクトを構築すると、可能であればコピーではなくムーブ（10.2.8項）になるため、上の方法よりは効率がいいです。

[サンプル] 06-complex.cpp
```
dic["B"] = cplx(5., 12.);//ムーブ
```

6.1.3項で紹介したvectorのメンバ関数emplace_back()のように、オブジェクトを直接unordered_map内で構築するには、メンバ関数emplace()を使います。

キーと値のいずれも1つの引数で構築できる場合は簡単です。

[サンプル] 06-complex.cpp
```
dic.emplace("C", 10);//dic["C"] = cplx(10., 0.);と同じ結果になる
```

キーと値のいずれかを、2つ以上の引数で構築する場合は複雑になります（このコードでは、本書で説明しない言語仕様を使っています。別の型を使いたいときは、最初のforward_as_tupleにキーを初期化するための引数を、2番目のforward_as_tupleに値を初期化するための引数を書いてください）。

[サンプル] 06-complex.cpp
```
dic.emplace(piecewise_construct, forward_as_tuple("D"), forward_as_tuple(8., 15.));
//dic["D"] = cplx(8., 15.);と同じ結果になる
```

6.2.4　キーの型についての注意

　ここまでに例として挙げたのは、unordered_map<string, int> とunordered_map<string, complex<double>> で、いずれの場合もキーの型はstringでした。stringに限らず、どんな型でもキーの型にできるのですが、追加情報を与えなければならない場合があります。たとえば、3.4.1項で紹介したcomplex<double>は、そのままでunordered_mapのキーの型にはできません。基本型の整数、浮動小数点数、ポインタ、stringは大丈夫です。

　unordered_mapのキーの型になれるのは、その型のオブジェクト同士を比較する方法（等価性関数）と、その型のオブジェクトのためのハッシュ関数が用意されている場合です。ハッシュ関数は、オブジェクトを整数に変換する関数です。complex<double>には、等価性関数は用意されていますが、ハッシュ関数は用意されていません。

　良いハッシュ関数を定義するのは難しいので、ここでは簡便な方法を紹介します。complex<double>のオブジェクトは、double型の実部と虚部を与えれば一意に定まります。それぞれのハッシュ値を、hash<double>()で計算し、ビットごとの排他的論理和を取ります。このような関数を、unordered_mapが直接使える形で定義します（このコードでは、本書で説

明しない言語仕様を使っています。別の型を使いたいときは、cplx の部分と、h1、h2 の定義、return 文を変更してください）。

［サンプル］06-complex.cpp
```
namespace std {
  template<>
  struct hash<cplx> {
    size_t operator()(const cplx& z) const {
      size_t h1 = hash<double>()(z.real());
      size_t h2 = hash<double>()(z.imag());
      return  h1 ^ h2;
    }
  };
}
```

6.2.5　pair と tuple

　これまでに紹介した vector と unordered_map は、同じ型のオブジェクトをまとめるコンテナでした。異なる型のオブジェクトをまとめたいときは、pair や std::tuple（以下、tuple）を使います。
　pair は 2 つのオブジェクトをひとまとめにします。<utility> で宣言されています。名前と年齢をひとまとめにする例を示します。

［サンプル］06-pair.cpp
```
auto taro = make_pair("Taro", 32);
//pair<string, int> taro("Taro", 32);//OK

cout << taro.first << endl; //出力値:Taro
cout << taro.second << endl;//出力値:32
```

　pair<string, int> という型を明示してもかまいませんが、pair のオブジェクトを構築する関数 make_pair() と auto を使うのが簡単です。
　tuple は任意の数のオブジェクトをひとまとめにします。<tuple> で定義されています。名前と生年月日をひとまとめにする例を示します。

［サンプル］06-pair.cpp
```
auto hanako = make_tuple("Hanako", 1980, 1, 28);
//tuple<string, int, int, int> hanako("Hanako", 1980, 1, 28);//OK

cout << get<0>(hanako) << endl;//出力値:Hanako
cout << get<1>(hanako) << endl;//出力値:1980
```

```
cout << get<2>(hanako) << endl;//出力値:1
cout << get<3>(hanako) << endl;//出力値:28
```

tuple<string, int, int, int> という型を明示してもかまいませんが、tuple のオブジェクトを構築する関数make_tuple() とauto を使うのが簡単です。

6.2.2項で紹介したように、pair はunordered_map にとって重要ですし、9.4.3項で紹介するminmax() でも使われます。このように、pair やtuple は標準ライブラリの中で利用されることが多いです。しかし、pair の例では、first が名前、second が年齢であること、tuple の例では、0番目が名前、1番目が年、2番目が月、3番目が日であることを覚えておくのが面倒です。ですから、本格的にプログラムを書く場合には、ここで紹介したpair やtuple ではなく、第10章で紹介するクラスの利用を検討したほうがいいかもしれません[*7]。

6.3 配列

これまでに紹介したvector とunordered_map、pair、tuple はいずれも標準ライブラリで提供されるものです。ライブラリではなくC++ の言語自体にも、**配列**と呼ばれるしくみが備わっていて、同じ型の複数のオブジェクトをひとまとめにできます。この節では、配列を紹介します。

6.3.1 配列を学ぶ理由

配列は、サイズの変更できないvector だとまずは考えましょう。機能が少ない分、性能は高いのですが、使いにくいです。性能を理由にvector をやめて配列を採用したくなる場合も（そういうことはあまりないと思いますが）、配列を代替するものとして標準ライブラリに追加されたstd::array（以下、array）を採用したほうがいいでしょう。array では、配列の使いにくい点がすべて解消されています[*8]。

ではなぜ配列を学ぶのでしょうか。理由は2つあります。

1. **既存の多くのコードで配列が使われている**

配列を使ったコードを再利用する場合はもちろん、単にコードを読んで勉強したいという場合にも、配列についての知識は必要です。本書の中で配列の知識が不可欠なのは、7.1.3項のコラムで紹介する、コマンドライン引数を扱う場合です。

2. **配列はC++ のメモリ管理について学ぶよい題材になる**

[*7] この問題を列挙型を使って解決することもできます。

[*8] array も日本語にすると配列ですが、両者を混同しないように、本書では言語機能の配列だけを「配列」と表記し、標準ライブラリのarray は「array」と表記しています。

第3章で紹介したように、C++には複数のメモリがあり、プログラムはそれを適切に使い分けなければなりません。配列を使えるようになると、3.4.4項で紹介した2種類のメモリ、自動メモリとフリーストアを使い分けられるようになります。

6.3.2 配列の利用（自動メモリ）

次の構文で、配列を定義します。定義された配列は、自動メモリに配置されます。

[構文] 配列の定義（自動メモリ）

```
要素の型  配列名[要素数];                  //要素は未初期化
あるいは
要素の型  配列名[要素数]{};                //要素は数なら0で初期化される
あるいは
要素の型  配列名[] = { 要素1, 要素2, ... };//配列の要素数はリストの長さになる
```

例として、5個のint型の要素を持つ配列を作り、要素の値を設定します。要素へのアクセスに角かっこ[]を使うのは、vectorの場合と同じです。

[サンプル] 06-array1.cpp

```
int a[5];
//size_t n = 5; int a[n];//エラー(GNU C++やClangでは警告)

a[0] = 2;
a[1] = 3;
a[2] = 5;
a[3] = 7;
a[4] = 11;
```

要素数は定数でなければなりません。実行時に要素数が決まるようなコードは、エラーになります[9]。

配列をint b[] = { 2, 3, 5, 7, 11 };のように初期化することもできます。配列の要素数を書いていませんが、リストで与えた要素数、つまり5になります。先頭の要素のアドレスを取得する関数begin()と、末尾の次のアドレスを取得する関数end()の結果の差を取ることで、要素数を機械的に取得します[10]。

[サンプル] 06-array1.cpp

```
int b[] = { 2, 3, 5, 7, 11 };
size_t size = end(b) - begin(b);
```

---

[9] C言語ではこの仕様は緩和されています。C++でも、GNU C++やClangなら実行時にサイズを決められます。しかし、C++の規格上はエラーなので、実行時に要素数を決めたい場合は、後述のnewを使う方法を使ってください。

[10] 6.3.4項で説明しますが、begin(b)の代わりに単にbと書いても同じです。要素数は、sizeof(配列名) / sizeof(要素の型)でも求められます。begin()とend()は比較的新しい機能なので、古いコードではこの方法を目にするかもしれません。

```
//size_t size = end(b) - b;                  //OK
//size_t size = sizeof(b) / sizeof(int);//OK
cout << size << endl;//出力値:5
```

　個々の要素には[]でアクセスしますが、すべての要素に順番にアクセスする場合は、拡張for文が便利です。

［サンプル］06-array1.cpp
```
for (auto i : a) cout << i << ", ";
cout << endl;//出力値:2, 3, 5, 7, 11,
```

　このコードでは、配列aの各要素が順にiにコピーされます。コピーなので、要素は変更できません。
　要素を変更したい場合は参照にします。

［サンプル］06-array1.cpp
```
for (auto& i : a) i *= 2;
```

　普通のfor文で添字を操作してもかまいません。

［サンプル］06-array1.cpp
```
for (size_t i = 0; i < 5; ++i) cout << a[i] << ", ";
cout << endl;//出力値:4, 6, 10, 14, 22,
```

6.3.3　配列の利用（フリーストア）

　次の構文で、配列を定義します。定義された配列は、フリーストアに配置されます。

[構文] 配列の定義（フリーストア）

要素の型* 配列名 = new 要素の型[要素数];   //要素は未初期化
あるいは
要素の型* 配列名 = new 要素の型[要素数]{};//要素は数なら0で初期化される
あるいは
要素の型* 配列名 = new 要素の型[要素数]{ 要素1, 要素2, ... };

　この方法の場合は、配列の要素数を実行時に決められます。

［サンプル］06-array2.cpp
```
size_t n = 5;
int* a = new int[n] {2, 3, 5, 7, 11};
```

```
//size_t size = end(a) - begin(a);        //NG
//size_t size = sizeof(a) / sizeof(int);//NG

//for (auto i : a) {}//拡張for文はNG

for (size_t i = 0; i < n; ++i) cout << a[i] << ", ";
cout << endl;//出力値:2, 3, 5, 7, 11,

delete[] a;
```

　自動メモリに配置する前項の方法と比較して、フリーストアに配置するこの方法には、以下の利点があります。

利点1. 実行時に要素数を決められる。
利点2. 大きな配列を構築できる（自動メモリよりフリーストアのほうが大きいため）[11]。
利点3. 配列の寿命がスコープによらない。

この方法には以下の欠点があります。

欠点1. 最初の要素のアドレスを取得する関数begin()や、末尾の次のアドレスを取得する関数end()は使えない。
欠点2. sizeof(配列名) / sizeof(要素の型)では要素数を取得できない。
欠点3. 拡張for文が使えない。
欠点4. 不要になった配列は、delete[]で明示的に解体しなければならない。
欠点5. 初期化リストを使うときに要素数を書かなければならない。

　欠点1と2のため、配列の要素数は、上記サンプルコードのnのように別に管理しなければなりません。
　欠点4のおかげで利点3があるのですが、スマートポインタunique_ptrを使えば、欠点4を回避して、利点3を残せます。具体例を6.3.5項で紹介します。

6.3.4　引数としての配列

次のコードのように、配列をそのまま関数の引数にすることはできません。

```
//無効なコード
```

---

[11] vectorやstringは内部でフリーストアを使うため、要素が多い場合や長い文字列を使う場合でも、それ自体は自動メモリに配置して問題ありません。

```
f(int[] a) {
  配列aについての処理
}

int main() {
  int a[] = {2, 3, 5, 7};
  f(a);
}
```

　標準ライブラリのコンテナと違って、配列名を引数に書いても、配列のコピーを関数には渡せません。関数に渡せるのは、先頭要素のアドレスだけです。配列aの先頭要素はa[0]、そのアドレスは&a[0]あるいはaddressof(a[0])ですが、実は単にaと書けます。これはアドレスなので、関数定義におけるパラメータは、「要素の型*」となります（上の例ならint*）。

　先頭要素のアドレスだけでは、その配列の要素数がわからないので、関数には、その要素数なども渡すことになるでしょう*12。

[サンプル] 06-array3.cpp
```
void f(int* x, size_t size) {
  for (size_t i = 0; i < size; ++i) {
    cout << x[i] << ", ";
  }
  cout << endl;
}

int main() {
  int a[] = { 2, 3, 5, 7, 11 };
  size_t size = end(a) - begin(a);
  f(a, size);//出力値:2, 3, 5, 7, 11,
}
```

　パラメータxは、型がint*であるにもかかわらず、x[i]と配列として利用できるのは、x[i]という記述が*(x + i)という記述と同じ意味になるためです。*(x + i)が元の配列のi番目の要素a[i]であることは、xがa（配列の先頭要素のアドレス）で初期化されることと次の図からわかります*13。

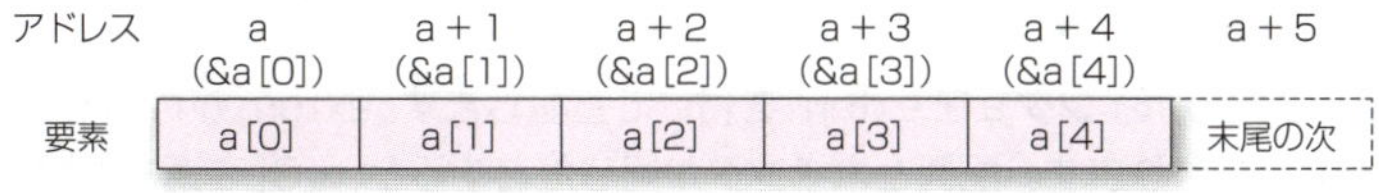

アドレス	a (&a[0])	a + 1 (&a[1])	a + 2 (&a[2])	a + 3 (&a[3])	a + 4 (&a[4])	a + 5
要素	a[0]	a[1]	a[2]	a[3]	a[4]	末尾の次

▲図6-3　int a[] = { 2, 3, 5, 7, 11 };によって構築される配列の要素とアドレス

---

*12) 配列の中に末尾を示す特殊な値があるなら、要素数を渡す必要はありません。そのような配列の例として、最後の文字の後には必ず「\0」が挿入されている、Cスタイル文字列（7.1.3項）が挙げられます。

*13) int a[2][3] = {{1, 2, 3}, {4, 5, 6}};のような2次元配列の扱いは複雑になるので、vectorのvector（6.1.5項）を使うようにしてください。

先の例では配列の先頭要素のアドレスと要素数を関数の引数としましたが、先頭要素と末尾の次のアドレスを引数とすることもできます。

[サンプル] 06-array4.cpp

```cpp
void f(int* first, int* last) {
  for (int* p = first; p != last; ++p) {
    cout << *p << ", ";
  }
  cout << endl;
}

int main() {
  int a[] = { 2, 3, 5, 7, 11 };
  f(begin(a), end(a));//出力値:2, 3, 5, 7, 11,
  //f(a, end(a));//OK
}
```

C++ では、last と名付けられる変数は、末尾（最後の要素）ではなく、末尾の次を指すのが一般的です。

関数に配列を渡す方法を2つ紹介しました。先頭要素のアドレスと要素数を引数にする方法と、先頭要素と末尾の次のアドレスを渡す方法です。後者のほうが汎用的で、int* の部分をテンプレートにすれば、vector でも同じ関数が使えることを9.1.1項で示します。

> **Column** 配列とポインタ
>
> x[i] と *(x + i) は同じものですが、配列とポインタは別物です。そのことを理解するために、まず、配列やポインタがどのように処理されるかを確認しましょう。
>
> 配列：int a = {123, 456}; として配列 a を定義します。a のアドレスを仮に 0x1000 とすると、a[0] の値は 0x1000 の値ですが、それはもちろん 123 です（図6-4の①）。
>
> ポインタ：int b = 789; int* c = &b として整数 b とポインタ c を定義します。b と c のアドレスを仮に 0x2000、0x3000 とすると、b の値つまり 0x2000 の値は 789、c の値つまり 0x3000 の値は 0x2000 となります。*c の値を得るためには、まず 0x3000 の値つまり 0x2000 を取得します。それをアドレスと見なして、その値つまり 789 を得ます（図6-4の②）。
>
> 配列として定義したものをポインタとして扱うとどうなるかを調べます。
>
> ファイル f1.cpp で int[] 型の配列 a を定義します。a のアドレスを仮に 0x1000 とします。その最初の要素 a[0] を返す関数 f1() は、期待どおりに動作します（図6-4の①）。
>
> ファイル f2.cpp で int* 型のポインタ a を extern を付けて宣言します。extern が付いているので、定義は別の場所（f1.cpp）にあります。配列とポインタが同じだとすると、a[0] を返す関数 f2() は、f1() と同じように動作することを期待します。a[0] つまり *a を得るための処理は、先述のポインタの処理方法です。まず a の値を読み、それをアドレスだと見なし、そのアドレスの値を読むことになります。具体的には、a の値は 0x1000 の値つまり 123 で、それをアドレスと見なすのですが、そこに何が配置されているかはまったくわかりません。それを読もうとすると実行時エラーになるでしょう（図6-4の③）。

[サンプル] f1.cpp

```
#include <iostream>
using namespace std;

int a[] = { 123, 456 };//aの定義

int f1() { return a[0]; }

int main() {
  cout << "f1: " << f1() << endl;

  int f2();//関数宣言
  cout << "f2: " << f2() << endl;
}
```

[サンプル] f2.cpp

```
extern int* a;//aの宣言

int f2() { return a[0]; }
```

この問題を回避するには、f2.cppのaの宣言を、extern int* a;からextern int a[];に修正します。宣言と定義を一致させることが大切です。そうすれば、f2()の戻り値も123になります。

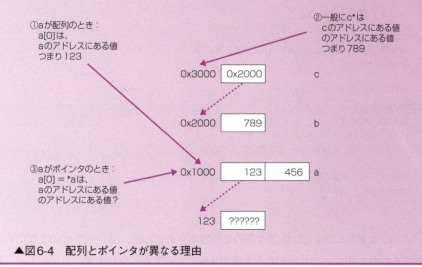

▲図6-4　配列とポインタが異なる理由

6.3.5　戻り値としての配列

次のコードのように、配列（の先頭要素のアドレス）をそのまま関数の戻り値にすることはできません。

```
//無効なコード

int* f() {
  int a[] = {2, 3, 5, 7};
  return a;
}//配列aはここで解体される

int main() {
  int* x = f();
  //xが指すアドレスにあった配列は解体済み
}
```

自動メモリに配置されたオブジェクトは、そのスコープの終わりで自動的に解体されます。上のコードのxには、関数f()で構築した配列aの先頭要素があったところのアドレスが代入されますが、配列aは既に解体されているので、そのアドレスに今何があるのかはわかりません。

関数内で配列を構築して返すためには、その配列を自動メモリではなくフリーストアに配置しなければなりません（6.1.6項で紹介したように、vectorならこういう工夫は不要です）。

[サンプル] 06-array5.cpp

```
auto f() {
  int* a = new int[4] { 2, 3, 5, 7 };
  return a;
}

int main() {
  auto a = f();
  for (size_t i = 0; i < 4; ++i) {
    cout << a[i] << ", ";
  }
  cout << endl;//出力値:2, 3, 5, 7,
  delete[] a;
}
```

このプログラムはすぐに終了するので問題ありませんが、delete[] a;のように不要な配列を解体するのが大切で、これを忘れるとメモリリークの原因になります。とはいえ、これは書き忘れそうなので、スマートポインタであるunique_ptrを使います。

[構文] 配列の定義（フリーストア＋メモリ管理）

```
unique_ptr<要素の型[]> 配列名 (new 要素の型[要素数]);    //要素は未初期化
```

```
あるいは
unique_ptr<要素の型[]> 配列名 (new 要素の型[要素数]{});//要素は数なら0で初期化される
あるいは
unique_ptr<要素の型[]> 配列名 (new 要素の型[要素数]{ 要素1, 要素2, ... });
```

　これを使って先の関数f()を書き直すと次のようになります。autoを使っていたため、関数f()の修正は1行だけです。呼び出し側（関数main()内）でもautoを使っていたため、修正点はdelete[]文の削除だけです（<memory>が必要です）。

[サンプル] 06-array6.cpp

```
auto f() {
  unique_ptr<int[]> a(new int[4]{ 2, 3, 5, 7 });
  return a;
}

int main() {
  auto a = f();
  for (size_t i = 0; i < 4; ++i) {
    cout << a[i] << ", ";
  }
  cout << endl;//出力値:2, 3, 5, 7,
}//配列はここで解体される
```

第6章　練習問題

1 次のプログラムがvectorの要素の和を出力するように、関数total()を定義してください（和はintの範囲内だと考えてかまいません）。

```
int main() {
  vector<vector<int>> m{ {1, 2, 3}, {4, 5, 6} };
  cout << total(m) << endl;
```

2 名前（string）と年齢（int）のペアから個人番号を調べるためのunordered_mapを作ろうとしていますが、次のプログラムがコンパイルできません。このプログラムが動くようにコードを補ってください。ただし、名前と年齢が同じ人が複数いる可能性を考慮する必要はありません。

```
#include <iostream>
#include <unordered_map>
#include <string>
using namespace std;

using person = pair<string, int>;

int main() {
  unordered_map<person, int> people;
  auto taro = make_pair("Taro", 32);
  people[taro] = 100;

  cout << people[taro] << endl;
}
```

3 次のプログラムが与えた配列を反転するように、関数myReverse()を定義してください。

```
int main() {
  int a[] = { 2, 9, 4, 1, 5, 3 };
  myReverse(a, end(a));
  for (auto i : a) cout << i << ", ";
  cout << endl;//出力値:3, 5, 1, 4, 9, 2,

  int b[] = { 3 };
  myReverse(b, end(b));
  for (auto i : b)  cout << i << ", ";
  cout << endl;//出力値:3
}
```

第7章

文字列
～数値と並ぶ基本データ形式

　文字列は数値と並んでプログラミングにおける最も基本的なデータ形式の1つです。C++ には、標準ライブラリのstd::string と、C 言語に由来する C スタイル文字列があります。この章では、これらの文字列の使い方を説明します。

 ## 7.1　std::string

　C++ には、2種類の文字列（**std::string** と **C スタイル文字列**）があります[*1]。この節では、これらの文字列の使い方や相互変換の仕方を紹介します。

7.1.1　string オブジェクトの構築

　std::string（以下、string）型のオブジェクトは次のように構築します（<string> が必要です）。

[サンプル] 07-string1.cpp
```
string str1 = "Hello";
//string str1("Hello");//OK
cout << str1 << endl;//出力値:Hello
```

　std::string のための演算子「=」で文字列変数への代入、演算子「+」によって文字列の結合を行います。文字列リテラルどうしを演算子「+」で結合することはできません。

---

*1) 他にstd::u16string とstd::u32string、std::wstring がありますが、これらに対する標準ライブラリによるサポートがあまりないため、本書では扱いません。

[サンプル] 07-string1.cpp

```
string str2;//空文字列

//コピー代入
str2 = str1;
cout << str2 << endl;//出力値:Hello

//文字列の結合1(string + 文字列リテラル)
str2 = str1 + ", World!";
cout << str2 << endl;//出力値:Hello, World!

//文字列の結合2(文字列リテラル + string)
str2 = "ABCDEFG " + str1;
cout << str2 << endl;//出力値:ABCDEFG Hello

//文字列の結合3(string + string)
cout << (str1 + str2) << endl;//出力値:HelloABCDEFG Hello

//文字列の結合4(文字列リテラル + 文字列リテラル)
//cout << ("Hello, " + "World!") << endl;//エラー
```

7.1.2　string のメソッド

　string は文字列操作のためのメンバ関数を持ってます。その一部を表7-1にまとめました。メンバ関数の使い方を例で示します。文字の位置は0から数えることになっています。たとえば、「ABC」という文字の0文字目はA、1文字目はB、2文字目はCです。ただし、文字列の長さは3です。

[サンプル] 07-string2.cpp

```
string str1 = "Hello, ";
string str2 = "World!";

//4文字目
cout << str1[4] << endl;//出力値:o

//追記
str1 += str2;
cout << str1 << endl;//出力値:Hello, World!

//比較
cout << (str1 == str2) << endl;//出力値:0(等しくない)
cout << str1.compare("Hello, Z!") << endl;//出力値:-1(str1が辞書順で前)

//検索(前から)
cout << str1.find("World") << endl;//出力値:7(7文字目に"World"がある)
if (str1.find("world") == string::npos) cout << "見つからない\n";
```

```
//出力値:見つからない

//検索(後ろから)
cout << str1.rfind("o") << endl;//出力値:8(8文字目に"o"がある)

//置換(7文字目からの5文字を置き換える)
str1.replace(7, 5, "Nippon");
cout << str1 << endl;//出力値:Hello, Nippon!

//部分文字列(7文字目から6文字を取り出す)
cout << str1.substr(7, 6) << endl;//出力値:Nippon
```

▼表7-1　std::string のメンバ関数の一部

メソッド	機能
[]	指定した位置の文字にアクセスする
+=	文字列を追記する
=	文字列をコピーする
==	文字列を比較する。!=、<、>、>=、<= も定義されている（比較は辞書順）
append(文字列)	文字列を追記する
compare(文字列)	文字列を比較する。str1.compare(str2)は、str1==str2なら0、str1が辞書順でstr2より前なら負、後なら正になる
c_str()	Cスタイル文字列（次項）に変換する
insert(位置, 文字列)	指定した位置に文字列を挿入する
find(文字[列])	文字あるいは文字列を検索する。見つかったらその位置が、見つからなければstring::npos が返る
length()	size() と同じ
rfind(文字[列])	文字あるいは文字列を検索する。見つかったらその位置が、見つからなければstring::npos が返る。探索は後ろから行う
replace(位置, 長さ, 文字列)	指定した位置から指定した長さ分の文字列を、指定した文字列で置き換える
size()	文字列の長さを取得する
substr(位置, 長さ)	指定した位置から、指定した長さ分の部分文字列を取り出す

7.1.3　Cスタイル文字列

C++ がサポートするもう1つの文字列であるCスタイル文字列はchar型で表される文字を要素とする配列で、次のように定義します。

[構文] Cスタイル文字列の定義
char 変数名[] = 文字列リテラル;

Cスタイル文字列を定義して、文字にアクセスする例を以下に示します。図7-1のように、文字列の末尾に**ヌル文字**（\0）と呼ばれる特殊な文字が挿入されています（コード上は「\0」と

いう2文字で表現しますが1文字です)。そのため、この配列の要素数（6.3.2項）は、「文字数 + 1」です。Cスタイル文字列の長さは、関数strlen()で求めます（<cstring>が必要です）。

[サンプル] 07-cstyle1.cpp

```
char cstr[] = "hello";                          //Cスタイル文字列
cstr[0] = 'H';                                  //配列の要素にアクセスする
cout << cstr << endl;                           //出力値:Hello
size_t size = end(cstr) - begin(cstr);          //要素数を求める
//size_t size = sizeof(cstr) / sizeof(char);//OK
cout << size << endl;                           //出力値:6(5ではない)
cout << strlen(cstr) << endl;                   //出力値:5
```

▲図7-1　Cスタイル文字列（末尾がヌル文字になる）

6.3.4項で説明したように、配列を関数に渡す際には、基本的にはそのサイズも渡さなければなりません。Cスタイル文字列は配列ですが、末尾のヌル文字の位置を調べればサイズがわかります。次のコードの関数report()は、Cスタイル文字列を1文字ずつ表示するためのものですが、そのパラメータに配列のサイズはありません。

[サンプル] 07-cstyle2.cpp

```
#include <iostream>
using namespace std;

void report(const char* cstr) {                 //サイズは不要
  for (int i = 0; cstr[i] != '\0'; ++i) {//文字列の終わりがわかる
    cout << '[' << i << "]: " << cstr[i] << endl;
  }
}

int main() {
  char cstr[] = "hello";
  report(cstr);
}
```

実行結果は次のようになり、文字列の終わりを正しく検出していることがわかります。

```
[0]: h
[1]: e
[2]: l
[3]: l
[4]: o
```

Cスタイル文字列とstd::stringの間の変換は、次のように行います。

- Cスタイル文字列からstd::string：新たにstd::stringを定義するか代入演算子を使う
- std::stringからCスタイル文字列：メンバ関数c_str()を用いる

以下に例を示します。

[サンプル] 07-cstyle3.cpp

```
#include <iostream>
#include <string>
using namespace std;

//void report(char* cstr)の定義(省略)

int main() {
  char cstr1[] = "hello";
  //Cスタイル文字列をstd::stringに変換する
  string str = cstr1;            //cstr1を使ってstd::stringを定義する
  cout << str.size() << endl;//出力値:5

  //std::stringをCスタイル文字列に変換する
  const char* cstr2 = str.c_str();
  report(cstr2);//出力値:07-cstyle2.cppの結果と同じ
}
```

Column 関数main()の引数と戻り値

関数main()は2つのパラメータを持っています。**コマンド引数（コマンドライン引数）**の数（int型）と、コマンドライン引数の内容（char*の配列）です。前者にはargc、後者にはargvという変数名を付けるのが一般的です。コマンド引数は実行時にプログラムに与える引数で、コマンドプロンプトで「プログラム abc 123 xyz」のようにして与えます（コマンドプロンプトでのプログラムの実行方法は2.3節を参照）。

コマンド引数を「abc 123 xyz」としてプログラムを実行すると、argcとargvは図7-3のようになります。コマンド引数の内容を表示するプログラムは次のようになります。

[サンプル] 07-main.cpp

```
int main(int argc, char* argv[]) {
  for (int i = 0; i < argc; ++i) {
    cout << "argv[" << i << "]: " << argv[i] << endl;
  }
  //コマンドライン引数が2個以上なら正常終了することにする
  if (2 <= argc) return 0;
  else return 1;
}
```

このプログラムは、コマンド引数の数に応じて関数 main() の戻り値を変えています。関数 main() の戻り値は、プログラムが正常終了した場合には 0、異常終了した場合は 0 以外にすることになっていて、その値はコマンドプロンプト上で「echo %ERRORLEVEL%」として、変数 ERRORLEVEL を調べることでわかります（Unix 環境の場合は「echo $?」です）。

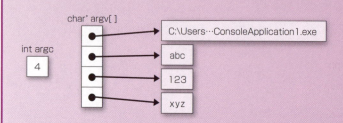

▲図7-2　コマンド引数を「abc 123 xyz」としたときの argc と argv

関数 main() に return 文がない場合は、0 を返すことになっているため、本書のコードでは return 文を書いていません（C 言語も C99 からそうなりました）。

コマンドプロンプトでコマンド引数を使い、関数 main() の戻り値を確認しているようすを図 7-3 に示します。

▲図7-3　コマンドプロンプトでコマンド引数を使い、関数main() の戻り値を確認しているようす

7.1.4　マニピュレータによる文字列の整形

マニピュレータという機能を使うと出力を整形できます。例として、整数を5桁（右寄せ）で、浮動小数点数を10桁で表示します[*2]（<iomanip> が必要です）。

[*2] 浮動小数点数の精度には限りがあるため（3.2.12項）、桁数をあまり大きくしても意味がありません。16進数なら14桁が上限です。

[サンプル] 07-iomanip.cpp

```
int n = 123;
cout << '[' << setw(5) << n << ']' << endl;//出力値:[  123](5桁表示)
cout << '[' << n << ']' << endl;            //出力値:[123] （元に戻る）

double x = 1. / 7.;
cout << x << endl;         //出力値:0.142857(標準は6桁表示)
cout << setprecision(10);//10桁表示に変更する
cout << x << endl;         //出力値:0.1428571429
cout << setprecision(6); //6桁表示に戻す
```

主要なマニピュレータを表にまとめました。

▼表7-2 主要なマニピュレータ

マニピュレータ	機能
boolalpha	bool型の値をtrueやfalseで出力する。noboolalphaなら0、1で出力する
showbase	8進数の前に0を、16進数の前に0xを出力する。noshowbaseなら付けない
showpoint	強制的に小数点を出力する。noshowpointなら出力しない
showpos	正符号（+）を出力する。noshowposなら出力しない
skipws	空白を読み飛ばす。noskipwsなら読み飛ばさない
uppercase	16進数を大文字で出力する。nouppercaseなら小文字で出力する
internal	符号を左端に、その他は右寄せで出力する
left	左寄せで出力する
right	右寄せで出力する
dec	10進数で出力する
hex	16進数で出力する
oct	8進数で出力する
fixed	浮動小数点数を0.1234という形式で出力する
scientific	浮動小数点数を1.234000e-001という形式で出力する
hexfloat	浮動小数点数を0x1.123abcp+1という形式で出力する（3.2.12項）
defaultfloat	浮動小数点数の形式をデフォルトに戻す
endl	'\n'を追加してフラッシュする
ends	'\0'を追加してフラッシュする
flush	フラッシュする
ws	空白を除去する
resetiosflags(flags)	フラグをクリアする
setiosflags(flags)	フラグをセットする
setbase(int b)	整数を基数bで出力する（bは8、10、16のいずれか）
setfill(int c)	桁数が不足する分をcで埋める
setw(int n)	n桁で出力する

　coutにデータを与えてコンソールに文字列を出力したのと同じように、std::stringstreamオブジェクトにデータを与えて文字列を作ります（<iomanip>と<sstream>が必要です）。

[サンプル] 07-sstream.cpp

```
stringstream ss;
int n = 123;
ss << "[" << setw(5) << n << "]" << endl;
string result = ss.str();//文字列を出力する
cout << result << endl;   //出力値：[  123](5桁表示)
```

7.1.5　sprintf()とprintf()

　文字列を整形する方法には、前項で紹介したものの他に、関数sprintf()やprintf()を使う方法があります。C言語でも使えるこれらの関数は、多くのプログラムに利用されています。たとえば、初期のプログラミング言語Javaにはprintf()がありませんでしたが、後になって追加されました。とてもよく使われる関数なので、自分のプログラムではstd::coutを使うという人であっても、ある程度のことは知っておかないと、他人のプログラムを読むときに困るでしょう。ただし、これらの関数には後述するような問題があるので、新たに使うことはお勧めしません。代替案としてBoost（付録A.2）Format [*3]を検討してください。

　関数sprintf()は次のような構文で使います。

[構文] 関数sprintf()

```
sprintf(結果の格納先，書式指定文字を含んだCスタイル文字列，引数1，引数2，...);
```

　利用できる書式指定文字を次の表にまとめました。書式指定文字は「%」と合わせて使います。図7-4のように、書式指定文字の部分に引数を埋め込むことによってできる文字列が、指定した格納先にセットされます（埋め込むときに型をチェックしないという問題があります）。

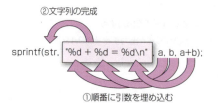

▲図7-4　関数sprintf()の動作

▼表7-3　関数printf()やsprintf()の書式指定文字

文字	引数の型	表示形式
d、i	int	10進数
o	int	符号なし8進数
x、X	int	符号なし16進数（xだと小文字、Xだと大文字が使われる）

[*3] http://boostjp.github.io/tips/format.html

7.1 std::string

文字	引数の型	表示形式
u	int	符号なし10進数
c	int	文字
s	char*	Cスタイル文字列
f	double	浮動小数点数。%10fのようにfの前に数字を書いて、小数点以下の桁数を指定できる（既定は6）
e、E	double	1.23e4や1.23E4のような科学技術表記
g、G	double	値に合わせて%e (%E) あるいは%fが使われる
p	ポインタ型	アドレス
%		%自体を表示

関数sprintf()は次のように使います（<cstdio>が必要です）。

[サンプル] 07-sprintf.cpp

```
char str[100];//文字列のための領域の確保
int a = 10, b = 20;
sprintf(str, "%d + %d = %d", a, b, a + b);
cout << str << endl;//出力値:10 + 20 = 30
```

　このコードでは、関数sprintf()によって生成されるCスタイル文字列のために、長さ100の配列を用意しています。生成される文字列が、この長さを超えないように注意してください。ここに収まらないデータは、無関係なメモリ領域に書き込まれてしまいます。生成される文字列の長さが予測できないときは、この関数は使わないでください。

　文字列を表示するだけでよいなら、次のような関数printf()があります。

[構文] 関数printf()の呼び出し方

printf(書式指定文字を含んだCスタイル文字列, 引数1, 引数2, ...);

　関数printf()は次のように使います（%pに埋め込むのはint*ではなくvoid*なのでキャストしています）。

[サンプル] 07-printf.cpp

```
#include <cstdio>
using namespace std;

int main() {
  int x = 10;
  double y = 3.1415926535;
  printf("Hello World!\n");           //出力値:Hello World!
  printf("The value is %d.\n", x);    //出力値:The value is 10.(整数)
  printf("%d %f\n", x, y);            //出力値:10 3.141593(複数の引数)
  printf("<%5d>\n", x);               //出力値:<   10>(桁数は5)
  printf("%.7f\n", y);                //出力値:3.1415927(小数点以下は7桁まで)
```

```
    printf("The address of x is %p.\n", static_cast<void*>(&x));
    //出力例:The address of x is 00DEFB28.
}
```

　C言語について知っている人は、<cstdio> ではなく <stdio.h> だと思うかもしれません。たいていのC言語のプログラムはC++のプログラムでもあるので、<stdio.h> でも問題ありません。ヘッダ <cstdio> は <stdio.h> を名前空間stdに対応させたものです。

7.1.6　数値と文字列の変換

　文字列を数値に変換したり、数値を文字列に変換したりすることがよくあります。たとえば、プログラムに対してユーザーが数値を入力するという場合、入力されるデータは最初は文字列です。プログラムは、入力された文字列を数値に変換しなければなりません。また、数値データをユーザーに提示したり、ファイルに格納したりする際には、数値を文字列に変換しなければなりません。

　数値から文字列への変換は、stringstream（7.1.4項）やsprintf（7.1.5項）でも実現できますが、変換だけなら、関数to_string() を使うのが簡単です（<string> が必要です）。

［サンプル］07-tostring.cpp

```
//整数→文字列
int x = 123456;
string strx = to_string(x);
cout << strx.size() << endl;//出力値:6

//浮動小数点数→文字列
double y = 2.718;
string stry = to_string(y);
cout << stry << endl;//出力値:2.718000
```

　文字列から数値への変換は、表7-4の関数を使って行います。

▼表7-4　文字列を数値に変換する関数

戻り値の型	関数名
int	stoi
long	stol
unsigned long	stoul
long long	stoll
unsigned long long	stoull
float	stof
double	stod
long double	stold

文字列を int 型の整数に変換する例と、double 型の浮動小数点数に変換する例を示します。

[サンプル] 07-tostring.cpp

```
//文字列→整数
string stri = "123";
int i = stoi(stri);
cout << (i + 1) << endl;              //出力値:124

//文字列→浮動小数点数
string strd = "0.31415";
double d = stod(strd);
cout << (d * 10) << endl;             //出力値:3.1415
```

7.2 正規表現

この節では、文字列を操作するための非常に強力な手法である正規表現を紹介します。

7.2.1 正規表現とは

これまで紹介してきたように、std::string にはさまざまな機能が備わっており、それらを組み合わせることによって、原理的にはすべての文字列操作を行えます。しかし、そのような方法では実現が面倒な複雑な問題もあります。たとえば、ユーザーが郵便番号を入力するときに、入力データが194-0013のような、郵便番号として正しい形式になっているかどうかを、単純な文字列操作で確認するのは面倒です。このような問題に直面したときにはまず、**正規表現**の利用を検討します。

正規表現は、文字列を一般化する方法の1つです。たとえば、153-0042や194-0013のような郵便番号を表す文字列は、正規表現を使って \d{3}-\d{4} と一般化できます。これは数字3個とハイフン、数字4個を意味する正規表現です。主な正規表現を表にまとめてあるので参考にしてください。正規表現の書き方の正解は1つではありません。たとえば、郵便番号の形式は、\d\d\d-\d\d\d\d や [0-9]{3}-[0-9]{4} とも書けます。

▼表7-5　主な正規表現

正規表現	意味
[abc]	a、b または c
[^abc]	a、b、c 以外の文字
[a-zA-Z]	a から z または A から Z
.	任意の文字（既定では改行以外）
\d	数字（[0-9] と同じ）

正規表現	意味
\D	数字以外（[^0-9] と同じ）
\s	空白文字
\S	非空白文字
\w	単語構成文字
\W	非単語構成文字
^	行頭
$	行末
X?	0 または 1 回の X（最後に？を付けると非欲張り）
X*	0 回以上の X（最後に？を付けると非欲張り）
X+	1 回以上の X（最後に？を付けると非欲張り）
X{n}	n 回の X（最後に？を付けると非欲張り）
X{n,}	n 回以上の X（最後に \texttt{?} を付けると非欲張り）
X{n, m}	n 回以上 m 回以下の X（最後に？を付けると非欲張り）
X¦Y	X または Y
(X)	グループ X。正規表現中で順番に \1、\2 と参照できる

正規表現にはさまざまな用途がありますが、この節では文字列の検証、置換、検索、分割という 4 つの例を紹介します。

7.2.2 正規表現による文字列の検証

正規表現を用いて文字列の形式を検証する方法を紹介します。

正規表現を使う際にはまず、次の構文で **regex** オブジェクトを構築します。

[構文] **regex オブジェクトの作成**
```
regex 変数名(正規表現)
```

郵便番号の形式（3 桁の数 - 4 桁の数）を検証するための regex オブジェクトは次のように作成します。正規表現を普通の文字列リテラルで記述する際には、バックスラッシュは 2 つ書いて初めてバックスラッシュの意味になります。それは面倒なので、ここでは生文字列リテラル（3.1.5 項）を使います。

```
regex rx(R"(\d{3}-\d{4})");
```

文字列が正規表現に合っているかどうかを調べるには、関数 **regex_match()** を使います。構文は次のとおりです。

[構文] **関数regex_match() の呼び出し**
```
regex_match(文字列, regexオブジェクト)
```

文字列が郵便番号の形式になっているかどうかを調べるコードを以下に示します（<regex>
が必要です）。

[サンプル] 07-regex1.cpp

```
regex rx(R"(\d{3}-\d{4})");//正規表現の定義

string zip = "153-0042";//"153-0042"をチェック
if (regex_match(zip, rx)) cout << "OK\n";
else cout << "NG\n";
//出力値:OK

zip = "194-00134";//"194-00134"をチェック
if (regex_match(zip, rx)) cout << "OK\n";
else cout << "NG\n";
//出力値:NG
```

7.2.3　正規表現による文字列の置換

　正規表現を使って文字列中の部分文字列を置換するには、関数**regex_replace()** を使います。
構文は次のとおりです。

[構文] 関数**regex_replace()** の呼び出し

```
regex_replace(文字列, regexオブジェクト, 新しい文字列)
```

　文字列中の郵便番号の部分を伏せ字（X）にする例を以下に示します。

[サンプル] 07-regex2.cpp

```
string str = "私の郵便番号は194-0013、彼女の郵便番号は153-0042です。";
regex rx(R"(\d{3}-\d{4})");
string tmp = "XXX-XXXX";//新しい文字列
cout << regex_replace(str, rx, tmp) << endl;
//出力値:私の郵便番号はXXX-XXXX、彼女の郵便番号はXXX-XXXXです。
```

　正規表現の中で()を使うと、置き換え文字列の中でその部分を指定して取り出せます。たとえば、郵便番号を表す正規表現を(\d{3})-(\d{4})と書くと、最初の()の中つまり3桁の数字を
$1で、2番目の()の中つまり4桁の数字を$2で取り出せます。適合した文字列の全体（この例
では郵便番号全体）は、$0で取り出せます。以下に例を示します。

[サンプル] 07-regex3.cpp

```
string str = "私の郵便番号は194-0013、彼女の郵便番号は153-0042です。";
regex rx(R"((\d{3})-(\d{4}))");
string tmp = "$1";//1番目のかっこの中だけ取り出す
```

```
cout << regex_replace(str, rx, tmp) << endl;
//出力値：私の郵便番号は194、彼女の郵便番号は153です。
```

7.2.4　正規表現による文字列の検索

　文字列中の部分文字列を正規表現で検索するには、反復子 **sregex_iterator** を使います。反復子については9.1節で説明するので、ここでは、次の構文で生成した sregex_iterator が、検索で見つかった部分文字列を順番に指すということだけを確認してください[4]。

[構文] 正規表現による文字列の検索

```
sregex_iterator 変数名(検索範囲の始点, 検索範囲の終点, regexオブジェクト);
```

　sregex_iterator を使って文字列を検索するコードを以下に示します。検索範囲を文字列全体にするために、始点と終点を std::string のメンバ関数 begin() と end() で指定しています。

[サンプル] 07-regex4.cpp

```
string str = "私の郵便番号は194-0013、彼女の郵便番号は153-0042です。";
regex rx(R"(\d{3}-\d{4})");
sregex_iterator it(str.begin(), str.end(), rx);//部分文字列の検索
sregex_iterator end;
while (it != end) {
  cout << (it++)->str() << endl;//取り出して、次に移動
}
/*
出力値：
194-0013
153-0042
*/
```

7.2.5　正規表現による文字列の分割

　正規表現を利用する最後の例として、文字列を特定の文字で分割する方法を紹介します。分割位置の文字を表現する regex オブジェクトを引数にして、反復子 **sregex_token_iterator** を作ることで文字列を分割します。先の検索の例と同様で、反復子については9.1節で説明するので、ここでは、次の構文で生成した sregex_token_iterator が、分割された文字列を順番に指すということだけを確認してください（-1は分割することを示す特殊な引数です）。

[構文] 正規表現による文字列の分割

```
sregex_token_iterator 変数名(検索範囲の始点, 検索範囲の終点, regexオブジェクト, -1);
```

---

[4] 関数 regex_search() も正規表現を使って検索する関数ですが、マッチした文字列が1つ見つかったら検索を止めるため、ここでの目的には使えません。

"abc,123 xyz" という文字列をコンマあるいは空白の位置で分割するコードを以下に示します。

[サンプル] 07-regex5.cpp

```
string str = "abc,123 xyz";
regex rx(R"(,|\s)");//分割に使う文字列(カンマまたは空白)
sregex_token_iterator it(str.begin(), str.end(), rx, -1);
sregex_token_iterator end;
while (it != end) {
  cout << *it++ << endl;//取り出して、次に移動
}
/*
出力値:
abc
123
xyz
*/
```

第7章　練習問題

1 文字列を反転させるコードを完成させてください。

```
#include <iostream>
#include <string>
using namespace std;

int main() {
  string str = "Hello, World!";


  //出力値:!dlroW ,olleH
}
```

2 double x = 0.1; として定義したxの正確な値を16進数の文字列で表現してください。さらに、その文字列をdouble型の数値に変換した結果とxが等しいことを確かめてください。等しいことの確認には「==」を使ってかまいません。

3 文字列の中から0から9の数字が連続する部分を抜き出して表示するプログラムを完成させてください。

```
#include <iostream>
#include <regex>
using namespace std;

int main() {
  string str = "私の郵便番号は194-0013、彼女の郵便番号は153-0042です。";


  /*
  出力値:
  194
  0013
  153
  0042
  */
}
```

第8章

入出力
～プログラムが外部とやり取りするしくみ

プログラムにとって**入出力**(IO)、つまり**入力**(input)と**出力**(output)は必須の要素です。入力の元となるのはキーボードやファイル、出力の対象となるのはコンソールやファイルです。これまでに作成してきたプログラムも、結果をコンソールに表示していましたから、コンソールへの出力方法は既に紹介済みです。この章では、キーボードからの入力、ファイルからの入力とファイルへの出力の方法を紹介します。

 ## 8.1 入出力の種類

コンソールアプリケーションにおいてよく利用される入出力には、**標準出力**と**標準エラー出力**、**標準入力**、**ファイル入力**、**ファイル出力**があります（図8-1）。

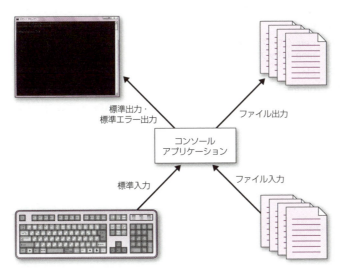

▲図8-1　コンソールアプリケーションが利用する入出力

これらの入出力の機能を以下にまとめます。

- **標準出力**
  標準出力を利用して、コンソールにデータを出力します。これまで何度も使ってきたcoutは、標準出力のためのものです。**リダイレクト**と呼ばれる機能を使ってファイルに出力したり、**パイプ**と呼ばれる機能を使って標準入力に入力したりすることができます。
- **標準エラー出力**
  標準エラー出力も、コンソールにデータを出力します。標準出力がプログラムの実行結果等を出力するためのものであるのに対して、標準エラー出力はプログラムの実行中に発生したエラーメッセージ等を出力するためのものです。
- **標準入力**
  標準入力は、キーボードからプログラムに文字列を入力するためのものです。リダイレクトを使ってファイルから入力したり、パイプを使って標準出力から入力したりすることができます。
- **ファイル出力**
  ファイル出力は、プログラムからファイルにデータを書き込むためのものです。
- **ファイル入力**
  ファイル入力は、ファイルからプログラムにデータを入力するためのものです。

これらの入出力がC++でどのようにサポートされているかを次の表にまとめました。

▼表8-1　本書で利用する入出力

種類	対象	オブジェクト
標準出力	コンソール	cout
標準エラー出力	コンソール	cerr（バッファを使わない） clog（バッファを使う）
標準入力	キーボード	cin
ファイル出力	ファイル	ofstream
ファイル入力	ファイル	ifstream

8.2　入出力の利用

この節では入出力の利用方法を紹介します。

8.2.1　ストリーム

　C++ には、**ストリーム**と呼ばれる統一的なインターフェイスを持つ入出力機構が用意されています。この節で利用するC++の入出力機能はすべてストリームです。7.1.4項で紹介したstringstreamもストリームです。ストリームは、図8-2のようにバッファを利用することで効率のよい入出力を実現しています。たとえば、ファイル出力において、データが出力されるたびにファイルに書き込むのは、あまりよい方法ではありません。ファイルを管理するディスクがデータを処理する速度はとても遅いからです。ですから、データを一度バッファにためておいて、ある程度の量になってからディスクに書き込むようになっています。

▲図8-2　ストリームの概念図

　ストリームのインターフェイスは統一されています。cout と後述の stringstream オブジェクト（ss）、ofstream オブジェクト（outfile）に対してHello, World! という文字列を出力する方法は、次のようにまったく同じです。7.1.4項で紹介したマニピュレータも共通です。

```
cout << "Hello, World!";
ss << "Hello, World!";
outfile << "Hello, World!";
```

8.2.2　標準入出力

標準入出力のための次の4つのオブジェクトが<iostream>に用意されています。

- cin: 標準入力
- cout: 標準出力
- cerr: 標準エラー出力（バッファを使わない）
- clog: 標準エラー出力（バッファを使う）

標準入力 cin を利用して、キーボード等から文字列変数に文字列を入力します。

[構文] 文字列の入力

```
cin >> 文字列変数
```

キーボードから読み込んだ文字列を表示するプログラムは次のようになります。

[サンプル] 08-cin1.cpp

```cpp
#include <iostream>
#include <string>
using namespace std;

int main() {
  cout << "文字列を入力して、Enterキーを押してください。\n";
  string str;
  cin >> str;//標準入力から文字列を読み込む
  cout << "入力された文字列は「" << str << "」です。\n";
}
```

実行すると入力待ちになります。適当な文字列を入力して Enter キーを押すと、入力した文字列が表示されます。Enter キーを押したことによる「改行」は、入力データには含まれません。

```
文字列を入力して、Enterキーを押してください。
abc
入力された文字列は「abc」です。
```

入力内容に応じて処理を分けるプログラムは次のようになります。入力される文字列が"y"か"n"、それ以外かによって場合分けしています[1]。

[サンプル] 08-cin2.cpp

```cpp
#include <iostream>
#include <string>
using namespace std;

int main() {
  cout << "OK? (y/n) ";
  string str;
  cin >> str;
  if (str == "y") cout << "yが入力されました。\n";
  else if (str == "n") cout << "nが入力されました。\n";
  else cout << "不正な入力です。\n";
}
```

実行例を以下に示します。

---

[1] 入力が1文字だけなので、「char ch; cin >> ch;」のような方法も可能です。

```
OK? (y/n) y
yが入力されました。
```

　複数の文字列を入力するには、次のようにwhile文を使います。入力を終わらせるときは、Ctrl+Zキー（CtrlキーとZキーを同時に押す）、Enterキーを押します。そうすると、「cin >> str」の結果がfalseになって、whileの条件が満たされなくなり、繰り返しが終了します。

[サンプル] 08-cin3.cpp

```
#include <iostream>
#include <string>
using namespace std;

int main() {
  cout << "文字列を入力して、Enterキーを押してください(Ctrl+Zで終了)。\n";
  string str;
  while (cin >> str) {//Ctrl+Zが入力されるまで繰り返す
    cout << "入力された文字列は「" << str << "」です。\n";
  }
  cout << "終了しました。\n";
}
```

実行例を以下に示します。

```
文字列を入力して、Enterキーを押してください(Ctrl+Zで終了)。
abc
入力された文字列は「ABC」です。
def
入力された文字列は「DEF」です。
^Z
終了しました。
```

　もう少し複雑な例を試してみましょう。いくつかの整数を入力すると、入力された整数の合計を出力するようなプログラムを作ります。整数の入力は、int型の変数nに対して、「cin >> n」とすることで行います。

[サンプル] 08-cin4.cpp

```
#include <iostream>
using namespace std;

int main() {
  cout << "整数を入力してください(Ctrl+Zで終了)。\n";
  int total = 0;
  int n;
  while (cin >> n) {
```

```
    total += n;//入力された数を加算していく
  }
  cout << "合計は" << total << "です。\n";
}
```

実行例を以下に示します。

```
整数を入力してください(Ctrl+zで終了)。
2
3
5
7
^Z
合計は17です。
```

　標準入出力の対象を、コンソールではなくファイルや別のプログラムにすることができます。
　コマンドプロンプトで「プログラム ＞ ファイル」とすると、プログラムのコンソールへの出力がファイルに保存されます。これがリダイレクトです。コマンドプロンプトで「プログラム ＜ ファイル」とすると、ファイルの内容がプログラムの標準入力への入力になります。これもリダイレクトです。
　コマンドプロンプトで「プログラムＡ | プログラムＢ」とすると、プログラムＡの標準出力への出力が、プログラムＢの標準入力への入力になります。このように、プログラムの出力を別のプログラムへの入力にすることを**パイプ**といいます。
　コンソールアプリケーションは、リダイレクトやパイプをうまく使えるように設計するとよいでしょう。そうすることによって、複数のプログラムをリダイレクトやパイプを使ってつなげて使えるようになります。実際、Unix の多くのプログラムはそのように設計されています。

8.2.3　標準エラー出力

　標準エラー出力は、コンソールにエラーメッセージのような、プログラムの主目的とは異なるメッセージを出力するのに使います。標準出力coutと標準エラー出力cerrの違いは次の2点です。

- **cerr はバッファを使わない**
- **cout と cerr はリダイレクトの方法が異なる**
  標準出力をリダイレクトする際には「＞」を使いますが、標準エラー出力をリダイレクトする際には「2＞」を使います。

　cerrはバッファを使わないため、cerrに対して出力されたデータはすぐにコンソールに表示されます。それに対してcoutはバッファを使うため、バッファが一杯にならないとコンソールにデー

タは出力されません。coutの結果をすぐに表示させたい場合には、flushやendlなどのマニピュレータ（7.1.4項）を使います。

8.2.4　ファイル出力

ファイル出力はヘッダ<fstream>にある**ofstream**で行います[2]。ofstreamオブジェクトは次の構文で構築します。

[構文] ofstream オブジェクトの構築

```
ofstream 変数名(ファイル名[, ios_base::out]);
```

「, ios_base::out」はファイルがない場合は新たに生成し、ある場合は上書きすることを示すオプションですが、これはofstreamオブジェクトの既定の振る舞いなので、省略してかまいません。

次のプログラムを実行すると、プロジェクトのディレクトリ（2.2節で作成したConsole Application1ならC:/Users/ユーザ名/Documents/Visual Studio 2015/Projects/Console Application1/ConsoleApplication1）に[3]、ファイルtest.txtが作成されます（ファイル名をフルパスで書けば、アクセス権のある任意の場所にファイルを生成できます。フルパスを書く際には特別な意味を持つバックスラッシュではなく、スラッシュ「/」を使うのが簡単です）。

[サンプル] 08-ofstream1.cpp

```cpp
#include <iostream>
#include <fstream>//ofstreamのために必要
using namespace std;

int main() {
  ofstream outfile("test.txt", ios_base::out);
  //ofstream outfile("test.txt");//OK
  outfile << "文字列を\n";
  outfile << "ファイルに書き込む" << endl;
  outfile.close();//ファイルを閉じる（ここでは不要）
}
```

ofstreamオブジェクトの使い方はcoutと同様ですが、ファイルを閉じる際に、coutにはないメンバ関数close()を使います。ただし、このコードのoutfileは関数main()の終了時に解体され、そのときにファイルは閉じられるので、close()を呼び出す必要はありません[4]。

ファイルtest.txtの内容は次のようになっているはずです。

[2) ofstreamではなくfstreamなら、1つのファイルが読み書き両方の対象になります。
[3) プロジェクトのプロパティで作業ディレクトリを設定すれば、そのディレクトリにファイルが生成されます。
[4) ofstreamオブジェクトをフリーストアに構築した場合には、deleteで解体するときにファイルが閉じられます。その前にファイルを閉じるにはclose()を使います。

文字列を
ファイルに書き込む

　既にtest.txtが存在する状態でこのプログラムを実行すると、まずファイルの内容がすべて消去され、それからデータが書き込まれることになります。既にある内容に追記するためには、ofstreamオブジェクトを次のように構築します。

[構文] ofstream オブジェクトの構築（ファイルに追記）
```
ofstream 変数名(ファイル名, ios_base::app);
```

　次のようにして、ファイルtest.txtに追記します。

[サンプル] 08-ofstream2.cpp
```
ofstream outfile("test.txt", ios_base::app);//追記モードでファイルを開く
outfile << "追記\n";
```

8.2.5　ファイル入力

　ファイル入力はヘッダ<fstream>にある**ifstream**のオブジェクトで行います。ifstreamオブジェクトは次の構文で構築します。

[構文] ifstream オブジェクトの構築
```
ifstream 変数名(ファイル名);
```

　次のプログラムを実行すると、プロジェクトのディレクトリ（2.2節で作成したConsole Application1ならC:/Users/ユーザ名/Documents/Visual Studio 2015/Projects/Console Application1/ConsoleApplication1）のファイルtest.txtの内容が表示されます。ファイル名をフルパスで書けば、アクセス権のある任意のファイルを利用できます。

[サンプル] 08-ifstream.cpp
```
#include <iostream>
#include <fstream>
#include <string>
using namespace std;

int main() {
  ifstream infile("test.txt");
  string line;
  while (getline(infile, line)) {//ファイルの終わりまで繰り返す
    cout << line << endl;
  }
  infile.close();
}
```

読み込んだ行を格納するために文字列（line）を作り、関数getline()で読み込んでいます。読み込む行がなくなるとgetline()の戻り値がfalseになるので、while文の条件にgetline()を書いておけば、ファイルの読み込みが終了するまで処理が繰り返されることになります。

ifstreamオブジェクトの使い方はcinと同様です。このオブジェクトにはcinにはないメンバ関数close()があり、これを呼び出すとファイルは閉じられます。

8.2.6　行の分解

各行が、スペースやコンマ、タブ等で区切られたデータから構成されているようなファイルを処理する方法を紹介します。表計算ソフトを使うというのも1つの方法ですが、簡単なプログラムならすぐに書けます。

次のような、各行が「ラベル 整数 整数 整数 …」という形式のファイルtest.datを読み込んで、「ラベル: 数の和」を出力するようなプログラムを作りましょう。

次のような内容のファイルtest.datをC:/Users/ユーザ名/Documents/Visual Studio 2015/Projects/ConsoleApplication1/ConsoleApplication1に置くか（2.2節のとおりの場合）、プログラム中にファイル名をフルパスで書いてください。

```
A 2 3 5
B 7 11 13
C 17 19 23
```

整数が3つ程度ならば、次のように簡単に書けます。

［サンプル］08-split1.cpp

```
#include <iostream>
#include <fstream>
#include <string>
using namespace std;

int main() {
  ifstream datafile("test.dat");
  string label;
  int x, y, z;
  while (datafile >> label >> x >> y >> z) {    //データを読み込む
    cout << label << ": " << x + y + z << endl;//ラベルと合計を表示
  }
  datafile.close();
}
```

このコードでは、次のような構文で、ifstreamオブジェクトから複数の変数に値を読み込んでいます（この方法が使えるのは、データがスペースで区切られている場合だけです）。

> [構文] 複数の変数への値の読み込み
> ifstreamオブジェクト >> 変数1 >> 変数2 >> ...

実行結果は次のようになります。

```
A: 10
B: 31
C: 59
```

データが3つだとあらかじめわかっていないような場合のためのプログラムは、7.2.5項で紹介した正規表現による分割を使って書くとよいでしょう。

[サンプル] 08-split2.cpp

```cpp
#include <iostream>
#include <fstream>
#include <string>
#include <regex>
using namespace std;

int main() {
  ifstream datafile("test.dat");
  regex rx(R"(\s)");              //分割のための正規表現
  string str;                     //行を格納するための変数
  while (getline(datafile, str)) {//1行ずつ読み込む
    sregex_token_iterator it(str.begin(), str.end(), rx, -1);
    sregex_token_iterator end;
    string label = *it++;   //最初はラベル
    int total = 0;          //合計を計算するための変数
    while (it != end) {
      total += stoi(*it++);//文字列を整数に変換する
    }
    cout << label << ": " << total << endl;
  }
  datafile.close();
}
```

このコードでは、ファイルから読み込んだ行（str）を、正規表現（rx）で分割し（7.2.5項）、最初の項目はラベル（label）に、後の項目は関数stoi()で整数に変換（7.1.6項）、加算しています。

第8章　練習問題

1 1から1000までの整数を表示するプログラムを書き、それを使って1から1000までの数が書かれたファイルnumbers.datを作ってください。ただし、整数は1行に1つだけになるようにしてください。

2 前問で作成したテキストファイルnumbers.datには、1行に1つの整数が書かれています。このファイルを読み込んで、ファイルに書かれた数の和を求めるプログラムを書いてください。

3 最初の問いで作成したテキストファイルnumbers.datを08-cin4.cppに読み込ませ、前問と同じ結果が得られることを確認してください。

第9章 標準ライブラリ
～よく利用される便利な機能の集まり

この章ではC++で利用できるライブラリの一部とその使い方を紹介します。自分で一から書くととても大変な処理でも、ライブラリを知っていると簡単に実現できることがあります。ライブラリを知ることによって、C++のプログラムの書き方についても知ることができるでしょう。

9.1 反復子（イテレータ）

この節では、コンテナの要素にアクセスするための手段の1つである反復子（イテレータ）を紹介します。反復子はポインタを抽象化したものです。反復子によって、さまざまなコンテナの統一的な操作が可能になります。

9.1.1 反復子とは何か

vectorの要素へのアクセスには、以下の3とおりの方法があります（図9-1）。

- 添字（順番）
- ポインタ（アドレス）
- 反復子（抽象的な位置）

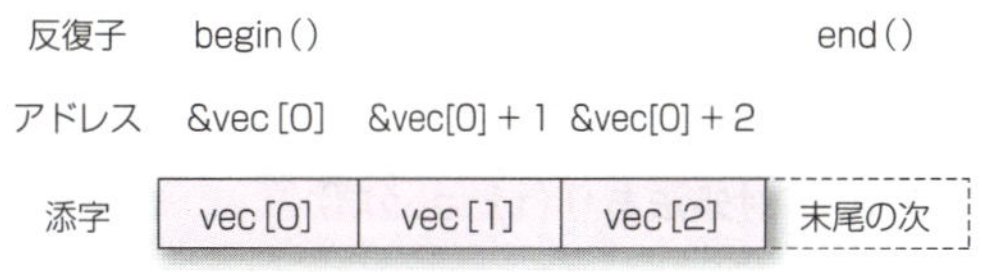

反復子	begin()			end()
アドレス	&vec[0]	&vec[0] + 1	&vec[0] + 2	
添字	vec[0]	vec[1]	vec[2]	末尾の次

▲図9-1　vectorの要素にアクセスする3とおりの方法

説明のためのvectorオブジェクトをvecとします。添字を使う方法は6.1.1項で紹介しました。vecの2番目の要素にはvec[2]でアクセスできます。

2番目の要素のアドレスは、&vec[2]のように、演算子&を使って取得できます。最初の要素つまりvec[0]のアドレスを使って、&vec[0] + 2としても取得できます。

vectorや配列の要素はメモリ上に並んでいるため、添字やポインタで簡単にアクセスできます。多くのコンテナは、要素がメモリ上に並ぶわけではないため、アドレス（ポインタ）の演算で要素にアクセスすることはできません。たとえば、std::listの0番目の要素のアドレスをポインタ変数にしても、それに2を足して2番目の要素を指すことはできません。

vector以外のコンテナでも、vectorの要素へのポインタのように、1を足せば次の要素を指すようなものがあると便利です。それが反復子（イテレータ）です。要素へのアクセスを反復子という形で抽象化することによって、さまざまな種類のコンテナを統一的な方法で扱えるようになります。これは、オブジェクト指向において定石となっている設計・実装方法である**デザインパターン**の1つです。実際に、反復子を用いてvectorと配列を同じ関数で処理する例を次節で紹介します。

int型のデータのためのポインタ変数がint*型だったのに対して、vector<int>の要素のための反復子の型はvector<int>::iteratorです。この型で定義した反復子itが指す要素は*itとなります。これはポインタ変数pが指す要素は*pであるのと同じです。

vectorには、begin()やend()というメソッドが用意されており、これらを利用して、vectorの先頭を指す反復子と末尾の次を指す反復子を取得します。

添字やアドレス、反復子を使ってvectorの要素にアクセスする例を以下に示します。

[サンプル] 09-iterator1.cpp

```cpp
#include <iostream>
#include <vector>
using namespace std;

int main() {
  vector<int> vec(5);//要素数5のvector(要素はすべて0)

  //添字の利用
  vec[2] = 102;
  //vec[5] = 105;//範囲外へのアクセス(運がよければ実行時エラー)

  //メンバ関数at()の利用
  vec.at(1) = 101;
  //vec.at(5) = 105;//範囲外へのアクセス。対処法あり(11.2.2項)

  //ポインタの利用
  int* p = &vec[0];
  *p = 100;
  *(p + 3) = 103;
```

```
//反復子の利用
auto it = vec.begin();//先頭要素を指す反復子
*(it + 4) = 104;

//すべての要素の表示
for (auto i = vec.begin(); i != vec.end(); ++i) {
  cout << *i << ", ";
}
cout << endl;//出力値:100, 101, 102, 103, 104,
```

　反復子にはさまざまな種類があります。vector の反復子は**ランダムアクセス反復子**です。ランダムアクセスというのは、自由に場所を指定できるという意味です。先のコードにおける、it + 4 などという式がランダムアクセスに相当します。std::list や std::set の反復子は**双方向反復子**なので、このように好きな数字を足したり引いたりすることはできません。双方向反復子でできるのは、前後に1つずつ動くこと、つまり +1（あるいは ++）や -1（あるいは --）だけです。

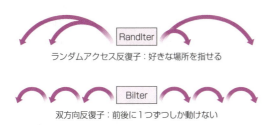

▲図9-2　反復子の概念図

　ポインタとランダムアクセス反復子、双方向反復子は、代入演算子「=」と不等演算子「!=」、インクリメント演算子「++」、間接演算子「*」をサポートしているという点では共通しているため、これだけを使う処理は統一的に記述できます。例として、vector や配列、list の要素の和を求める関数 total() は、関数テンプレートを使って次のように記述できます（使い方は少し違いますが、<numeric> にある関数 accumulate() が、この目的のために使えます）。

[サンプル] 09-total.cpp

```cpp
#include <iostream>
#include <vector>
#include <list>
#include <numeric>
using namespace std;

template <typename T>
int total(T first, T last) {
  int sum = 0;
```

```cpp
    for (T p = first; p != last; ++p) sum += *p;
    return sum;
}

int main() {
  vector<int> v{ 1, 2, 3, 4, 5 };
  cout << total(v.begin(), v.end()) << endl;          //出力値:15
  cout << accumulate(v.begin(), v.end(), 0) << endl;  //出力値:15

  int a[] = { 1, 2, 3, 4, 5 };
  cout << total(a, end(a)) << endl;                   //出力値:15
  cout << accumulate(a, end(a), 0) << endl;           //出力値:15

  list<int> li{ 1, 2, 3, 4, 5 };
  cout << total(li.begin(), li.end()) << endl;        //出力値:15
  cout << accumulate(li.begin(), li.end(), 0) << endl;//出力値:15
}
```

9.1.2　vector の反復子

vector には、次のような反復子を返すメンバ関数が用意されています。これらのメンバ関数の戻り値、つまり反復子の型は vector<int>::iterator や vector<int>::const_iterator などですが、型推論があるので、これらを書く必要はあまりないでしょう。

- begin() と end()：先頭と末尾の次を指す反復子（要素の変更可）。++ で後ろに進む。
- cbegin() と cend()：先頭と末尾の次を指す反復子（要素の変更不可）。++ で後ろに進む。
- rbegin() と rend()：末尾と先頭の前を指す反復子（要素の変更可）。++ で前に進む。
- crbegin() と crend()：末尾と先頭の前を指す反復子（要素の変更不可）。++ で前に進む。

要素を変更するアルゴリズムでは c が付かないメンバ関数を、要素を変更しないアルゴリズムでは c が付くメンバ関数を使いますが、動作確認のために、これらの反復子を使って vector の要素に関するループを書いてみましょう。c が付くメンバ関数が返す反復子では要素の変更ができないことと、r が付くメンバ関数が返す反復子は後ろから前に進むことを確認してください。ただし、先頭から順に処理するコードは、拡張for文（6.1.2項）を使ったほうが簡潔です。

［サンプル］09-iterator2.cpp

```cpp
vector<int> v{ 1, 2, 3, 4, 5 };

//前から順番に処理する(変更不可)
for (auto i = v.cbegin(); i != v.end(); ++i) {
  //*i *= 10;//エラー(iはconst)
  cout << *i << ", ";
```

```cpp
}
cout << endl;//出力値:1, 2, 3, 4, 5,

//前から順番に処理する(変更可)
for (auto i = v.begin(); i != v.end(); ++i) {
  *i *= 10;
  cout << *i << ", ";
}
cout << endl;//出力値:10, 20, 30, 40, 50,

for (auto i = v.crbegin(); i != v.crend(); ++i) {
  //*i *= 10;//エラー(iはconst)
  cout << *i << ", ";
}
cout << endl;//出力値:50, 40, 30, 20, 10,

//後ろから順番に処理する(変更可)
for (auto i = v.rbegin(); i != v.rend(); ++i) {
  *i *= 10;
  cout << *i << ", ";
}
cout << endl;//出力値:500, 400, 300, 200, 100,
```

　このように、反復子を利用するコンテナと反復子を利用するアルゴリズム（次節）の組み合わせは、とても強力で汎用性の高いライブラリとなっており、**標準テンプレートライブラリ**（Standard Template Library：STL）と呼ばれています。

9.2　アルゴリズム

　STL には大量のアルゴリズムが用意されています。この節では、このうちの3つのアルゴリズム（sort、find、lower_bound）を紹介します。ここで紹介する方法を応用すれば、他のアルゴリズムも利用できるでしょう。

9.2.1　単純な並べ替え

　並べ替え（ソート、ソーティング）は、コンテナに対して最もよく行われる操作の1つです。std::set や std::map のような、要素が常に並べ替えられているものを別にすれば、並べ替えのためには何らかの操作が必要になります。STL では、並べ替えは <algorithm> の関数 sort() として提供されています。この関数は、次のように、ランダムアクセス反復子を使って並べ替える範囲を指定して呼び出します。単純に sort(コンテナ) で並び替えればよさそうに思われるかもしれませんが、並び替える範囲を指定できると便利な場合があります（13.3.6項）。

[構文] 関数sort()の呼び出し

sort(並べ替え対象の先頭, 並べ替え対象の末尾の次)

関数sort()を使ってvectorと配列を並び替える例を示します[*1]。

[サンプル] 09-sort.cpp

```
#include <iostream>
#include <vector>
#include <algorithm>//sortのために必要
using namespace std;

int main() {
  vector<int> v{ 2, 3, 5, 1, 4 };
  sort(v.begin(), v.end());
  for (auto i : v) cout << i << ", ";
  cout << endl;//出力値:1, 2, 3, 4, 5,

  int a[] = { 2, 3, 5, 1, 4 };
  sort(begin(a), end(a));
  //sort(a, end(a));//OK
  for (auto i : a) cout << i << ", ";
  cout << endl;//出力値:1, 2, 3, 4, 5,
}
```

9.2.2 探索

　要素の**探索**も、並べ替えと同様、コンテナに対してよく行われる操作です。STLでは、探索のためのさまざまな関数が用意されていますが、ここでは**線形探索**と**二分探索**を紹介します。

　図9-3は、要素が16個あるコンテナから653という値を線形探索と二分探索で探索しているようすを示しています。線形探索は、コンテナの要素を先頭から1つずつ調べていく探索方法で、どんな場合にも利用できます。それに対して二分探索は、探索範囲の中心の値を調べ、それを目的の値と比較することで探索対象を限定していく方法です。二分探索は、並べ替えられたコンテナに対してしか使えませんが、要素が並び替えられているなら、線形探索に比べて圧倒的に速いです。とはいえ、並べ替えにも時間はかかるので、並べ替えられていないコンテナを並べ替えてから二分探索をするよりは、単に線形探索をする方が速いです。探索の戦略をまとめると次のようになります。

- **コンテナが並べ替えられている場合：二分探索**

[*1] 関数sort()で並べ替えられるのは、ランダムアクセス反復子を持つコンテナです。ランダムアクセス反復子を持たないstd::listには、並び替えのためのメンバ関数sort()が用意されています。

- コンテナが並べ替えられていない場合：
    - そのコンテナを対象にした探索の回数が多い：並べ替えてから二分探索
    - そのコンテナを対象にした探索の回数が多くない：線形探索

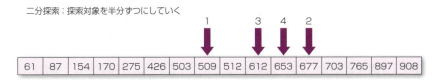

▲図9-3　線形探索と二分探索

まずは、線形探索のための関数find()を試します[*2]。

[構文] 関数find()の呼び出し
反復子 = find(探索対象の先頭, 探索対象の末尾の次, 検索キー);

図9-3の線形探索を実現するコードは次のようになります。関数find()は、探索に失敗すると探索対象の末尾の次を返すことになっているので、呼び出した後でまず戻り値を確認しています。vectorに含まれていない6を探索すると、探索に失敗します。

[サンプル] 09-search1.cpp

```cpp
#include <iostream>
#include <vector>
#include <algorithm>
using namespace std;

int main() {
  vector<int> v{ 2, 3, 5, 1, 4 };
  auto begin = v.cbegin();
  auto end = v.cend();

  int target = 3;
  auto pos = find(begin, end, target);
  if (pos == end) cout << "見つからない\n";
  else cout << "見つかった:" << *pos << endl;
  //出力値:見つかった:3
```

[*2] 検索条件を呼び出し可能オブジェクト（9.3節）で与える関数find_if()の使用例が13.3.6項にあります。

```
    target = 6;
    pos = find(begin, end, target);
    if (pos == end) cout << "見つからない\n";
    else cout << "見つかった:" << *pos << endl;
    //出力値:見つからない
}
```

次に、二分探索のための関数 lower_bound() を試します。binary_search() という名前の関数があり、この方がここでの目的にふさわしそうに見えますが、この関数は値がコンテナに含まれているかどうかだけを調べる関数なので今は使えません。

[構文] 関数 lower_bound() の呼び出し

反復子 = lower_bound(検索対象の先頭, 検索対象の末尾の次, 検索キー);

図9-3の二分探索を実現するコードは次のようになります。二分探索を行う場合には、まず最初にコンテナを並べ替えることが重要です。関数 lower_bound() の戻り値は指定した値以上の最初の要素の反復子です。そのような要素がない場合には末尾の次が返ります。関数 find() とは戻り値の意味が異なることに注意してください。関数 lower_bound() を用いる場合には、戻り値が末尾の次かどうかだけでなく、その指す値が目的の値かどうかも調べなければなりません。

[サンプル] 09-search2.cpp

```
#include <iostream>
#include <vector>
#include <algorithm>
using namespace std;

int main() {
    vector<int> v = { 503, 87, 512, 61, 908, 170, 897, 275, 200, 426 };

    //二分探索のためには、まず並べ替えが必要
    sort(v.begin(), v.end());

    auto begin = v.cbegin();
    auto end = v.cend();

    int target = 200;//200を二分探索で探す
    auto pos = lower_bound(begin, end, target);
    //探索した値かどうかの確認
    if (pos == end || *pos != target) cout << "見つからない\n";
    else cout << "見つかった:" << *pos << endl;
    //出力値:見つかった:200

    target = 404;//404を二分探索で探す
    pos = lower_bound(begin, end, target);
    //探索した値かどうかの確認
```

```
    if (pos == end || *pos != target) cout << "見つからない\n";
    else cout << "見つかった:" << *pos << endl;
    //出力値:見つからない
}
```

9.3 呼び出し可能オブジェクト

9.2.1項でコンテナの要素を関数sort(先頭, 末尾の次)で並び替える方法を紹介しました。sort(先頭, 末尾の次)で並び替えられるのは、要素間の大小関係が定義されている場合だけです。要素間の大小関係が定義されていない場合や、独自の大小関係を導入したい場合は、大小関係を**呼び出し可能オブジェクト**として定義してsort()に与えます。

この節では、約数の数を基準に整数を並び替えることを例に、呼び出し可能オブジェクトの定義方法を紹介します。

5.1.3項で実装した約数の数を求める関数numOfDivisors()を使います。

[サンプル] 09-fobjects.cpp
```cpp
int numOfDivisors(int n) {
  int divisors = 0;
  for (int i = 1; i <= n; ++i) {
    if (n % i == 0) ++divisors;
  }
  return divisors;
}
```

大小関係は、lhs < rhsのときにtrueになるような呼び出し可能オブジェクトとして定義します。この「<」は、今考えている例では、numOfDivisors(lhs) < numOfDivisors(rhs)ということです。

呼び出し可能オブジェクトには次のようなものがあります。

- 関数ポインタ（関数）
- 関数オブジェクト
- ラムダ

以下の項で1つずつ説明します。

9.3.1 関数ポインタ

関数で大小関係を定義すると次のようになります。この関数less1()が、lhsの約数がrhsの約数より少ないときにのみtrueを返すことは明らかでしょう。

[サンプル] 09-fobjects.cpp
```cpp
bool less1(int lhs, int rhs) {
  return numOfDivisors(lhs) < numOfDivisors(rhs);
}
```

この less1() を使って 1 から 16 までの数を並び替えると次のようになります[3]。

[サンプル] 09-fobjects.cpp
```cpp
const int N = 16;

vector<int> v;//1からNまでの整数を格納するvector
for (int i = 1; i <= N; ++i) v.push_back(i);

vector<int> v1 = v;
sort(v1.begin(), v1.end(), less1);
for (auto i : v1) cout << i << ", ";
cout << endl;
//出力例:1, 2, 3, 5, 7, 11, 13, 17, 19, 4, 9, 6, 8, 10, 14, 15, 16, 12,
```

関数 sort() の3番目の引数が関数名（less1）になっていますが、これは関数へのポインタ（**関数ポインタ**）です。関数名は関数ポインタとして使えるというわけです。

9.3.2　関数オブジェクト

関数オブジェクトとして大小関係を定義すると次のようになります。

[サンプル] 09-fobjects.cpp
```cpp
struct less2 {
  bool operator()(int lhs, int rhs) {
    return numOfDivisors(lhs) < numOfDivisors(rhs);
  }
};
```

これは次章で説明するクラスの定義なので、この段階で完全に理解する必要はありません。この記述に従って構築されたオブジェクトは、() という演算子（operator）を持っているため、関数のように使えるというわけです。

この less2 のオブジェクトを使って 1 から 20 までの数を並び替えると次のようになります。

---

[3] 並び替えには「安定」という概念があります。本文の例では、約数の数で比較すると2と3に大小関係はありませんが、並び替え前の順番が2, 3なので、並び替え後も2, 3にするのが安定な並び替えです。sort() は安定ではないため、環境によってはここに掲載した結果とは異なる結果になるかもしれません。安定な並び替えが必要な場合は、関数 stable_sort() を使います。

[サンプル] 09-fobjects.cpp

```
vector<int> v2 = v;
less2 obj;
sort(v2.begin(), v2.end(), obj);
//sort(v2.begin(), v2.end(), less2());//OK
for (auto i : v2) cout << i << ", ";
cout << endl;
//出力例:1, 2, 3, 5, 7, 11, 13, 17, 19, 4, 9, 6, 8, 10, 14, 15, 16, 12,
```

　一時的なオブジェクトにobjという名前を付けているのは冗長で、sort(v.begin(), v.end(), less2()); という具合に、無名の一時オブジェクトを構築するのが簡便です。

9.3.3　ラムダ

　ラムダというしくみで大小関係を定義すると次のようになります。

[サンプル] 09-fobjects.cpp

```
vector<int> v3 = v;
sort(v3.begin(), v3.end(),
  [](int lhs, int rhs)->bool {
    return numOfDivisors(lhs) < numOfDivisors(rhs);
  }
);
for (auto i : v3) cout << i << ", ";
cout << endl;
//出力例:1, 2, 3, 5, 7, 11, 13, 17, 19, 4, 9, 6, 8, 10, 14, 15, 16, 12,
```

　ラムダは、関数が必要とされる場所で、直接関数を定義するためのしくみです。次のような構文で記述します。

[構文] ラムダ式

[キャプチャ] (パラメータのリスト) ->戻り値の型 { 文 }

　キャプチャには、ラムダで利用したいオブジェクトを書きます。次のような書き方ができます。

- [x]：そのスコープにあるオブジェクトxをコピーして利用する。
- [&x]：そのスコープにあるオブジェクトxを参照として利用する。

　[a, b] と書けば、aとbのコピーをラムダの中でaやbという名前で使えます。ここでは特に利用したいオブジェクトはないため、[] としています。
　パラメータのリストは、関数定義の場合と同じです。

戻り値の型は、本体のreturn文から推論できる場合は省略してもかまいません。さらに、パラメータの型でも型推論が使えます。ですから、ここで書いたラムダ式は次のようにも書けます。

```
[](auto lhs, auto rhs) {
  return numOfDivisors(lhs) < numOfDivisors(rhs);
}
```

ラムダ式によって構築されるオブジェクトのことを**クロージャ**と呼ぶことがあります。ラムダもクロージャも、関数型プログラミングで使われてきた用語です。

9.4　ユーティリティ

9.1節から9.3節までは、C++のライブラリを利用する上で、最も重要だと思われる事柄を紹介してきました。本節では、知っていると便利なC++のライブラリを3つ紹介します。時間の測定、乱数、最大最小です。

9.4.1　時間の測定

プログラムの特定の処理にかかる時間は次のように測ります。

1. 現在時刻を取得し、t0とする。
2. 時間を測定したい処理を実行する。
3. 現在時刻を取得し、t1とする。
4. t1 - t0を計算し、適当な単位で表示する。

次のコードでは、単純なfor文の実行時間を測定し、その結果（ミリ秒）を1000で割って表示します。最終的な単位は「秒」です。

［サンプル］09-chrono.cpp

```
#include <iostream>
#include <chrono>
using namespace std;
using namespace std::chrono;

int main() {
  auto t0 = high_resolution_clock::now();
```

```
    //時間のかかる処理
    int s = 0;
    for (int i = 0; i < 10000; ++i) {
      for (int j = 0; j < 100000; ++j) {
        ++s;
      }
    }
    cout << s << endl;//出力値:1000000000

    auto t1 = high_resolution_clock::now();
    cout << duration_cast<milliseconds>(t1 - t0).count() / 1000. << " s.\n";
}//出力例:1.92 s.
```

処理時間を測定する実用的な例を、第12章や第13章で紹介します。

9.4.2 乱数

　乱数は、ゲームやシミュレーションには不可欠です。C++の乱数は、エンジンと分布を指定して生成します。ここでは、最も手軽に使えるエンジンであるrandom_deviceと、整数の一様分布であるuniform_int_distribution、実数の一様分布であるuniform_real_distribution、正規分布であるnormal_distributionの利用方法を紹介します[4]。

　まず、エンジンを構築します（<random>が必要です）[5]。

[サンプル] 09-random.cpp
```
random_device engine;
```

　整数の一様分布を使って、サイコロのような、1から6の乱数を10個生成します。

[サンプル] 09-random.cpp
```
uniform_int_distribution<unsigned> dist1(1, 6);
for (int i = 0; i < 10; ++i) {
  cout << dist1(engine) << ", ";
}
cout << endl;
//出力例:1, 1, 3, 6, 1, 1, 2, 3, 5, 4,
```

　実数の一様分布を使って、0以上1以下の倍精度浮動小数の乱数を5個生成します[6]。

---

[4] エンジンや分布は他にもたくさんあります。文献［cpprefjp］などを参照してください。

[5] 高品質の乱数が必要な場合は、メルセンヌ・ツイスター（mt19937）の利用を検討してください。本文のengineの代わりに、「mt19937 mt(engine());」として構築したmtを使います。

[6] <cstdlib>で宣言されている関数rand()と、rand()が返す数の最大値であるRAND_MAXを使って、0以上1以下の乱数を生成することもできますが、本文で紹介した方法で生成する乱数より、質が悪くなる恐れがあります。

[サンプル] 09-random.cpp

```
uniform_real_distribution<double> dist2(0.0, 1.0);
for (int i = 0; i < 5; ++i) {
  cout << dist2(engine) << ", ";
}
cout << endl;
//出力例:0.0460653, 0.91681, 0.0933962, 0.842586, 0.320971,
```

正規分布を使って、平均50、標準偏差3の正規乱数を500個生成し、簡易的なヒストグラムを描きます。

[サンプル] 09-random.cpp

```
map<int, int> frequency;//頻度を数えるためのコンテナ
normal_distribution<double> dist3(50.0, 5.0);
for (int i = 0; i < 500; ++i) {
  double x = dist3(engine);
  ++frequency[static_cast<int>(x)];
}
for (auto p : frequency) {//ヒストグラムを描く
  cout << p.first << " | ";
  for (int i = 0; i < p.second; ++i) cout << "*";
  cout << endl;
}
```

実行例を以下に示します。

```
40 | *
41 | *
42 | *****
43 | *****
44 | *********
45 | **********************
46 | ********************************
47 | *************************************************
48 | *******************************************************
49 | ********************************************************
50 | ***************************************************************
51 | **************************************************************
52 | ******************************************
53 | ******************************************
54 | ***********************
55 | ********
56 | ******
57 | ****
58 | *
```

9.4.3 最大・最小

2個以上のデータから、最大のものと最小のものを取り出すための関数が<algorithm>で宣言されています。

2個の数値のうち、最小値（大きくないほう）と最大値（小さくないほう）を次のように取得します（<algorithm>が必要です）。

[サンプル] 09-minmax.cpp
```cpp
//2個の比較
cout << min(3, 2) << endl;//出力値:2
cout << max(3, 2) << endl;//出力値:3
```

数値が3個以上の場合は、波かっこ{}を使います（2個でも可）。

[サンプル] 09-minmax.cpp
```cpp
//任意個の比較
cout << min({ 3, 2, 1, 4 }) << endl;//出力値:1
cout << max({ 3, 2, 1, 4 }) << endl;//出力値:4
```

最小値と最大値のpair（6.2.5項）を取得します。

[サンプル] 09-minmax.cpp
```cpp
//最大値と最小値をまとめて取得する
auto result1 = minmax({ 3, 2, 1, 4 });
cout << result1.first << endl;  //出力値:1
cout << result1.second << endl;//出力値:4
```

呼び出し可能オブジェクト（9.3節）を使って比較方法を指定することもできます。例として、約数の数が最小のものと最大のものを取得します（9.3節で定義した関数numOfDivisors()とless1()が必要です）。

[サンプル] 09-minmax.cpp
```cpp
//比較方法の指定
auto result2 = minmax({ 10, 11, 9, 12 }, less1);
cout << result2.first << endl;  //出力値:11
cout << result2.second << endl;//出力値:12
```

コンテナの要素の最小値と最大値は、min_element()やmax_element()、minmax_element()で取得します。これらの関数の戻り値は反復子なので、間接演算子「*」を使って値を取得します。

[サンプル] 09-minmax.cpp

```cpp
//コンテナの最大・最小
vector<int> v{ 10, 11, 9, 12 };
auto minIter = min_element(v.cbegin(), v.cend());
cout << *minIter << endl;//出力値:9

auto maxIter = max_element(v.cbegin(), v.cend());
cout << *maxIter << endl;//出力値:12

auto minmaxIter1 = minmax_element(v.cbegin(), v.cend());
cout << *minmaxIter1.first << endl; //出力値:9
cout << *minmaxIter1.second << endl;//出力値:12
```

比較方法を指定する方法は、先の場合と同じです。

[サンプル] 09-minmax.cpp

```cpp
auto minmaxIter2 = minmax_element(v.cbegin(), v.cend(), less1);
cout << *minmaxIter2.first << endl; //出力値:11
cout << *minmaxIter2.second << endl;//出力値:12
```

第9章　練習問題

1 次のプログラムで配列やvectorを反転できるように、関数myReverse()を定義してください（これは第6章の練習問題3の発展形です。標準ライブラリに同じ動作をする関数reverse()があるので、まずはそれを試してもいいでしょう）。

```
int main() {
  int a[] = { 2, 9, 4, 1, 5, 3 };
  myReverse(a, end(a));
  for (auto i : a) cout << i << ", ";
  cout << endl;//出力値:5, 1, 4, 9, 2,

  double b[] = { 3.5 };
  myReverse(b, end(b));
  for (auto i : b)  cout << i << ", ";
  cout << endl;//出力値:3.5,

  vector<int> c;
  myReverse(c.begin(), c.end());
  for (auto i : c) cout << i << ", ";
  cout << endl;//出力値:(なし)
}
```

2 次のプログラムは、<algorithm>で宣言されている関数unique()を使って、コンテナから重複する要素を削除するものです。unique()は、ソート済みのコンテナで、重複する要素を後方に集め、その先頭の反復子を返します。そこから末尾の次までerase()で消去（6.1.3項）すれば、重複しないものだけが残ります。

```
vector<int> v0{ 0, 1, 2, 1, 0, 2, 1 };

  vector<int> v1 = v0;
  sort(v1.begin(), v1.end());
  v1.erase(unique(v1.begin(), v1.end()), v1.end());
  for (auto i : v1) cout << i << ", ";
  cout << endl;//出力値:0, 1, 2,
}
```

同じような処理をsetを使って実現する方法を考えてください。

3 ラムダ式を書く際に、[&i] などとすると、そのスコープにある i を、ラムダ式中で参照として使えるようになります。ラムダ式の中でその変数を変更して、実際に参照であることを確かめる例を作ってください。

第10章

クラス
~オブジェクト指向プログラミング

この章では、新しい型（ユーザー定義型）を定義し、それを利用する方法を紹介します。プログラムの規模が小さいうちは、ユーザー定義型を作成する必要はあまりありませんが、この章の内容によって、これまであいまいな部分が多かった既存のライブラリの利用方法やしくみへの理解が深まるでしょう。プログラムの規模が大きくなったときには、ユーザー定義型を作成し、それをプログラムの構成要素にする技術が不可欠になります。

10.1 クラス

ユーザー定義型を作る方法を紹介します。ユーザー定義型とは**クラス**、つまり第1章で説明した**オブジェクト**（**属性**と**操作**をまとめたもの）のひな形となるものです。

10.1.1 クラスとは

実際にクラスを作成する前に、なぜクラスの作成方法を学ぶ必要があるのかを説明しましょう。クラスがプログラムの基本的な構成要素であるC#やJavaと異なり、C++では、クラスを自分で作らなくてもプログラムを書けます。実際、第9章までに紹介したC++の機能と標準ライブラリ等を利用すれば、自分でクラスを作成しなくてもかなりのことができるはずです。ですから、入門の段階で小さいプログラムを書いているうちは、クラスを自分で作成する必要はほとんどないでしょう。しかし、入門の段階においてもクラスの作成方法について知っておく意義はあります。クラスの作成方法を知ることは、クラスのしくみについてよく知ることにつながり、クラスのしくみについてよく知っていれば、クラスの集合として提供されているC++のライブラリをうまく使えるようになるのです。

先に進む前に、用語の確認をしておきましょう。

属性や操作というのはオブジェクト指向プログラミングにおける一般的な用語で、C++では
それぞれ**データメンバ**（あるいはメンバ変数）、**メンバ関数**と呼ばれます。データメンバのことを
フィールド、メンバ関数のことを**メソッド**と呼ぶプログラミング言語もあります。これらのクラ
スの構成要素をまとめて**メンバ**と呼びます*1。主な用語を表にまとめました。

▼表10-1　クラスの構成要素

一般名称	標準C++
属性	データメンバ（メンバ変数）
操作	メンバ関数

　クラスの必要性を最初に感じるのは、データをひとまとめにして扱いたいときです。例として、
複数の人の名前と年齢を管理することを考えます。小さいプログラムなら、次のように名前と年
齢を別々の配列で管理してもよいでしょう（6.3節）。

```
string names[] = { "Taro", "Hanako" };
int ages[] = { 32, 27 };
```

　名前と年齢だけでなく住所や電話番号なども管理しなければならなくなり、しかもそのための
プログラムが、その場限りのいわゆる書き捨てのものではなく、長く使うものだとしたら、個人
のデータをすべてまとめて管理する方法を用意したくなるでしょう。そのようなときにクラスを
作成します。クラスを基に構築したオブジェクトが個人を表します。クラスとオブジェクトの関
係を図示すると図10-1のようになります。クラスは型であり、その実体がオブジェクトです。

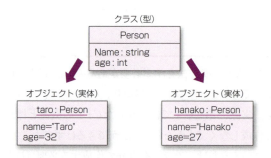

▲図10-1　クラスとオブジェクトの関係

---

*1）C++のクラスのメンバにはデータメンバとメンバ関数の他に型があります。メンバとしての型の例としては、第9章で紹介した反復
　　子vector<int>::iteratorなどがあります。これは、クラスvector<int>が持つ型です。

10.1.2 クラスの定義

クラスは次のような構文で定義します。最後にセミコロン「;」が必要です。

[構文] クラスの定義（構成要素はデータメンバのみ）
```
struct クラス名 {
  データメンバの型 変数名;
  (複数のデータメンバを宣言することも可能)
};
```

例として、名前をstring型のデータメンバnameで、年齢をint型のデータメンバageで管理するようなクラスPersonを定義します。

[サンプル] 10-person1.cpp
```
struct Person {
  string name;
  int age;
};
```

このように作成したクラスは型であり、既存の型と同様に利用できます（3.4節）。
「型名 変数名;」とすれば、この型のオブジェクトが自動メモリに構築されます。各データメンバにはメンバ演算子「.」を使ってアクセスします。

[サンプル] 10-person1.cpp
```
//自動メモリにPersonオブジェクトを構築
Person taro;
taro.name = "Taro";
taro.age = 32;
cout << taro.name << " (" << taro.age << ")\n";//出力値:Taro (32)
```

次のように、データメンバを初期化する記法もあります。この記法は便利なのでこの先よく使いますが、データメンバがpublic（後述）でなければ使えない、データメンバの宣言の順番を知っていなければならない（順番が変わると構築法も変わる）、コンストラクタ（後述）が定義されていると使えなくなるといった欠点があります[*2]。

```
//メンバ単位の初期化
Person masato { "Masato", 0 };
cout << masato.name << " (" << masato.age << ")\n";//出力値:Masato (0)
```

[*2] この記法でオブジェクトを構築できるクラスを**アグリゲートクラス**と呼びます。

単に波かっこ「{}」とすると、データメンバが数値なら0、ポインタならnullptr、文字列なら空文字列で初期化されます。

```
Person jiro {};
cout << jiro.name << " (" << jiro.age << ")\n";//出力値: (0)
```

「型名* 変数名=new クラス名;」とすれば、この型のオブジェクトが**フリーストア**に構築され、そのアドレスが変数に格納されます（つまり、ポインタ変数がオブジェクトを指します）。各データメンバには矢印演算子「->」を使ってアクセスします。pHanako->name は(*pHanako).name と同じです。

[サンプル] 10-person1.cpp

```
//フリーストアにオブジェクトを構築
Person* pHanako = new Person {"Hanako", 27};
cout << pHanako->name << " (" << pHanako->age << ")\n";//出力値:Hanako (27)
delete pHanako;
```

オブジェクトの配列を作ったり、コンテナに格納することも可能です。

[サンプル] 10-person1.cpp

```
//Personの配列
Person people[5];
people[0].name = "Masato";
people[0].age = 0;
cout << people[0].name << " (" << people[0].age << ")\n";//出力値:Masato (0)

//Personのvector
vector<Person> vec;
vec.emplace_back();//要素の追加(6.1.3項)
vec[0].name = "Hanako";
vec[0].age = 27;
cout << vec[0].name << " (" << vec[0].age << ")\n";//出力値:Hanako (27)
```

10.1.3　メンバ関数

メンバ関数はクラスの定義の中で次のように宣言します。構文は関数の場合(5.1節)と同じです。

[構文] メンバ関数の宣言

```
struct クラス名 {
    戻り値の名前　メンバ関数名(パラメータリスト);
    (複数のメンバ関数を宣言することも可能)
};
```

メンバ関数の定義はクラス定義の外で行います。メンバ関数定義の構文も関数定義の構文とほとんど同じですが、メンバ関数名の前にクラス名を書いて、そのメンバ関数が属するクラスを明示します。

[構文] メンバ関数の定義

戻り値の型　クラス名::メンバ関数名(パラメータリスト) {
　　文
}

例として、前項で何度も使っていた、「名前(年齢)」という形式でデータメンバを表示するメンバ関数show()を実装します。

[サンプル] 10-person2.cpp

```
struct Person {
  string name;
  int age;
  void show();//メンバ関数の宣言
};

//メンバ関数の定義
void Person::show() {
  cout << name << " (" << age << ")\n";
}
```

メンバ関数の利用方法はデータメンバの場合と同じで、変数がオブジェクトのときにはメンバ演算子「.」を、変数がオブジェクトを指すポインタのときには矢印演算子「->」を使います。

[サンプル] 10-person2.cpp

```
Person taro { "Taro", 32 };
taro.show();//出力値:Taro (32)

Person* pHanako = new Person { "Hanako" , 27};
pHanako->show();//出力値:Hanako (27)
delete pHanako;
```

次のように、クラス定義の中でメンバ関数を定義することもできます。

[サンプル] 10-person3.cpp

```
struct Person {
  string name;
  int age;

  //クラス定義の中でメンバ関数を定義する
  void show() {
```

```
      cout << name << " (" << age << ")\n";
  }
};
```

以降では、記述を簡潔にするために、この方法でメンバ関数を定義することにします[*3]。

　プログラムが大きくなる場合には、クラスの定義をヘッダファイル（.h）に、メンバ関数の定義をソースファイル（.cpp）に書くのが一般的です。その際には、メンバ関数を定義するソースファイルの先頭で、クラスを定義したヘッダファイルを #include で読み込みます。本書の大部分ではコードを単純にするために、ソースファイルの中でクラスの定義を記述し、メンバ関数の定義もクラス定義の中で行っています。本来は、クラスの使い方（仕様）と実装を分離して、ヘッダファイルには仕様だけを書くようにすべきなのですが、そういう「設計」の話は入門後のことなので、本書では気にしないことにします。

10.1.4　静的メンバ

　キーワード static を使ってメンバの宣言や定義を行うと、そのメンバは静的メンバになります。静的メンバは、そのクラスのすべてのオブジェクトで共有されます。また、スコープ演算子「::」を使うことで、オブジェクトがなくても利用できます。以下に例を示します。

[サンプル] 10-static.cpp

```
#include <iostream>
using namespace std;

struct A {
  int x;                  //データメンバ
  void showX() {          //メンバ関数
    cout << "x = " << x << endl;
  }
  static int s;           //静的データメンバ
  static void showS() {//静的メンバ関数
    cout << "s = " << s << endl;
  }
};

//静的データメンバは、クラス定義の外で初期化する
int A::s = 5;//これを省略すると0になる

int main() {
  //静的メンバ関数はオブジェクトがなくても利用できる
  A::showS();//出力値:s = 5
```

[*3] 実はこの記法は、宣言と定義を分けた先ほどの記法と同等ではありません。クラス定義の中でメンバ関数を定義することは、キーワード inline を付けてメンバ関数を宣言するのと同じ意味になります。キーワード inline を付けて宣言したメンバ関数は、コンパイラが妥当と判断すれば関数呼び出しのオーバーヘッドがない形に変換されます。

```
    A a1, a2;
    a1.x = 1;
    a2.x = 2;
    a1.s = 10; //a1.sの変更が
    a2.showS();//a2.sにも反映される。出力値:s = 10
    a2.showX();//a1.xとa2.xは無関係。出力値:x = 2
}
```

このプログラムでは、静的データメンバ s を持つクラス A を定義し、その s を初期化しています。静的データメンバの初期化は、クラス定義の外で行うことに注意してください。

10.1.5　アクセス制御

名前や年齢を1つのオブジェクトにまとめられるようになりました。この段階ではこれでよいのですが、データをうまく抽象化するためには、name や age のようなオブジェクトの内部状態に、外部から直接アクセスできないようにする方法を知っておかなければなりません。

クラスの定義において、**private:** という記述の後で宣言したメンバには外部からアクセスできなくなります。反対に、**public:** という記述の後で宣言したメンバには外部からアクセスできます。以下に例を示します。

[サンプル] 10-access1.cpp

```cpp
#include <iostream>
#include <string>
using namespace std;

struct Person {
private:
  string name;
public:
  int age;
};

int main() {
  Person taro;
  //taro.name = "Taro";//エラー(nameはprivate)
  taro.age = 32;//OK
}
```

クラス Person のデータメンバ name は private なので、外部からはアクセスできません。taro.name = "Taro"; というコードをビルドしようとすると、コンパイルエラーが発生します。その一方で、age は public なので、外部（関数 main()）からアクセスできます。

キーワード **struct** で定義したクラスのメンバは、指定がなければ public になります。そのため、前述のクラス Person の定義は、次のようにも書けます。

[サンプル] 10-access2.cpp
```
struct Person {
  int age;//structのメンバは指定がなければpublic
private:
  string name;
};
```

クラスを定義するキーワードには、struct の他に **class** があり、class を使って定義したクラスのメンバは、指定がなければprivate になります[*4]。キーワードclass を使うと、前述のクラス Person の定義は次のようになります。

[サンプル] 10-access3.cpp
```
class Person {
  string name;//classのメンバは指定がなければprivate
public:
  int age;
};
```

本書では、**クラス**という語は、オブジェクトのひな形（つまり struct と class で定義されるもの）を指すために用い、キーワードclass で定義されるものだけを指すためには用いません。キーワードstruct で定義されるものだけを特に**構造体**と呼ぶことがありますが、この用語はC言語における構造体（データメンバのみから成り、メンバ関数を持たないようなオブジェクト、あるいはそのひな形）を指すために用いられることも多いので注意してください。

誤解を避けるために、public や private は必ず記述すべきだという意見もあります。この意見に従うなら、class と struct を使い分ける必要はありません。本書では、記述がより簡潔になる方を使うようにしています。

private にしたデータメンバを外部から操作したい場合には、そのためのメンバ関数（**アクセッサ**）を用意します。以下に例を示します[*5]。

[サンプル] 10-access4.cpp
```
#include <iostream>
#include <string>
using namespace std;

class Person {
  string name;
  int age;
```

[*4] struct と class では、派生時の振る舞い（章末のコラムを参照）にも違いがあります。派生クラスの定義でアクセス指定子（10.4.1項）を省略すると、派生クラスが struct なら public を、class なら private を指定したことになります。

[*5] 関数呼び出しのせいでパフォーマンスが悪くなることを気にする必要はありません（この章の脚注3を参照）。

```
public:
  void setName(const string& newName) { name = newName; }
  string getName() { return name; }
  void setAge(int newAge) { age = newAge; }
  int getAge() { return age; }
};
int main() {
  Person taro;
  taro.setName("Taro");
  taro.setAge(32);
  cout << taro.getName() << " (" << taro.getAge() << ")\n";//出力値:Taro (32)
}
```

ここで作成したクラスPersonのメンバへのアクセス制御のようすを図10-2にまとめました。これはクラスの仕様を図示するための**UML クラス図**です（1.1.4項）。UMLクラス図では、publicメンバには「+」を、privateメンバには「-」を付けることになっています。10.4.2項で紹介するprotectedメンバには「#」を付けます。クラスPersonの内部からはすべてのメンバにアクセスすることができますが、関数main()のような、クラスPersonの外部からはpublicなメンバにしかアクセスできません。

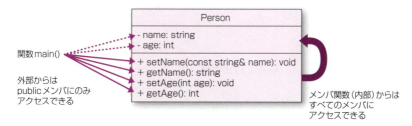

▲図10-2　クラスのメンバへのアクセス制御（関数main()など、外部からは実線部分のみアクセス可）

この段階では、メンバの操作が面倒になっただけにしか見えないかもしれませんが、ここで紹介したように、内部を隠ぺいしたい場合の他に、変数の値を設定する前にチェックするようにしたい場合などにもこのしくみは有用です。書き捨ての小さいプログラムを別にして、データメンバはすべてprivateにし、必要な場合にはデータメンバを操作するためのメンバ関数を用意することを基本原則にしておくとよいでしょう[*6]。しかしこれ以降の説明では、コードを単純にするために、データメンバはpublicにすることが多いです。

[*6] アクセス制御はオブジェクト単位ではなくクラス単位で行われます。たとえば、クラスAのオブジェクトa1とa2があるときに、a2のメンバ関数にa1を渡せば、そのメンバ関数はa1のprivateメンバにアクセスできます。

10.1.6　クラステンプレート

5.3.2項で紹介した関数テンプレートと同様に、クラスもテンプレートにすることができます。たとえば、第9章で紹介したvectorは、vector<int>やvector<double>のように、要素の型を指定できる**クラステンプレート**です。クラステンプレートは次のように定義します。

[構文] クラステンプレートの定義

```
template <typename T>
Tを使ったクラス定義
```

例として、数を2つ保持するだけの簡単なクラスを以下に示します。

[サンプル] 10-template.cpp

```cpp
#include <iostream>
using namespace std;

//クラステンプレートの定義
template <typename T>
struct Point {
  T x, y;
  Point(T x, T y) : x(x), y(y) {}
  T squareSum() { return x * x + y * y; }//2乗和を返す関数
};

int main() {
  Point<int> a(3, 4);
  cout << a.squareSum() << endl;//出力値:25

  Point<double> b(3.0, 4.0);
  cout << b.squareSum() << endl;//出力値:25
}
```

クラステンプレートのオブジェクトを構築する際には、Point<int>やPoint<double>のように型を指定する必要があります。このコードで試しているのは、int型とdouble型の2つだけですが、return文で利用している演算子「*」や「+」に対応した型ならば、どんなものでもこのクラステンプレートPointを利用できます。

10.2　6つの基本メンバ関数

この節は長く複雑です。全体に軽く目を通し、10.2.9項のまとめを読んだ後で、もう一度最初から読み返すといいかもしれません。

名前と年齢を管理するクラスPersonを、次のように使いたいとしましょう。

[サンプル] 10-6memberfuncs.cpp

```cpp
#include <iostream>
#include <string>
using namespace std;

struct Person {
  string name;
  int age;
};

//オブジェクトを構築して返す関数
Person f() {
  Person masato;
  masato.name = "Masato";
  masato.age = 0;
  return masato;
}

int main() {
  //ケース1
  Person taro;
  taro.name = "Taro";
  taro.age = 32;

  //ケース2
  Person A(taro);
  //Person A = taro;//OK
  cout << A.name << endl;//出力値:Taro

  //ケース3
  Person B;
  B = taro;
  cout << B.name << endl;//出力値:Taro

  //ケース4
  Person C(f());
  //Person C = f();
  cout << C.name << endl;//出力値:Masato
}
```

このコードでは次のようなことが起きています。

- ケース1では、名前と年齢が未定のオブジェクトを構築し、後でそれらを設定している。
- ケース2では、既存のオブジェクトtaroをコピーして、新しいオブジェクトAを構築している。
- ケース3では、オブジェクトBを作り、それをオブジェクトtaroで上書きしている。
- ケース4では、関数f()の中で構築したオブジェクトをそのまま移動して、新しいオブジェクトCを構築している。

- 外からは見えないが、関数 f() の終わりではオブジェクト masato が、関数 main() の終わりではオブジェクト taro、A、B、C が解体されている。

このように、上の例ではさまざまなことをしていますが、そのための詳細なコードは書いていません。たとえば、オブジェクト taro をコピーしてオブジェクト A を構築しているのですが、「A.name = taro.name」や、「A.age = taro.age」のようなコードは書いていません。そのようなコードを書かなくてもいいのは、クラスを作ると、次のような6つのメンバ関数が暗黙的に、つまり自動的に定義されるためです。

- **コンストラクタ**（10.2.1項、10.2.2項）：オブジェクトを構築する。
- **デストラクタ**（10.2.3項、10.2.4項）：オブジェクトを解体する。
- **コピーコンストラクタ**（10.2.6項）：既存のオブジェクトをコピーして新しいオブジェクトを構築する。
- **コピー代入演算子**（10.2.7項）：既存のオブジェクトのコピーで、オブジェクトを上書きする。
- **ムーブコンストラクタ**（10.2.8項）：既存のオブジェクトを移動（ムーブ）して新しいオブジェクトを構築する。
- **ムーブ代入演算子**（10.2.8項）：既存のオブジェクトを移動（ムーブ）して、オブジェクトを上書きする。

それぞれがいつ働くかを示すと次のようになります（ムーブ代入演算子は除く）。

```
Person f() {
  Person masato;//コンストラクタ
  masato.name = "Masato";
  masato.age = 0;
  return masato;
} //masatoのデストラクタ

int main() {
  //ケース1
  Person taro;//コンストラクタ
  taro.name = "Taro";
  taro.age = 32;

  //ケース2
  Person A(taro);//コピーコンストラクタ
  //Person A = taro;//OK
  cout << A.name << endl;//出力値:Taro

  //ケース3
  Person B;//コンストラクタ
```

```
    B = taro;//コピー代入演算子
    cout << B.name << endl;//出力値:Taro

    //ケース4
    Person C(f());//ムーブコンストラクタ
    cout << C.name << endl;//出力値:Masato
} //taro、A、B、Cのデストラクタ
```

　データメンバがintやdoubleのような組み込み型と、vectorやstringのような標準ライブラリで用意されたクラスオブジェクトだけのときは、暗黙的に定義されるこれらのメンバ関数だけで大抵のことはできます。しかし、暗黙的に定義されるメンバ関数では都合が悪いこともあり、そういう場合には、これらのメンバ関数を自分で用意しなければなりません。

10.2.1　コンストラクタ

　クラスからオブジェクトを構築するときには、**コンストラクタ**というメンバ関数が呼ばれます。コンストラクタは次のように定義します。関数定義の構文と似ていますが、戻り値はありません。

[構文] コンストラクタの定義

```
クラス名(パラメータリスト) {
  文
}
```

　先に定義したクラスPersonでは、特別なことは何もしないコンストラクタが暗黙的に定義されていました。あえてそれを明示すると次のようになります。

```
struct Person {
  string name;
  int age;

  Person() {}//書かなくても暗黙的に定義される
};
```

　このように、引数のないコンストラクタのことを**デフォルトコンストラクタ**と呼びます。
　別にコンストラクタを定義して、オブジェクトの構築時に、nameとageを設定します。

```
struct Person {
  string name;
  int age;

  Person() {}//書かないと定義されない

  Person(const string& newName, int newAge) {//コンストラクタ
    name = newName;
    age = newAge;
```

```
    }
};

int main() {
  Person people[5];//デフォルトコンストラクタが必要
  cout << end(people) - begin(people) << endl;//出力値:5

  Person taro("Taro", 32);//コンストラクタの利用
  cout << taro.name << " (" << taro.age << ")\n";//出力値:Taro (32)
}
```

この場合はこれで十分なのですが、データメンバの初期化専用の構文が用意されており、場合によってはそれを使った方が効率が良くなります（代入と初期化の違いは、後で紹介するコピーコンストラクタとコピー代入演算子の違いを見るとよくわかるでしょう）。

[構文] メンバ初期化子並び

クラス名(パラメータリスト) : フィールド名(値), ...

この構文を使って先ほどのコンストラクタを書き直すと次のようになります。

[サンプル] 10-constructor.cpp

```
struct Person {
  string name;
  int age;

  Person() {}//書かないと定義されない

  Person(const string& newName, int newAge) : name(newName), age(newAge) {}
};
```

最初は「書かなくても暗黙的に定義される」だったPerson()║が、「書かないと定義されない」に変わっていることに注意してください。コンストラクタを何も定義しなければ、何もしないデフォルトコンストラクタが暗黙的に定義されますが、コンストラクタを1つでも定義すると、デフォルトコンストラクタは暗黙的には定義されなくなります。ここでは、「Person(const string& newName, int newAge)」というコンストラクタを定義したので、Person() は暗黙的には定義されなくなっています。

暗黙的に定義されるはずだったデフォルトコンストラクタは、上の例の「Person()║」ではなく、「Person() = default;」と書いて定義することもできます。引数なしでオブジェクトを構築したい場合や、「Person people[5];」のようにオブジェクトの配列を作る場合など、デフォルトコンストラクタが必要な場合はこの記法を使うといいでしょう。ただし、暗黙的に定義されるコンストラクタでは、初期化されないデータメンバがありえることに注意してください。

「Person() = delete;」とすると、暗黙的な定義は抑制されます。

10.2.2 暗黙の変換

引数の数が1つのコンストラクタは、**暗黙の変換**を定義します。暗黙の変換があると、オブジェクトを次のように初期化できます。

[サンプル] 10-explicit1.cpp

```
#include <iostream>
using namespace std;

struct A {
  int x;
  A(int newX) : x(newX) { cout << "A(int newX) is called.\n"; };
};

int main() {
  A a = 5; //A a(5);と解釈される
           //出力値:A(int newX) is called.
}
```

このコードでは、A a = 5; として A オブジェクトを構築しようとしています。この記述は、A a(5); と解釈され、コンストラクタ A(int x) が呼ばれます。これが暗黙の変換です。7.1.1項で紹介したように、std::string オブジェクトを string str("Hello, World!"); ではなく string str = "Hello, World!"; として構築できるのも暗黙の変換のおかげです。

暗黙の変換は便利な機能ですが、プログラマが予期しない場所で起こる危険もあります。暗黙の変換が起こらないようにするためには、次のようにキーワード **explicit** を付けてコンストラクタを宣言します。

[サンプル] 10-explicit2.cpp

```
struct A {
  int x;
  //暗黙の型変換を禁止する
  explicit A(int newX) : x(newX) { cout << "A(int newX) is called.\n"; };
};

int main() {
  A a = 5;//エラー
}
```

10.2.3 デストラクタ

オブジェクトを解体するときには、**デストラクタ**というメンバ関数が呼ばれます。コンストラクタと同様に、プログラマが何も書かなければ、デストラクタは暗黙的に定義されます。しかし、暗黙的に定義されるデストラクタは何の処理も行いません。オブジェクトを解体する際に特別な処理を行いたい場合には、自分でデストラクタを書かなければなりません。

デストラクタは次のように定義します。デストラクタには引数や戻り値はありません。

[構文] デストラクタの定義
```
~クラス名() {
   文
}
```

解体の際にデータメンバnameの値を表示するようなデストラクタを持つクラスPersonを使って、オブジェクトが解体されるようすを観察しましょう。

[サンプル] 10-destructor1.cpp

```cpp
#include <iostream>
#include <string>
#include <memory>
using namespace std;

struct Person {
  string name;
  Person(const string& newName) : name(newName) {}
  ~Person() {
    cout << name << "は解体された\n";
  }
};

int main() {
  Person a1("Taro");                             //自動メモリに構築
  Person* pA2 = new Person("Jiro");              //フリーストアに構築
  Person* pA3 = new Person("Saburo");            //フリーストアに構築
  auto pA4 = make_shared<Person>("Shiro");       //フリーストアに構築

  cout << a1.name << endl;   //出力値:Taro
  cout << pA2->name << endl; //出力値:Jiro
  cout << pA3->name << endl; //出力値:Saburo
  cout << pA4->name << endl; //出力値:Shiro

  delete pA2;//オブジェクトの解体
  //delete pA3;を忘れている
}
```

実行結果は以下のようになります。

```
Jiroは解体された
Shiroは解体された
Taroは解体された
```

このコードでは以下の4つのオブジェクトを構築しています。

1. Person a1("Taro"); として自動メモリに構築したオブジェクトは、そのスコープ（5.4.1項）が終了すると解体されます。
2. new Person("Jiro") としてフリーストアに構築したオブジェクトは、それを指すポインタpA2をdelete することで解体されます。
3. new Person("Saburo") としてフリーストアに構築したオブジェクトは、delete 文がないため解体されません。この例では、すぐにプログラムが終了し、その際にプログラムが利用していたメモリはすべて解放されますが、プログラムが動き続ける場合には、このようなdelete文の書き忘れはメモリリークの原因になります。
4. make_shared<Person>("Shiro") としてフリーストアに構築したオブジェクトは、スマートポインタpA4で管理しているので、delete 文を書かなくても解体されます（3.4.5項）。

それぞれが構築されてから解体されるまでのようすをUML シーケンス図にすると図10-3のようになります。

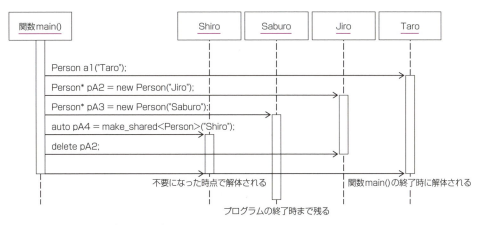

▲図10-3　4つのオブジェクトが構築されてから解体されるまでのようす

デストラクタは再帰的に呼ばれます。つまり、クラスPerson のデータメンバとして別のクラスA のオブジェクトがあるときに、Person オブジェクトを解体すれば、そのデータメンバであるA オブジェクトも解体されます。このことは、以下のコードで確認できます。

[サンプル] 10-destructor2.cpp

```
#include <iostream>
#include <string>
using namespace std;

struct A {
  ~A() {
```

```
      cout << "Aオブジェクトは解体された\n";
    }
};
struct Person {
  string name;
  A a;//Aオブジェクトをメンバに持つ
  Person(const string& newName) : name(newName) {}

  ~Person() {
    cout << name << "は解体された\n";
  }
};
int main() {
  Person a1("Taro");
  Person* pA2 = new Person("Jiro");
  delete pA2;
}
```

プログラムの実行結果は次のようになります。

```
Jiroは解体された
Aオブジェクトは解体された
Taroは解体された
Aオブジェクトは解体された
```

　A オブジェクトが2回解体されているので、a1のメンバと*pA2のデータメンバの両方が解体されていることがわかります。「A a;」のように構築されたオブジェクトは、それを保持するAオブジェクト（上の例ではPerson オブジェクト）が解体されれば解体されることがわかります。

10.2.4　デストラクタの役割

　これまで紹介したデストラクタは、すべてレポートを表示させるためだけのもので、特に重要な役割を果たしているわけではありません。デストラクタが重要になるのは、データメンバがフリーストアに配置される場合です。

　次の例では、Person オブジェクトが解体されるときに、データメンバであるポインタpAが指すAオブジェクトをdelete pA;として解体しなければなりません。これを忘れると、A オブジェクトがフリーストア内に残り、メモリリークの原因になります。delete pA; はPerson のデストラクタ内で実行します。このように、利用したオブジェクトを最後に解体するのがデストラクタの本来の役割です[7]。

---

[7] *pA を別の機会に解体することもできますが、慣れないうちは、それを構築したクラス（ここではPerson）のデストラクタで解体するようにしましょう。

[サンプル] 10-destructor3.cpp

```cpp
#include <iostream>
#include <string>
using namespace std;

struct A {
  ~A() {
    cout << "Aオブジェクトは解体された\n";
  }
};

struct Person {
  string name;
  A* pA;

  //Aオブジェクトをフリーストアに構築するコンストラクタ
  Person(const string& newName) : name(newName), pA(new A) {}

  //Aオブジェクトを解体するデストラクタ
  ~Person() {
    delete pA;
    cout << name << "は解体された\n";
  }
};
int main() {
  Person a1("Taro");
  Person* pA2 = new Person("Jiro");
  delete pA2;
}
```

実行結果は次のようになり、A オブジェクトが解体されていることがわかります。

```
Aオブジェクトは解体された
Jiroは解体された
Aオブジェクトは解体された
Taroは解体された
```

~Person() の中に delete pA; を書かなければ、A オブジェクトは解体されないままフリーストアに残り、メモリリークの原因になります。

オブジェクトの解体を常に意識するのが面倒な場合には、スマートポインタ（3.4.5項）を利用します。~Person() の中に delete 文を書かなくても、A オブジェクトは解体されます。

[サンプル] 10-destructor4.cpp

```cpp
#include <iostream>
#include <string>
```

```
#include <memory>
using namespace std;

struct A {
  ~A() {
    cout << "Aオブジェクトは解体された\n";
  }
};

struct Person {
  string name;
  shared_ptr<A> pA;

  //Aオブジェクトをフリーストアに構築するコンストラクタ
  Person(const string& name) : name(name), pA(new A) {}

  //Aオブジェクトを解体するデストラクタ
  ~Person() {
    //delete pA;//不要
    cout << name << "は解体された\n";
  }
};

int main() {
  Person a1("Taro");
  auto pA2 = make_shared<Person>("Jiro");
  //delete pA2;//不要
}
```

　このコードにはdelete文はありませんが、実行結果は次のようになり、すべてのオブジェクトを解体できていることがわかります。

```
Jiro は解体された
Aオブジェクトは解体された
Taro は解体された
Aオブジェクトは解体された
```

10.2.5　資源獲得時初期化

　ポインタ（前項の例ではpA）をメンバにすることには、1つ大きな意義があります。次のようなコードを考えてください。

```
A* pA = new A;//裸のポインタ

//pを使った処理

delete pA; //オブジェクトの削除
```

コードが適切で、実行時に何も問題が起こらなければよいのですが、次のように、delete文の前にreturn文があったり、処理の途中で例外（11.2節）が発生したりすると、オブジェクトが適切に解体されず、メモリリークの原因になります。

```
A* pA = new A;//裸のポインタ

//例外の発生する可能性のある処理やreturn文

delete pA;//ここに到達しない
```

このような問題を避けるために、リソース（ここではnewで構築されたオブジェクト）を管理するオブジェクトを使うという方法がよく用いられます。次のコードのように、Aオブジェクトのためのポインタ pA をメンバに持つクラスWrapperに、Aオブジェクトの構築から解体までを任せるのです。仮に間違って処理が途中で中断しても、Wrapperオブジェクトのスコープ（この場合は関数main()）の終わりで必ず~Wrapper()が呼ばれるので、オブジェクトの解体に失敗することはありません。

[サンプル] 10-raii.cp

```
#include <iostream>
using namespace std;

struct A {
  void doSomething() { cout << "Hello, World!\n"; }

  ~A() { cout << "Aオブジェクトは解体された\n"; }
};

struct Wrapper {
  A* pA;//Wrapperの中の、裸でないポインタ
  Wrapper() : pA(new A) {}
  ~Wrapper() { delete pA; }
};

int main() {
  Wrapper w;
  return 1;//処理の中断のシミュレーション
  w.pA->doSomething();
}//出力値:Aオブジェクトは解体された
```

newによるリソース確保はコンストラクタによる初期化時にのみ行い、deleteによるリソース解放はそれと対になるデストラクタでのみ行うようにするのです。このような考え方は、**資源獲得時初期化**（Resource Acquisition Is Initialization：**RAII**）という標語で呼ばれます。

10.2.6　コピーコンストラクタ

　オブジェクトをコピーして新しいオブジェクトを構築するときには、**コピーコンストラクタ**というメンバ関数が呼ばれます。コンストラクタやデストラクタと同様で、プログラマが何も書かなければ、コピーコンストラクタは暗黙的に定義されます。暗黙的に定義されるコピーコンストラクタは、多くの場合、期待通りの働きをします。

　例として、次のようなクラスのオブジェクトをコピーすることを考えます。

[サンプル] 10-copyconstructor1.cpp
```
struct Person {
  string name;
  int age;
};
```

　まず、オブジェクト taro を構築します（10.1.2項）。

[サンプル] 10-copyconstructor1.cpp
```
  Person taro { "Taro", 32 };
```

　次に、オブジェクト taro のコピーであるオブジェクト A を構築します。これができるのは、暗黙的に定義されるコピーコンストラクタのおかげです。

[サンプル] 10-copyconstructor1.cpp
```
Person A(taro);
//Person A = taro;//OK
cout << A.name << " (" << A.age << ")\n";//出力値:Taro (32)
```

　データメンバは正しくコピーされています。
　A は taro の「コピー」であって参照ではないので、taro のデータメンバが変更されても、A のデータメンバは変わりません[8]。

[サンプル] 10-copyconstructor1.cpp
```
taro.name = "Jiro";
cout << A.name << " (" << A.age << ")\n"; //出力値:Taro (32)
```

　上の例では、コピーのための詳細なコードを何も書かなくても、暗黙的に定義されるコピーコンストラクタが、オブジェクトを適切にコピーしています（データメンバにコンテナがある場合は、

---

[8] C++ では、「型名 変数A = 変数B;」は必ずコピーになります。C# や Java では、その型についての知識がないと、コピーなのか参照なのかを判断できません。

その中身がコピーされます）。ですから、コピーコンストラクタをあえて書く必要はありません。もっと言えば、コピーコンストラクタ（と次項で紹介するコピー代入演算子）を書くと、10.2.8項で紹介するムーブコンストラクタとムーブ代入演算子が暗黙的には定義されなくなってしまうので、不要なコピーコンストラクタは書かない方がいいでしょう。

データメンバにポインタがある場合、つまりデストラクタを定義しなければならないような場合には、暗黙的に定義されるコピーコンストラクタではうまくいきません。そういう場合は、コピーコンストラクタを自分で書かなければなりません。

先の例のクラスを改悪して、name をポインタにして試してみます（これは説明のための例です。name をポインタにするのは良い設計ではありません）。

[サンプル] 10-copyconstructor2.cpp

```cpp
#include <iostream>
#include <string>
using namespace std;

struct Person {
  string* name;
  int age;
  Person() : name(new string) {}
  ~Person() { delete name; }
};

int main() {
  Person taro;
  *taro.name = "Taro";
  taro.age = 32;

  Person A(taro);
  cout << *A.name << " (" << A.age << ")" << endl;//出力値:Taro (32)

  *taro.name = "Jiro";
  cout << *A.name << " (" << A.age << ")" << endl;//出力値:Jiro (32)
}//実行時エラー
```

このコードには問題があります。A は taro のコピーのはずですが、taro への変更の影響が、A にも及んでしまっています。これは、Person A(taro) のときに呼び出される、暗黙的に定義されたコピーコンストラクタによって、A.name = taro.name と A.age = taro.age が起こったためです。A.age = taro.age はいいのですが、A.name = taro.name ではアドレスがコピーされるだけなので、文字列をコピーするために、*A.name = *taro.name としなければならなかったのです。図10-4のように、アドレスをコピーすると、taro.name と A.name は同じ文字列オブジェクトを指すことになりますから、最初にその内容を表示させたときは「Taro」でも、変更後に内容を表示させると「Jiro」になるというわけです。

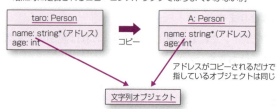

▲図10-4　暗黙的に定義されるコピーコンストラクタでうまくいく例とうまくいかない例

　さらに悪いことに、資源獲得時初期化の原則に従ってデストラクタで文字列を解放しているのですが、taro.name と A.name という、実は同じものを2回解放しようとするので、実行時エラーが発生してしまいます（delete の後で name = nullptr; としても、もう一方の name は解放された文字列を指したままなので意味がありません）*9。

　このように、データメンバにポインタがある場合には、暗黙的に定義されるコピーコンストラクタではうまくいきません。そのため、正しいコピーコンストラクタを自分で書かなければなりません。デストラクタを書かなければならない場合には、コピーコンストラクタも書かなければならないと考えてください*10。

　コピーコンストラクタは次のように定義します。

[構文] コピーコンストラクタの定義

```
クラス(const クラス名& rhs) : メンバ初期化子並び {
  文
}
```

　ここで試している例では、次のように書くとうまくいきます。

```
Person(const Person& x) {//暫定版
  string oldName = *x.name;
  name = new string(oldName);
  age = x.age;
}
```

----

*9) 実用性はありませんが、taro.name と A.name が同じ文字列オブジェクトを指すようにしたい場合は、スマートポインタ（3.4.5項）を使うといいでしょう。

*10) 10-copyconstructor2.cpp はこの原則に反しているわけですが、Clang で **-Weverything** というオプションを使うと、そのことを指摘されます。

このコピーコンストラクタがあれば、先のコードの実行結果は正常になります。

これは初期化なので、メンバ初期化子並びを使って次のように書くのが正解です。

[サンプル] 10-copyconstructor3.cpp
```cpp
Person(const Person& x) : name(new string(*(x.name))), age(x.age) {}
```

10.2.7　コピー代入演算子

　オブジェクトをコピーして既存のオブジェクトを上書きするときには、**コピー代入演算子**といい、「=」で表現されるメンバ関数が呼ばれます。

　例として、次のようなクラスのオブジェクトをコピーすることを考えます。

[サンプル] 10-copyassign1.cpp
```cpp
struct Person {
  string name;
  int age;
};
```

　まず、オブジェクトtaroを構築します（10.1.2項）。

[サンプル] 10-copyassign1.cpp
```cpp
Person taro { "Taro", 32 };
```

　次に、オブジェクトAを構築し、taroのコピーを代入します。

[サンプル] 10-copyassign1.cpp
```cpp
Person A;
A = taro;//コピー代入
```

　前項で紹介したコピーコンストラクタを使って「Person A(taro);」と書くのと比べると、構築と代入という2つの作業をしているので効率が悪くなるかもしれませんが、結果は同じです。これができるのは、暗黙的に定義されるコピー代入演算子のおかげです。コピーコンストラクタを使った場合と同様、Aはtaroの「コピー」であって参照ではないので、taroのデータメンバが変更されても、Aのデータメンバは変わりません。

[サンプル] 10-copyassign1.cpp
```cpp
taro.name = "Jiro";
cout << A.name << " (" << A.age << ")\n";//出力値:Taro (32)
```

コンストラクタやデストラクタ、コピーコンストラクタと同様で、プログラマが何も書かなければ、コピー代入演算子は暗黙的に定義されます。暗黙的に定義されるコピー代入演算子は、多くの場合、期待通りの働きをします。ですから、コピー代入演算子をあえて定義する必要はありません。もっと言えば、コピー代入演算子（と前項で紹介したコピーコンストラクタ）を書くと、次項で紹介するムーブコンストラクタとムーブ代入演算子が暗黙的には定義されなくなってしまうので、不要なコピー代入演算子は書かない方がいいでしょう。

しかし、これも前項で紹介したコピーコンストラクタと同様で、データメンバにポインタがある場合、つまりデストラクタを書かなければならないような場合には、暗黙的に定義されるコピー代入演算子ではうまくいかないので、コピー代入演算子を自分で書かなければなりません。

先の例のクラスを改悪して、name をポインタにして試してみます（これは説明のための例です。name をポインタにするのは良い設計ではありません）。

[サンプル] 10-copyassign2.cpp

```
struct Person {
  string* name;
  int age;
  Person() : name(new string) {}
  ~Person() { delete name; }

  //コピーコンストラクタ
  Person(const Person& x) : name(new string(*(x.name))), age(x.age) {}
```

コピー代入演算子は書かれていないため、コンパイラによって暗黙的に定義されますが、それではコピーコンストラクタを書く前と同じ問題が発生します。コピー元とコピー先の name が同じオブジェクトを指してしまうのです。データメンバにポインタがある場合は、コピーコンストラクタのときと同じで、コピー代入演算子を書かなければなりません。デストラクタを書かなければならない場合には、コピーコンストラクタに加えてコピー代入演算子も書かなければならないと考えてください。

コピー代入演算子は次のように定義します。

[構文] コピー代入演算子の定義

```
クラス名& operator = (const クラス名& rhs) {
  文
}
```

ここで試している例では、次のようになります。

[サンプル] 10-copyassign2.cpp

```
Person& operator=(const Person& x) {
  if (this != &x) {              //両辺が同じなら何もしない
```

```
      auto tmp = new string(*x.name);//元のnameをコピーしてアドレスを取得する
      delete name;                    //古いnameを解体する
      name = tmp;                     //新しいアドレスを保存する
      age = x.age;
    }
    return *this;
}
```

代入の両辺が同じだった場合は何もしなくていいので、最初に両者のアドレスを比較しています。

戻り値の型がPersonオブジェクトの参照で、実際に*thisを返しているのは、「A = B = taro」のような式をうまく処理するためです。この式は、「A = (B = taro)」のように右から評価されますが、「B = taro」の評価結果はBであるべきです。そうなるために、代入演算子が自分自身への参照を返すのです。

コピーコンストラクタと比べて複雑になっているのは、古いオブジェクトが確保している資源を解放しなければならないためです。

コピーコンストラクタとコピー代入演算子を定義してみると、初期化と代入の違いがよくわかります。初期化はオブジェクトを構築するだけですが、代入は現在の値を消してから、新しい値で書き換えます。

10.2.8　ムーブ

次のようなクラスを考えます。

［サンプル］10-move1.cpp
```cpp
struct Person {
  string name;
  int age;
  vector<int> vec;
};
```

このクラスのオブジェクトを関数内で構築し、呼び出し側に戻します。

［サンプル］10-move1.cpp
```cpp
Person f() {
  Person taro;
  taro.name = "Taro";
  taro.age = 32;
  taro.vec.push_back(1);
  taro.vec.push_back(2);
  taro.vec.push_back(3);
  return taro;
```

```
}
int main() {
  Person A(f());
  cout << A.name << ": " << A.vec.size() << endl;//出力値:Taro 3
}
```

関数 f() で構築されたオブジェクト taro は、関数の終わりに解体されそうに見えますが、呼び出した側の Person P(f()); で同じオブジェクトを再構築するのは無駄なので、解体されずにムーブ（移動）します[*11]。その際には、**ムーブコンストラクタ**というメンバ関数が呼び出されるのですが、このメンバ関数はコンパイラによって暗黙的に定義されるので、自分で定義する必要はありません（コピーコンストラクタまたはコピー代入演算子を定義すると、ムーブコンストラクタは暗黙的には定義されなくなることに注意してください）。

データメンバにポインタがある場合、つまりデストラクタを定義しなければならないような場合には、暗黙的に定義されるムーブコンストラクタではうまくいかないので、ムーブコンストラクタを自分で書かなければなりません（デストラクタを書かなければならないので、コピーコンストラクタとコピー代入演算子も書きます。そうするとムーブコンストラクタは暗黙的には定義されなくなるので、そういう意味でもムーブコンストラクタを自分で書かなければなりません）。

先の例のクラスを改悪して、name をポインタにして試してみます（これは説明のための例です。name をポインタにするのは良い設計ではありません）。

[サンプル] 10-move2.cpp

```
struct Person {
  string* name;
  int age;
  vector<int> vec;
  Person() : name(new string) {}
  ~Person() { delete name; }

  //コピーコンストラクタ
  Person(const Person& x) : name(new string(*(x.name))), age(x.age), vec(x.vec) {
    cout << "copy\n";
  }

  //コピー代入演算子(割愛)
};
```

[*11] C++03ではオブジェクトがコピーされることになっていました（コンパイラによってそのコピーが省略されることもありました）。そのコストの高さを回避する1つの方法は、ポインタを使うものでした。

コピーコンストラクタを書いたため、ムーブコンストラクタは暗黙的には定義されなくなっています。次のように関数内で作ったオブジェクトを呼び出し側に戻すと、オブジェクトがコピーされます（コピーコンストラクタが呼ばれたことがわかるように、「copy」と表示させています）。

[サンプル] 10-move2.cpp

```
Person f() {
  Person taro;
  *taro.name = "Taro";
  taro.age = 32;
  taro.vec.push_back(1);
  taro.vec.push_back(2);
  taro.vec.push_back(3);
  return taro;
}

int main() {
  Person A(f());
  cout << *A.name << ": " << A.vec.size() << endl;//出力値:Taro 3
}
```

実行結果は次のようになります[12]。

```
copy
Taro: 3
```

このように、オブジェクトは戻ってくるので、効率を気にしなければこれでいいでしょう。しかし、vec のサイズが大きかったりすると、そのコピーにかなりのコストがかかるため、オブジェクト全体のコピーのコストが高くなります。そのような問題を回避するために、ムーブコンストラクタを書くことにします。

ムーブコンストラクタは次のように定義します[13]。

---

[12] GNU C++ や Clang では、「コピー消去」と呼ばれる最適化機能が働くため、関数からオブジェクトを戻す際のコピーが省略されます。コピーコンストラクタは無視されるため、画面に「copy」とは表示されません（名前は「コピー消去」ですが、ムーブコンストラクタも無視されます）。無視されるとは言っても、呼び出し可能な形で定義されている必要はあるので、コピーコンストラクタを private にするとコンパイルエラーになります。オプション **-fno-elide-constructors** によってこの最適化は無効になり、関数から戻すときと、A を構築するときにコピーが発生します。

[13] ムーブコンストラクタの定義にある「noexcept」は、このコンストラクタでは例外が発生しないとプログラマが考えていることを表明するためのものです（11.2.5項）。例外を発生させるコードを禁止するわけではないため、この記述があっても例外は発生します。しかし、この記述は必要です。標準ライブラリには、例外が発生しない状況でしか使われない機能があるためです。たとえば、vector が確保する領域を拡大するときには（6.1.3項）、要素をコピーではなくムーブした方が効率的ですが、ムーブコンストラクタで例外が発生する可能性があるときは、ムーブは使えません。ムーブの途中で例外が発生すると、vector が壊れてしまうからです。実際、GNU C++ と Clang では、ムーブコンストラクタの定義に「noexcept」がないと、それを要素とする vector の拡張時に、ムーブではなくコピーが行われます。

[構文] ムーブコンストラクタの定義

```
クラス名(クラス名&& rhs) noexcept : メンバ初期化子並び {
  文
}
```

ここで試している例では、次のようになります（ムーブコンストラクタが呼ばれたことがわかるように、「move」と表示させています）。

[サンプル] 10-move3.cpp

```
//ムーブコンストラクタ
Person(Person&& x) noexcept : name(x.name), age(x.age), vec(move(x.vec)) {
  x.name = nullptr;
  cout << "move\n";
}
```

ポインタ name を付け替えて、古いポインタを nullptr にしています。関数 f() の終わりでオブジェクト taro が解体される際に、デストラクタで問題が発生することはありません（nullptr を delete しても何も起こりません）。

整数 age のような組み込みの数値はコピーでいいでしょう。vec は明示的にムーブしています。move() はムーブのための関数です。vec = x.vec;ではコピーになってしまうので注意してください。

続いて次のような、Person をデータメンバに持つクラスを考えます。

[サンプル] 10-move4.cpp

```
struct Wrapper {
  Person person;
  //基本メンバ関数は暗黙的に定義されることを期待する
};
```

このクラスでムーブができるためには、Person オブジェクトが move() に対応できなければなりません。そのためには、Person で**ムーブ代入演算子**を定義します。

ムーブ代入演算子は次のように定義します（ムーブコンストラクタの場合と同じ理由で noexcept が必要です）。

[構文] ムーブ代入演算子の定義

```
クラス名& operator=(クラス名&& rhs) noexcept {
  文
}
```

ここで試している例では、次のようになります。

[サンプル] 10-move4.cpp
```cpp
Person& operator=(Person&& x) noexcept {
  cout << "moved\n";
  if (this != &x) { //両辺が同じなら何もしない
    delete name;
    name = x.name;
    x.name = nullptr;
    age = x.age;
    vec = move(x.vec);
  }
  return *this;
}
```

これでPersonオブジェクトがmove()に対応するので、Wrapperオブジェクトをムーブできます。

[サンプル] 10-move4.cpp
```cpp
int main() {
  Wrapper w1, w2;
  *w1.person.name = "Taro";
  w2 = move(w1); //出力値:moved
  cout << *w2.person.name << endl; //出力値:Taro
}
```

10.2.9 まとめ

この項では、クラスに関する基本メンバ関数についてまとめます。
何もコードを書かなければ、以下のメンバ関数が暗黙的に定義されます。

- デフォルトコンストラクタ（10.2.1項、10.2.2項）
- デストラクタ（10.2.3項、10.2.4項）
- コピーコンストラクタ（10.2.6項）
- コピー代入演算子（10.2.7項）
- ムーブコンストラクタ（10.2.8項）
- ムーブ代入演算子（10.2.8項）

独自の構築方法を実現したいときは、そのためのコンストラクタを定義します。コンストラクタを1つでも自分で定義すると、デフォルトコンストラクタ（引数のないコンストラクタ）は暗黙的には定義されなくなるので、デフォルトコンストラクタが必要なら、別に用意します。

データメンバにポインタがあるときは、（暗黙的に定義されるのではない）デストラクタが必要になります。ポインタが指す資源はコンストラクタで確保し、デストラクタで解放しましょう。

デストラクタが必要になるときには、コピーコンストラクタとコピー代入演算子も必要になります。独自のコピーコンストラクタまたはコピー代入演算子を書くと、ムーブコンストラクタとムーブ代入演算子は暗黙的には定義されなくなります。実行効率を気にしない場合はそのままでもかまいませんが、実行効率を気にするなら、それらを自分で書きましょう。

10.3　コンテナの利用

クラスオブジェクトをコンテナ（第9章）の要素にする方法を説明します。次のようなクラスで試してみましょう。

［サンプル］10-container.cpp
```
struct Person {
  string name;
  int age;
  Person() = default;
  Person(const string& newName, int newAge) : name(newName), age(newAge) {}

  //等しいかどうかを調べる演算子
  bool operator==(const Person& p) const {
    return name == p.name && age == p.age;
  }
};
```

サイズを指定してvectorを作ると、デフォルトコンストラクタがサイズの分だけ呼ばれます。それに対応するために、Person(const string& newName, int newAge)というコンストラクタを定義したために削除されたデフォルトコンストラクタを、「Person() = default;」として復活させています。

［サンプル］10-container.cpp
```
vector<Person> people(5);//デフォルトコンストラクタが5回呼ばれる
```

空のvectorを用意してオブジェクトを追加していくコードは次のようになります。最初の例は、オブジェクトtaroを生成してからpush_back()で追加していますが、そうすると、オブジェクトのコピーがコンテナに格納されます。コピーが不要な場合は、emplace_back()でオブジェクトを構築して直接コンテナに格納します。

［サンプル］10-container.cpp
```
vector<Person> peopleVec;//空のvectorに追加する
```

```
Person taro("Taro", 32);
peopleVec.push_back(taro);            //コピー
peopleVec.emplace_back("Hanako", 27);//構築して直接追加
peopleVec.emplace_back("Masato", 0);
```

　これでPersonオブジェクトをコンテナで管理できるようになりましたが、このままでは並び替えができません。Personオブジェクトには順番の概念がないからです。名前で並び替えるために、次のような比較のための演算子＜をPersonの外で定義します。

[サンプル] 10-container.cpp
```
bool operator<(const Person& lhs, const Person& rhs) {
  return lhs.name < rhs.name;
}
```

　この演算子＜が定義されていれば、peopleVecの要素を並び替えられます（9.3節のように、呼び出し可能オブジェクトを定義して並び替えることもできます）。

[サンプル] 10-container.cpp
```
sort(peopleVec.begin(), peopleVec.end());
for (auto& p : peopleVec) cout << p.name << ", ";
cout << endl;//出力値:Hanako, Masato, Taro,
```

　演算子＜が定義されていれば、オブジェクトをsetで管理できるようになります。setの要素は常に並び替えられていなければならないので、格納するオブジェクトに順番の概念が必要なのです。

[サンプル] 10-container.cpp
```
set<Person> peopleSet;
peopleSet.emplace("Taro", 32);
peopleSet.emplace("Hanako", 27);
peopleSet.emplace("Masato", 0);
for (auto& p : peopleSet) cout << p.name << ", ";
cout << endl;//出力値:Hanako, Masato, Taro,
```

　Personオブジェクトをunordered_setの要素やunordered_mapのキーにするためには、オブジェクトのハッシュを計算する方法（6.2.4項）と、オブジェクトが等しいかどうかを確認する方法を定義する必要があります。
　ハッシュは次のように計算するのが簡便でしょう（Personの定義の外で定義します）。

[サンプル] 10-container.cpp

```
//ハッシュの計算
namespace std {
  template<>
  struct hash<Person> {
    size_t operator()(const Person& p) const {
      return hash<string>()(p.name) ^ hash<int>()(p.age);
    }
  };
}
```

オブジェクトが等しいかどうかは、Person のメンバ関数（operator==）で確認します（コードは先に掲載済み）。

以上が揃うと、Person オブジェクトを unordered_set の要素や unordered_map のキーにできます。

[サンプル] 10-container.cpp

```
unordered_set<Person> peopleUSet;
peopleUSet.emplace("Taro", 32);
peopleUSet.emplace("Hanako", 27);
peopleUSet.emplace("Masato", 0);
for (auto& p : peopleUSet) cout << p.name << ", ";
cout << endl;//出力例:Taro, Hanako, Masato,
```

10.4 オブジェクト指向プログラミング

この節では、クラスから新しいクラスを派生させる方法を紹介します。新しいクラスは元のクラスのメンバを継承します。メンバ関数の継承には仮想関数というしくみが用意されており、これを利用するとクラスのインターフェイスと実装を分離し、インターフェイスを対象にしたプログラムを書けるようになります。継承と仮想関数を利用するプログラミングが**オブジェクト指向プログラミング**です。

10.4.1 継承

次のようなクラス Person があるとしましょう。これは一般的な人を表すためのクラスで、名前（name）と年齢（age）というデータメンバと、食べる（eat）、表示する（show）というメンバ関数を持っています。

[サンプル] 10-inheritance1.cpp

```
class Person {
```

```
    string name;
    int age;
public:
    Person(const string& newName, int newAge) : name(newName), age(newAge) {}
    void eat() { cout << name << ": eat()\n"; }
    void show() { cout << name << " (" << age << ")\n"; }
};
```

　このクラス Person から、学生を表すためのクラス Student を派生させます。そのようなことができるのは、「学生は人である」という **is-a 関係**が成立するためです。クラスを派生で作るかどうかは、それがis-a関係かどうかで判断してください。

　派生の元になるクラスを**基底クラス**、派生によってできたクラスを**派生クラス**と呼びます。両者の関係は、**スーパークラス**と**サブクラス**、あるいは**親クラス**と**子クラス**とも呼ばれます。

　派生には次のような構文を使います。本書で使うアクセス指定子はpublicだけです（章末のコラムは例外）*14。

[構文] 派生
```
struct 派生クラス名 : アクセス指定子 基底クラス名 {
    追加の宣言や定義
}
あるいは
class 派生クラス名 : アクセス指定子 基底クラス名 {
    追加の宣言や定義
}
```

　クラス Person のメンバに加えて、新たに ID 番号（id）というデータメンバと、勉強する（study）というメンバ関数を追加したクラス Student の定義は次のようになります。

[サンプル] 10-inheritance1.cpp
```
class Student : public Person {
    int id;
public:
    Student(const string& newName, int newAge, int newId) : Person(newName, newAge), id(newId) {}
    void study() { cout << id << ": study()\n"; }
};
```

　クラス Student の定義には、クラス Person との違いを書くだけです。データメンバnameやageの宣言、メンバ関数eat()やshow()の定義を繰り返す必要はありません。図10-5のように、派生クラスの定義で必要なのは、基底クラスと違う部分だけです。

＊14）アクセス指定子にはpublicのほかにprotected、privateがあります。記述を省略することもでき、structから始まる定義で省略するとpublic、classから始まる定義で省略するとprivateと記述したことになります。

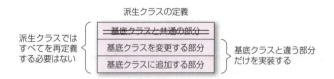

▲図10-5　派生クラスで定義すべきこと

　この例では、名前と年齢、ID を引数とするコンストラクタを定義していますが、名前と年齢の初期化はPerson(name, age) のような初期化子によって、基底クラスで行うことにしています。

　2つのクラスPerson とStudent を使う例を以下に示します。

［サンプル］10-inheritance1.cpp

```
int main() {
  Student s("Hanako", 22, 1);
  s.show(); //出力値:Hanako (22)
  s.eat();  //出力値:Hanako: eat()
  s.study();//メンバ関数study()を持つのはStudentだけ
            //出力値:1: study()

  Person p("Taro", 32);
  p.show();//出力値:Taro (32)
  p.eat(); //出力値:Taro: eat()
  //p.study();//エラー（メンバ関数study()はPersonのメンバではない）
}
```

10.4.2　継承におけるアクセス制御

　データメンバname やid はPerson のprivate なメンバなので、Student のメンバ関数から直接アクセスすることはできません。これでは不便なので、Person の定義を次のように変更して、Student からもname やid を直接操作できるようにしましょう。

［サンプル］10-inheritance2.cpp

```
class Person {
protected:
  string name;
  int age;
public:
  Person(const string& newName, int newAge) : name(newName), age(newAge) {}
  void eat() { cout << name << ": eat()\n"; }
  void show() { cout << name << " (" << age << ")\n"; }
};
```

このように、**protected** にしたメンバには、派生クラスからも直接アクセスできます。もちろん、アクセスできるようにするだけなら public にしてもよいのですが、クラスの内部はなるべく外部から見えないようにしておきたいので、protected の方がよいでしょう。

名前（name）を protected にしたので、次のように Student のメンバ関数 study() で利用できるようになります。

［サンプル］10-inheritance2.cpp
```
void study() { cout << name << " (id:" << id << "): study()\n"; }
```

Student オブジェクトを作ってメンバ関数 study() を呼び出し、データメンバ name にアクセスできることを確認します。

［サンプル］10-inheritance2.cpp
```
Student s("Hanako", 22, 1);
s.study(); //出力値:Hanako (id:1): study()
```
(変更された)

基底クラス Person と派生クラス Student の関係を UML クラス図で描くと図10-6のようになります。UML クラス図では、protected メンバには「#」を付けます。

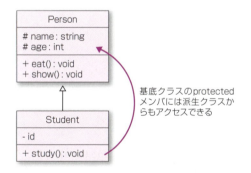

▲図10-6　基底クラス Person と派生クラス Student

10.4.3　仮想関数

図10-7のように Student のメンバ関数 show() を Person のものとは別のものにすることができます。このように、基底クラスのメンバ関数を派生クラスで再実装することを**オーバーライド**と呼びます。

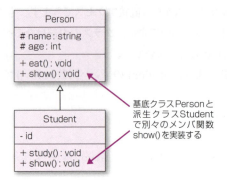

▲図10-7　基底クラスのメンバ関数を派生クラスでオーバーライドする

オーバーライドを実現するためには、次の2つの作業が必要です。

- 基底クラスのメンバ関数を**仮想関数**にする。
- 派生クラスでメンバ関数を再定義する。

オーバーライドは、派生クラスの定義で勝手にできるものではありません。オーバーライドされるメンバ関数は、基底クラスの定義において仮想関数にしておかなければなりません。メンバ関数を仮想関数にするのは簡単で、宣言の前に **virtual** と書くだけです[*15]。

クラス Person の定義を次のように変更します。

[サンプル] 10-override.cpp

```
class Person {
protected:
  string name;
  int age;
public:
  Person(const string& name, int age) : name(name), age(age) {}
  void eat() { cout << "eat()\n"; }
  virtual void show() { cout << name << " (" << age << ")\n"; } //仮想関数
  virtual ~Person() {} //仮想デストラクタ(後述)
};
```

次のようにStudentでメンバ関数show()を再定義します。show()の後のoverrideという記述は、このメンバ関数がオーバーライドであることを示すためのものです。この記述は必須ではありま

[*15] 「virtual」という英単語は主に、①実質的な、②インターネット上の、という意味で使われます。しかし、ここで紹介した仮想関数（virtual function）は「オブジェクトに応じて適切なものが選ばれる関数」であり、「virtual」の意味は①と②のどちらでもありません。ちなみに、「virtual」は「仮想」と訳されますが、①と②いずれの場合も「仮の」というニュアンスは含みません。

せんが、これを書く習慣を付けておくと、オーバーライドのつもりが別のメンバ関数を定義していたということがなくなります。

[サンプル] 10-override.cpp
```cpp
class Student : public Person {
  int id;
public:
  Student(string name, int age, int id) : Person(name, age), id(id) {}
  void study() { cout << name << " (id:" << id << "): study()\n"; }

  void show() override {//メンバ関数show()のオーバーライド
    cout << id << ": " << name << " (" << age << ")\n";
  }
};
```

オーバーライドの結果を確認しましょう。

[サンプル] 10-override.cpp
```cpp
#include <iostream>
#include <string>
#include <vector>
using namespace std;

//(Personの定義)

//(Studentの定義)

int main() {
  Person p("Taro", 32);
  p.show();//出力値:Taro (32)

  Student s("Hanako", 22, 1);
  s.show();//出力値:1: Hanako (22)

  //vector<Person*>に2つのオブジェクトのアドレスを格納する
  vector<Person*> people = { &p, &s };
  for (auto p : people) {
    p->show();
  }
  //出力値:Taro (32)
  //出力値:1: Hanako (22)
}
```

PeronオブジェクトとStudentオブジェクトで、show()の結果が違っていることが確認できます。重要なのは、vector<Person*> で、PeronとStudentの両方のオブジェクトへのポインタを管理していることです。型がPerson* であるにもかかわらず、->show() の結果は適切なものになっ

ています（Studentだけでshow()を再実装してもこうはなりません）。これが継承による多態の実現です。

　この例では必要ありませんが、10.2.3項のような独自のデストラクタを利用する場合には、デストラクタを仮想関数にすることを忘れないでください。デストラクタを仮想関数にしないでおくと、派生クラスを多態的に利用したときに、派生クラスのデストラクタではなく基底クラスのデストラクタだけが呼び出されることになります。

10.4.4　純粋仮想関数

　1.1.4項の図1-14のような関係を実装することを考えます。円（Circle）と長方形（Rectangle）を図形（Shape）から継承させることによって、両者を統一的に扱えるようにします。PersonとStudentの場合と違うのは、基底クラスであるShapeの描画メンバ関数draw()を定義できないことです。図形は円や長方形などを一般化したもので、描き方を明示することはできないからです。このようなときには、**純粋仮想関数**を使います。純粋仮想関数は次のように宣言します。

[構文] 純粋仮想関数

virtual　戻り値の型　メンバ関数名(引数リスト) = 0;

　純粋仮想関数を利用してShapeとCircle、Rectangleを実装します。

［サンプル］10-virtual.cpp

```cpp
#include <iostream>
#include <vector>
using namespace std;

struct Shape {
  virtual void draw() = 0;//純粋仮想関数
};

struct Circle : public Shape {
  void draw() { cout << "○" << endl; }
};

struct Rectangle : public Shape {
  void draw() { cout << "□" << endl; }
};

int main() {
  //Shape s;//エラー(抽象クラスのオブジェクトを作ることはできない)
  Circle c;
  c.draw();//出力値:○
  Rectangle r;
  r.draw();//出力値:□

  vector<Shape*> shapes = { &c, &r };
```

```
    for (auto s : shapes) {
      s->draw();
    }
    //出力値:○
    //出力値:□
}
```

　純粋仮想関数を持つようなクラス（この例ではShape）のオブジェクトを作ることはできません。このようなクラスは**抽象クラス**と呼ばれ、派生クラスのメンバの仕様や有効範囲等のインターフェイスを規定するために使います。抽象クラスの派生クラス（この例ではCircleとRectangle）で、純粋仮想関数（この例ではdraw()）を定義します。

　非仮想関数と仮想関数、純粋仮想関数の役割をまとめると次のようになります。

- **非仮想関数**：派生クラスはインターフェイスと実装の両方を継承する。実装を変更してはいけない。
- **仮想関数**：派生クラスはインターフェイスと実装を継承するが、実装は変更してもよい。
- **純粋仮想関数**：派生クラスはインターフェイスだけを継承する。

10.4.5　テンプレートによる暗黙的なインターフェイス指定

　継承を使わなくても、CircleクラスとRectangleクラスにメンバ関数draw()を持つことを強制できます。次のコードでは、引数として与えられたオブジェクトのメンバ関数draw()を呼び出す関数テンプレートmakeDraw()を定義し、CircleオブジェクトとRectangleオブジェクトをその関数に与えています。

［サンプル］ 10-generic-programming.cpp

```
#include <iostream>
using namespace std;

struct Circle {
  void draw() { cout << "○" << endl; }
};

struct Rectangle {
  void draw() { cout << "□" << endl; }
};

template <typename T>
void makeDraw(T t) {
  t.draw();
}
```

```
int main() {
  Circle c;
  makeDraw(c);//出力値:○
  Rectangle r;
  makeDraw(r);//出力値:□
}
```

　このコードをビルドするためには、CircleとRectangleはメンバ関数draw()を持っていなければなりません。つまり、メンバ関数draw()を派生クラスに実装させるという前項の純粋仮想関数の役割の1つを、関数テンプレートmakeDraw()でも果たしているのです。

　純粋仮想関数を使って、明示的にインターフェイスを指定しなくても、テンプレートを使って暗黙的にインターフェイスを指定できるのです。実は、このような考え方は、本書では既に登場しています。9.1.1項で反復子を紹介した際に、反復子とポインタの両方を引数に取れる関数を定義しました。反復子とポインタの間には、何の継承関係もないにもかかわらずそのようなことが可能なのは、関数テンプレートがあるからです。9.3節で紹介したsort()がさまざまな形式の呼び出し可能オブジェクトを引数にできるのも同じ理由です。

　このように、型に依存しない形でプログラムを書くことを、**ジェネリックプログラミング**と言います。オブジェクト指向プログラミングがプログラミングの1つのスタイルであるように、ジェネリックプログラミングもプログラミングの1つのスタイルです。C++は、オブジェクト指向プログラミングを強力にサポートしているのと同じように、ジェネリックプログラミングも強力にサポートしています。実際、STLのような標準ライブラリは、オブジェクト指向プログラミングとジェネリックプログラミングのテクニックを、徹底的に利用しています。C++はオブジェクト指向プログラミング言語と呼ばれることが多いのですが、オブジェクト指向プログラミング以外にもさまざまなプログラミングスタイルをサポートしている言語なのです。

10.5　オブジェクト構築方法のまとめ

　表10-2のように、C++にはオブジェクトやコンテナの定義方法がたくさんあります。表で下線を引いた記法だけを採用して、いつも波かっこ{}を使うことにすると覚えることが少なくていいのですが、最もよく使うコンテナであるvectorに、波かっこでは呼び出せないコンストラクタがあります。そのため、本書ではアグリゲートクラス（表10-2の9）とリスト初期化（表10-2の14と21）、列挙型の定義（3.3節）でのみ波かっこを使うことにしています。

10.5 オブジェクト構築方法のまとめ

▼表10-2　オブジェクトやコンテナの構築方法（下線は波かっこを使った統一的な記法。太字が本書で採用する記法）

#		自動メモリ	フリーストア
1	引数なし	**cplx a;**	**cplx* p = new cpxl;**
2		cplx a{};	cplx* p = new cpxl{};
3		cplx a(); (不可。関数宣言になる)	cplx* p = new cpxl();
4		cplx a = {}	
5	引数あり	**cplx a(3., 4.);**	**cplx* p = new cpxl(3., 4.);**
6		cplx a{3., 4.};	cplx* p = new cpxl{3., 4.};
7		cplx a = {3., 4.};	
8	暗黙の変換（10.2.2項）	string s = "Hello";	
9	アグリゲートクラス（10.1.2項）	Person taro {"Taro", 32}	
10	コピー	**cplx a = b;**	
11		**cplx a(b);**	**cplx* p = new cplx(b);**
12		cplx a{b};	cplx* p = new cplx{b};
13		cplx a = {b};	
14	コンテナのリスト初期化	**vector<int> a{1, 2};**	**vector<int>* p = new vector<int>{1, 2};**
15		vector<int> a = {1, 2};	
16	配列	**cplx a[2];**	**cplx* a = new cplx[n];**
17		cplx a[2]{};	cplx* a = new cplx[n]{};
18		cplx a[2] = {};	
19	配列のリスト初期化	cplx a[2]{1., 2.};	cplx* a = new cplx[2]{1., 2.};
20		cplx a[]{1., 2.};	
21		**cplx a[] = {1., 2.};**	

各記法についてのコメントを以下に記します。

- 1と16では、基本型は初期化されません。
- 2、4、17、18では、基本型の数値は0で初期化されます。
- 4、7、13、15、18のように、「=」を書いてもかまいませんが、冗長なだけです。ただし、「=」を省いた17、19、20はC言語では使えません（16、18、21はC言語でも使えます）。
- 5、6、7はたいていの場合同じ意味ですが、リスト初期化が可能なクラスでは意味が変わります。vector<int>にはvector<int>(size_t n, const int& x)という、n個のxからなるvectorを構築するコンストラクタがありますが、それをvector<int> vec{ 10, 2 };として呼び出そうとすると、10と2という2要素からなるvectorが構築されてしまいます。そのため、本書では6と7は使いません。
- 8のように、引数が1つの場合は暗黙の変換が行われますが、本書でそれを利用するのは文字列の場合だけです。

- 11があるので10は不要ですが、直感的にわかりやすい10も本書では使います。

上記を踏まえ、本書で利用するものだけを残すと表10-3のようになります（型名や型名＊の代わりにautoと書くこともあります）。

▼表10-3　オブジェクトやコンテナの構築方法（本書で利用するもの）

	自動メモリ	フリーストア
引数なし	cplx a;	cplx* p = new cpxl;
引数あり	cplx a(3., 4.);	cplx* p = new cpxl(3., 4.);
暗黙の変換	string s = "Hello";	
アグリゲートクラス	Person taro {"Taro", 32}	
コピー	cplx a = b;	
	cplx a(b);	cplx* p = new cplx(b);
コンテナのリスト初期化	vector<int> a{1, 2};	vector<int>* p = new vector<int>{1, 2};
配列	cplx a[2];	cplx* a = new cplx[n];
配列のリスト初期化	cplx a[] = {1., 2.};	cplx* a = new cplx[2]{1., 2.};

Column 仮想限定公開抽象基底クラスの純粋仮想非公開デストラクタ

C++が複雑すぎると批判されるときに挙げられる例の1つに、「仮想限定公開抽象基底クラスの純粋仮想非公開デストラクタ（protected abstract virtual base pure virtual private destructor）って何？」というジョークがあります（文献［Linden］）。これを題材に、本文では紹介していないC++の機能をいくつか紹介しましょう。

まず、次のようなクラス vbc を考えます。

[サンプル] 10-vbc.cpp

```
class vbc {
private:
  virtual ~vbc() = 0;
  friend class X;
  friend class Y;
};
```

~vbc() という純粋仮想関数（10.4.4項）を含むため、このクラス vbc は抽象クラスです。

private（非公開）となっているので、~vbc() は「純粋仮想非公開デストラクタ」ということになります。

「friend class X;」は**フレンド宣言**で、この宣言によって、後で定義するクラスXは、vbcのすべてのメンバにアクセスできるようになります。「friend class Y;」も同様です（これは説明のための例です。vbcのような基底クラスのデストラクタが public であれば、このようなフレンド宣言は不要です）。

次に、クラス vbs から派生するクラスXを定義します。

派生には、公開（**public**）、限定公開（**protected**）、非公開（**private**）があります。本文で紹介したのは公開の場合のみです。いずれの場合も、派生クラスのメンバおよびフレンドは、基底クラスの限定公開（protected）メンバに、派生クラスのオブジェクトを通じてのみアクセスできます。他の性質を以下にまとめます。

- 公開派生では、基底クラスの public、protected、private メンバはそれぞれ、派生クラスの public、protected、private メンバになります。派生クラスの利用者は、基底クラスの public メンバにのみアクセスできます。
- 限定公開派生では、基底クラスの public メンバは、派生クラスの protected メンバになります。派生クラスの利用者は、基底クラスの public メンバにのみアクセスできます。
- 非公開派生では、基底クラスのメンバは、派生クラスの private メンバになります。派生クラスの利用者は、基底クラスのメンバにアクセスできません。

[サンプル] 10-vbc.cpp

```
class X : virtual protected vbc {};
```

Xは vbc から仮想（virtual）限定公開派生したクラスです。この virtual は、次に vbc と X という、複数のクラスから派生したクラスYを定義する際に重要になります（複数のクラスから派生させることを**多重継承**と呼ぶことがあります）。

[サンプル] 10-vbc.cpp
```
class Y : virtual vbc, X {};
```

このYは、vbc から直接派生しているようにも、X を経由して vbc から派生しているようにも見えます。実体を 1 つにするためには、X、Y ともに、vbc から仮想派生しなければなりません。virtual（日本語では仮想）は、そのための指示です。virtual がないと、Visual C++ ではコンパイルできません。

では、X のオブジェクトを構築できるでしょうか。

[サンプル] 10-vbc.cpp
```
int main() {
  X x;
}
```

オブジェクト x の解体時には、~X()、~vbc() が順に呼ばれます。~X() は暗黙的に生成されますが、~vbc() は純粋仮想関数なので暗黙的には生成されません。プログラムを動作させるためには、~vbc() を定義する必要があります。

[サンプル] 10-vbc.cpp
```
vbc::~vbc() {
  std::cout << "protected abstract virtual base pure virtual private destructor" << std::endl;
}
```

この ~vbc() は、X から見ると何になるでしょうか。

X は vbc から仮想限定公開派生したクラスです。ですから、X から見れば vbc は、仮想限定公開基底クラスです。さらに、vbc は抽象クラスでしたから、X から見れば vbc は、「仮想限定公開抽象基底クラス」となります。

~vbc() は純粋仮想非公開デストラクタでしたから、まとめると、X から見て ~vbc() は、「仮想限定公開抽象基底クラスの純粋仮想非公開デストラクタ」ということになります。

第 10 章　練習問題

1 10.2 節の 10-6memberfuncs.cpp を改変し、コピーコンストラクタが使われたときは「copy」、ムーブコンストラクタが使われたときは「move」、それ以外のコンストラクタが使われたときは「constructor」、コピー代入演算子が使われたときは「assign」と表示してください（GNU C++ と Clang では「コピー消去」を無効にするためのオプション -fno-elide-constructors を使ってください）。

2 データメンバとして vector を持つクラス X のオブジェクトを構築して返す関数 f() があります。f() が X のオブジェクトを返すとき、オブジェクトがコピーされるため、実行効率が悪くなっているようです。実行効率を良くする方法を考えて実現してください。

```
#include <iostream>
#include <vector>
using namespace std;

struct X {
  vector<double> vec;
  X() = default;
  X(const X& x) : vec(x.vec) {}
};

X f() {
  X x;
  x.vec.resize(1000000);
  return x;
}

int main() {
  for (int i = 0; i < 1000; ++i) X x(f());
}
```

3 次のようなクラスを考えます。

```
struct Person {
  string name;
  int age;
  Person(const string& newName, int newAge) : name(newName), age(newAge) {}
};
```

このクラスのオブジェクトを次のように vector に格納します。

```
vector<Person> people;
people.emplace_back("Taro", 32);
people.emplace_back("Hanako", 27);
people.emplace_back("Masato", 0);
```

この peopleVec の要素を、age の小さい順に並べ替えてください。

第11章

エラー処理
～実行時に起きるエラーへの対処

プログラムは、コンパイルエラーがないからといって、正しく動くわけではありません。プログラムの実行時には、さまざまな問題が発生する可能性があり、対応の仕方もさまざまです。この章では、実行時のエラーに対応するための基本的な方法である関数の戻り値等の確認、例外、アサーションについて説明します。

11.1　関数の戻り値等の確認

関数の中で何らかの問題が発生したときに、戻り値を使ってそのことを報告するというのは、関数の設計においてよく採用される手法です。この節では、この手法およびこれに類する手法を紹介します。

11.1.1　探索の結果の確認

9.2.2項で紹介した線形探索のための関数find()は、指定した値が見つかればそれを指す反復子を返しますが、見つからない場合には、探索範囲の末尾の次を指す反復子を返します。つまり、この関数の戻り値は、状況によって意味が異なります。そのため、この関数を利用する際には、まず戻り値を確認し、それが適切な要素を指している場合にのみ、実際に要素にアクセスするようにしなければなりません[*1]。

関数find()の利用方法は次のようになります。この例における関数find()の戻り値は、要素を指すための反復子ですが、探索に失敗した場合、この戻り値はvectorの要素を指していません。そのため、間接演算子「*」を反復子に作用させて要素にアクセスする前に、探索に成功したかどうかを確認しなければなりません。その確認を怠ると、実行時エラーが発生する危険性が生じます。

[*1] 二分探索を行う関数lower_bound()はもう少し複雑です。9.2.2項を参照してください。

[サンプル] 11-find.cpp

```cpp
#include <iostream>
#include <vector>
#include <algorithm>
using namespace std;

int main() {
  vector<int> v{ 2, 3, 5, 1, 4 };

  int target = 6;
  auto pos = find(v.cbegin(), v.cend(), target);

  //いきなり*posにアクセスしてはいけない
  //cout << *pos << endl;//実行時エラーが発生する危険あり

  if (pos == v.cend()) {
    //末尾の次を指している、つまり見つからなかった
    cout << "見つからない\n";
  }
  else {
    //末尾の次を指している、つまり見つかった
    cout << *pos << endl;
  }
  //出力値:見つからない
}
```

11.1.2　ファイルの操作

　関数の戻り値ではありませんが、ファイルへの入出力の際にも、前項と同様の確認が必要です。たとえば、ファイルからデータを読み込むためにファイル名を指定してファイルを開く場合（8.2.5項）には、次のようにファイルが開けたかどうかをまず確認しなければなりません。

　次のプログラムは、テキストファイル test.txt がなければ「ファイルが見つからない」と表示し、ファイルがあればその内容を表示します。

[サンプル] 11-file.cpp

```cpp
#include <iostream>
#include <fstream>
#include <string>
using namespace std;

int main() {
  ifstream infile("test.txt");

  if (!infile) {//ファイルが見つからない場合の処理
    cout << "ファイルが見つからない\n";
  }
```

```
    else {//ファイルが見つかった場合の処理
      string line;
      while (getline(infile, line)) {
        cout << line << endl;
      }
    }
  }
```

ファイルを開くのに失敗したときに、ifstream オブジェクト infile を評価すると false になります。ですから、!infile を調べる if 文を書けば、ファイルを開けたかどうかを確認できます。

この例では変数 infile の値を確認しなくても、前項のような実行時エラーは発生しません。しかし、開くはずのファイルを開けなかったことに気付かない危険があります。

11.1.3　浮動小数点数例外

浮動小数点数の計算では、3.2.12項で紹介したような不正確さからは逃れられませんが、何かおかしなことが起こっていることに気付きやすくするしくみがあります。浮動小数点数例外と呼ばれるこの機能は、「例外」という名前が付いていますが、次節で紹介する C++ の「例外」とは異なる、特殊な使い方をすることになっています。

この手法で検出できる異常と、その結果として起こることは以下の5つです。

- 0による除算が行われると、fetestexcept (FE_DIVBYZERO) の値が1になる。
- 精度が落ちる計算が行われると、fetestexcept (FE_INEXACT) の値が1になる。
- オーバーフローが起こると、fetestexcept (FE_OVERFLOW) の値が1になる。
- アンダーフローが起こると、fetestexcept (FE_UNDERFLOW) の値が1になる。
- （0による除算は除く）不正な計算が行われると、fetestexcept (FE_INVALID) の値が1になる。

これらの異常を検出できるように、Visual Studio でコンパイルするときは、プロジェクトのプロパティ画面を開いて［構成プロパティ］－［C/C++］－［コード生成］で、［浮動小数点モデル］を［Strict (/fp:strict)］に設定します。コマンドラインでコンパイルするときは、オプション **/fp:strict** を付けます[2]。

異常が発生したらそのことを報告する関数 report_fexcepts() を定義します（<cfenv> が必要です）。

［サンプル］11-fexcepts.cpp

```
void report_fexcepts() {
```

---

[2] GNU C++ や Clang では、追加のオプションは不要です。

```
    if (fetestexcept(FE_DIVBYZERO)) cout << "FE_DIVBYZERO\n";
    if (fetestexcept(FE_INEXACT))   cout << "FE_INEXACT\n";
    if (fetestexcept(FE_OVERFLOW))  cout << "FE_OVERFLOW\n";
    if (fetestexcept(FE_UNDERFLOW)) cout << "FE_UNDERFLOW\n";
    if (fetestexcept(FE_INVALID))   cout << "FE_INVALID\n";
    feclearexcept(FE_ALL_EXCEPT);//異常の履歴をクリアする
    cout << endl;
}
```

異常を検出した結果は保存されます。その履歴をクリアするために、feclearexcept (FE_ALL_EXCEPT) を実行しています。

0による除算を行うとFE_DIVBYZERO になります。

[サンプル] 11-fexcepts.cpp

```
double d;
float f;

d = 0;
cout << 1.0 / d << endl;
report_fexcepts();
/*出力値:
inf
FE_DIVBYZERO
*/
```

double 型の数をfloat に代入すると精度が落ち、FE_INEXACT になります。さらに、元の数がfloat の範囲の外側だとFE_OVERFLOW になります。

[サンプル] 11-fexcepts.cpp

```
d = 1e300;
f = d;
cout << f << endl;//出力値:inf
report_fexcepts();
/*出力値:
inf
FE_INEXACT
FE_OVERFLOW
*/
```

double 型の0に近い数をfloat に代入すると、FE_UNDERFLOW になります。

[サンプル] 11-fexcepts.cpp

```
d = 1e-300;
```

```
f = d;
cout << f << endl;
report_fexcepts();
/*出力値:
0
FE_INEXACT
FE_UNDERFLOW
*/
```

負の数の平方根は、double 型の範囲では不正な計算なので、FE_INVALID になります。

[サンプル] 11-fexcepts.cpp

```
cout << sqrt(-1.0) << endl;
report_fexcepts();
/*出力例:
-nan(ind)
FE_INVALID
*/
```

以上ですべての浮動小数点数例外を確認しました。浮動小数点数の計算をするときは、これらの例外をチェックして、できるだけ計算が正確になるように注意するといいでしょう。

11.2 例外

例外は、実行時のエラーを統一的に扱うしくみです。例外を利用することによって、通常の処理とエラー処理を明確に分離できます。戻り値でエラーを報告する場合と比較して、例外は無視しづらいしくみになっているため、プログラマに対してエラーへの対応を半ば強制することになります。この節では、例外が発生する状況への対応方法と、例外を発生させるような関数の作り方を紹介します。

11.2.1 例外とは

前節で紹介した実行時エラーへの対応方法には次のような問題があります（図11-1の左）。

- 通常の処理とエラーへの対応処理がプログラム中で混在してしまう。
- エラー処理を省略してもプログラムは止まらない場合があり、プログラマがエラーに気付きにくい。

これらの問題を解決するしくみが例外です（図11-1の右）。このしくみを利用する関数等の実行時に何らかのエラーが発生すると、処理は中断され例外が投げられます。例外が投げられる可能性のある処理を行う場合には、それに対する処理を用意しておかなければなりません。

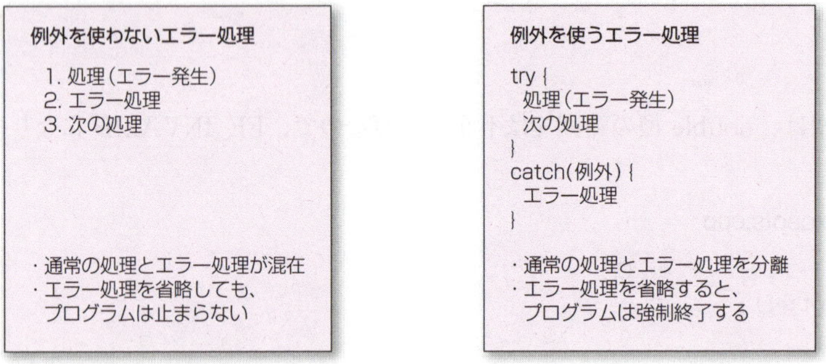

```
例外を使わないエラー処理

1. 処理（エラー発生）
2. エラー処理
3. 次の処理



・通常の処理とエラー処理が混在
・エラー処理を省略しても、
  プログラムは止まらない
```

```
例外を使うエラー処理

try {
    処理（エラー発生）
    次の処理
}
catch (例外) {
    エラー処理
}

・通常の処理とエラー処理を分離
・エラー処理を省略すると、
  プログラムは強制終了する
```

▲図11-1　例外を使わないエラー処理（左）と例外を使うエラー処理（右）の比較

この節では、例外への対応方法を、3つの具体例（vectorのメンバ関数at()と型変換、リソースの確保）を使って説明します。その後で、例外を投げる関数の作り方を説明します。

例外は、次のような構文で処理します（例外をキャッチするときに参照を使うことで、不要なコピーを避けています）。

[構文] 例外処理（try-catch ブロック）
```
try {
    例外が発生する可能性のある文
}
catch (対応する例外の型& [変数名]) {
    例外への対応
}
```

例外が発生すると、処理の流れが通常の処理とは別になります。そのため、図11-2のように、例外の発生によって、リソースの解放といった、必ず行われるべき処理が実行されない危険が生じます。例外が発生する可能性のある状況では、このようなことが起こらないように注意しなければなりません。10.2.5項で紹介した原則（RAII）が、この問題の1つの解決策です。

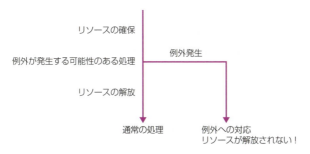

▲図11-2　例外を利用する際の注意

11.2.2　vectorのメンバ関数at()で発生する例外

　9.1節で紹介したvectorには、添字を使ってアクセスする方法が2種類あります。演算子[]を使う方法と、メンバ関数at()を使う方法です。

　演算子[]を使う方法は、簡単で高速ですが、次のようにvectorの範囲外にアクセスしようとすると、実行時エラーが発生しプログラムが強制終了してしまいます。

［サンプル］11-vector1.cpp

```
vector<int> v{ 2, 3, 5 };
v[3] = 7;              //実行時エラー(vのサイズは3)
cout << "正常終了\n";//出力されない
```

　メソッドat()には、添字の範囲をチェックする機能が備えられており、範囲外にアクセスしようとすると例外out_of_rangeが発生します。次のようなコードで例外を処理します。

［サンプル］11-vector2.cpp

```
vector<int> v{ 2, 3, 5 };
try {
  cout << v.at(3) << endl;
}
catch (out_of_range& e) {
//catch (exception& e) {//OK
  cerr << e.what() << endl;//出力例:invalid vector<T> subscript
}
cout << "正常終了\n";         //出力値:正常終了
```

　このプログラムは、演算子[]を使った先の例と違って、強制終了することはありません。tryブロックの中に書いた処理vec.at(3)によって発生した例外out_of_rangeが、catchブロックの中で処理されています。例外out_of_rangeは、メンバ関数what()を持っており、catchブロッ

クの中ではこれを使ってエラーメッセージを表示しています。このエラーメッセージはC++の規格で決まっているわけではなく、処理系によって変わります。

例外への備えのない次のようなプログラムは、例外が発生したときに強制終了させられます。

[サンプル] 11-vector3.cpp

```
vector<int> v = { 2, 3, 5 };
cout << v.at(3) << endl;//ここで実行時エラーが発生する
cout << "正常終了\n";        //出力されない
```

11.2.3　型変換の際に発生する例外

7.1.6項で文字列と数値を相互変換する方法を紹介しました。数値を文字列に変換することに問題はありませんが、文字列を数値に変換する際には問題が起こることがあります。文字列が表現する数が、変換先の数値の型に合わないときです。

"abc"という文字列をstoi()でint型に変換しようとすると、例外invalid_argumentが発生します（<string>が必要です）。

[サンプル] 11-stoi1.cpp

```
int a;
try {
  a = stoi("abc");
  cout << a << endl;
}
catch (invalid_argument& e) {
//catch (exception& e) {//OK
  cerr << e.what() << endl;//出力例:invalid stoi argument
}
cout << "正常終了\n";//出力値:正常終了
```

"18446744073709551616"という文字列をstoi()でint型に変換しようとすると、例外out_of_rangeが発生します。この数（2の64乗）は、intの最大値（多くの処理系で2の31乗 - 1 = 2147483647）を超えているためです（3.1.1項）。

[サンプル] 11-stoi2.cpp

```
int a;
try {
  a = stoi("18446744073709551616");
  cout << a << endl;
}
catch (out_of_range& e) {
//catch (exception& e) {//OK
```

```
    cerr << e.what() << endl;//出力例:stoi argument out of range
  }
  cout << "正常終了\n";//出力値:正常終了
```

catch (invalid_argument& e) やcatch (out_of_range& e) の代わりにcatch (exception& e) と書くことで、2種類の例外の両方に対応できます。これは、exception がinvalid_argument とout_of_range の両方の基底クラスであるためです。さらに言えば、この後で紹介するbad_alloc を含む、標準ライブラリで用意されているすべての例外はexception の派生クラスです。

11.2.4　リソース確保の際に発生する例外

キーワードnew を使ってフリーストアにオブジェクトを配置する際に（3.4.3項）、オブジェクトを配置するのに十分なメモリを利用できない場合には、例外**bad_alloc** が発生します[3]。

メモリが足りなくなる可能性がある場合には、例外bad_alloc の発生をチェックします。次のプログラムは、無限ループを使ってフリーストア内で大きな配列を生成し続けるものです。利用できるフリーストアがなくなると例外が発生し、例外bad_alloc のメンバ関数what() が返すメッセージ「bad allocation」が表示されます（このプログラムを実行するとコンピュータの動作が非常に遅くなる危険があります）。

[サンプル] 11-new1.cpp

```
try {
  while (1) {//無限ループ
    int* p = new int[0x1fffffff];//大きな配列の確保
    cout << p << endl;
  }
}
catch (bad_alloc& e) {
  cerr << e.what() << endl;//出力例:bad allocation
}
```

new の代わりにnew(nothrow) と書くと、リソース確保に失敗した際に例外を投げる代わりにnullptr を返すようになります。この場合は、11.1.1項の考え方（戻り値の確認）で失敗に対応します。

[サンプル] 11-new2.cpp

```
while (1) {
  int* p = new(nothrow) int[0x1fffffff];
  if (p != nullptr) {
```

---

[3] 3.4.4項で述べたように、フリーストアよりも自動メモリはサイズが小さいため、自動メモリに大きな配列を生成しようとするとすぐに失敗します。この節で紹介しているような例外処理ではこの失敗に対応できません。大きな配列が必要な場合は、フリーストアを利用してください。

```
      cout << p << endl;
    }
    else {
      cout << "failure!\n";//出力値:failure!
      break;
    }
  }
}
```

11.2.5 例外を投げる／投げない関数

前項までは、例外が発生するような状況への対応方法を紹介してきました。この項では、自分が作る関数の中で異常な事態が発生したときに、例外を発生させてそれを報告する方法を紹介します。

次のような構文で、例外を発生させます。

[構文] throw 文

throw 式;

例外を投げる関数doSomething()と、その例外に対応する例を示します（この例では、関数が正常に終了しないことに対するコンパイラの警告を抑止する [[noreturn]] を使っています）。

[サンプル] 11-except.cpp

```
#include <iostream>
using namespace std;

[[noreturn]]//戻らないことを示す属性(必須ではない)
void doSomething() {
  //throw exception("何か異常が起きた");//Visual C++ではOK
  //throw exception();//OK
  throw runtime_error("何か異常が起きた");
}

int main() {
  try {
    doSomething();
  }
  catch (exception& e) {
    cerr << e.what() << endl;//出力値:何か異常が起きた
  }
}
```

C++では任意のオブジェクトを例外として投げられますが[*4]、この例のように、exception（あ

[*4] これはC#やJavaとC++との大きな違いです。これらの言語で例外として投げられるのは、例外として定義されたクラスあるいはその派生クラスのオブジェクトだけです。

るいはその派生クラス）のオブジェクトを投げると、catchする対象の型をexceptionにできます。C++の規格ではexceptionオブジェクトの構築時はメッセージを指定できないことになっているので、メッセージを指定したい場合はruntime_errorを使うといいでしょう。

　関数定義においてnoexceptと書くと、その関数が例外を投げないことをコンパイラに伝えられます。以下に例を示します（この例では、任意の例外に対応するcatch(...)を使っています）。

［サンプル］11-noexcept.cpp

```cpp
#include <iostream>
using namespace std;

[[noreturn]]//戻らないことを示す属性(必須ではない)
void doSomething() noexcept {//例外は発生しないという宣言
  while (1) {                //にもかかわらず例外が発生する
    int* p = new int[0x1fffffff];
    cout << p << endl;
  }
  //実行時強制終了(コンパイルエラーにはならない)
}

int main() {
  try {
    doSomething();
  }
  catch (...) {//任意の例外に対応する
    cerr << "例外発生\n";//出力されない
  }
}
```

　この記法は、10.2.8項のムーブコンストラクタの定義時に使いました。注意しなければならないのは、noexceptと書いた関数の中で例外が投げられたとしてもコンパイルエラーにはならないことです（実行すると強制終了させられます）。

 ## 11.3　アサーション

　ここまでは、実行時に起こり得るエラーに対処する方法を紹介しました。この節では、絶対に起こってはいけないエラーを検出する方法を紹介します。そのようなエラーは**アサーション**というしくみを使って検出します。アサーションは、開発時にのみ用いるもので、実稼働段階では用いません。

11.3.1　アサーションの使い方

　変数low、mid、highを利用するプログラムが、常にlow <= midかつmid <= highという関係を保持しながら動いているとしましょう。この関係が成り立っていないことがプログラムの間違いを意味するなら、それはあってはならないことです。このような、絶対に成立していなければならない条件の確認には、アサーションを使います。

　アサーションを使わずに、条件が成立していない場合には例外を投げるようにもできます。しかし、例外で処理するのは、実行中に対応できる問題だけにするといいでしょう。実行中に対応できないような問題は、開発中にアサーションで検出し、解決しておきたいものです。

　アサーションは次のような構文で使います。

[構文] アサーション
```
assert(真になるべき式);
```

　簡単な例を以下に示します（<cassert>が必要です）。

[サンプル] 11-assert.cpp
```
int low, mid, high;

//何らかの理由でmid > highになってしまったとする
low = 0;
mid = 10;
high = 5;

assert(low <= mid && mid <= high);
std::cout << "正常終了\n";//出力されない
```

　このプログラムをDebugモード（2.2.3項）でビルドして実行すると、アサーションに失敗したことを意味する次のようなメッセージがコンソールに表示され、プログラムが強制終了させられます。Releaseモードでビルドした場合はアサーションのチェックは行われません[5]。

```
Assertion failed: low <= mid && mid <= high, ...
```

---

[5] アサーションのチェックは、NDEBUGというマクロ（5.4.3項）が定義されていると無効になります。Releaseモードでビルドすると、このマクロが有効になるのです。コマンドプロンプトでビルドする場合は、/D NDEBUGというオプションを付けるとこのマクロが有効になります。GNU C++やClangの場合は-D NDEBUGです。

11.4 エラー処理の使い分け

　この章では、大きく分けて3つの実行時エラーへの対処方法を紹介しました。関数の戻り値を利用する方法と例外、アサーションです。この節では、これらの方法の使い分けを紹介します。
　実行時エラーへの対処方法は、次のような基本方針で使い分けるとよいでしょう。

1. その機能を利用するプログラマの間違いは例外で知らせる。
2. アルゴリズムの間違いはアサーションでチェックする。
3. 通常の利用で起こり得る結果はすべて戻り値で返す。
4. 例外が発生する可能性がある場所ではtry-catch ブロックを使う。

11.4.1　二分探索による探索

　エラー処理を使い分ける例題として、vector を二分探索する次のような関数binarySearch(T, const vector<T>&) を取り上げます。9.2.2項で紹介したように、二分探索はSTL の関数lower_bound() を使って実現できますが、これはプログラミングについて学ぶ際によく目にするコードなので[*6]、どういうことをしているのか、少し中身を調べてみるといいでしょう（二分探索の探索のようすは9.2.2項の図9-3で紹介しています）。

[サンプル]　11-binarysearch1.cpp

```cpp
template<typename T>
size_t binarySearch(T key, const vector<T>& v) {
  int n = v.size();
  int low = 0;
  int high = n - 1;
  int mid;
  while (low <= high) {
    mid = (low + high) / 2;
    cout << low << ", " << mid << ", " << high << endl;
    if (key < v[mid]) high = mid - 1;
    else if (key > v[mid]) low = mid + 1;
    else return mid;
  }
  return n;
}
```

　この関数は、vector のlow からhigh までの範囲からkey を探すということを、low がhigh 以下である限り繰り返します。初めはlow が0でhigh がn - 1なので、探索範囲はvector の先

[*6]　付録に挙げた本書の参考文献では、文献[Bentley] や[Oram] で二分探索が取り上げられています。

頭から末尾までです。mid = (low + high) / 2 として、探索範囲の中心を求めます。求める値 key が中心の値 v[mid] より小さいなら、探索範囲を low から mid - 1 までに変更します（high = mid - 1）。求める値 key が中心の値 v[mid] より大きいなら、探索範囲を mid + 1 から high までに変更します（low = mid + 1）。求める値 key が中心の値 v[mid] と等しければ、mid を戻り値として返します。もし求める値が見つからなければ、vector のサイズ n を返します。

　この関数 binarySearch() の引数 vector は並び替えられていなければなりません。しかし、この関数を利用するプログラマは、並び替えられていない vector を引数にするかもしれません。方針1に従って、この間違いは例外で報告しましょう（パフォーマンスに悪影響があります）。

[サンプル] 11-binarysearch2.cpp
```cpp
if (!is_sorted(v.cbegin(), v.cend())) {
  throw runtime_error("例外：ソートされていない");
}
```

　アルゴリズム中で、探索範囲とその中心を表す変数 low、mid、high の大きさは、この順番になっていなければなりません。方針2に従って、次のようなアサーションを入れておきましょう。

[サンプル] 11-binarysearch2.cpp
```cpp
assert(low <= mid && mid <= high);
```

　探していたものが見つからないというのは、探索においてはよくあることです。そのような場合についての報告には、方針3に従って戻り値を使います（これは初めから実装済みです）。

```cpp
return n;
```

　以上のような修正を施すと、二分検索のための関数 binarySearch() は次のようになります[7]。

[サンプル] 11-binarysearch2.cpp
```cpp
template<typename T>
size_t binarySearch(T key, const vector<T>& v) {
  if (!is_sorted(v.cbegin(), v.cend())) {
    throw runtime_error("例外：ソートされていない");
  }
  int n = v.size();
  int low = 0;
  int high = n - 1;
```

---

[7] この関数 binarySearch() には有名なバグが1つ残っています。配列のサイズが大きいとき（INT_MAX / 2 + 2 = 1073741825より大きいとき）、mid = (low + high) / 2; の実行時にオーバーフローが発生する危険性があるのです。この問題を回避するためには、mid = low + (high - low) / 2; とします。

```
    int mid;
    while (low <= high) {
      mid = (low + high) / 2;
      cout << low << ", " << mid << ", " << high << endl;
      assert(low <= mid && mid <= high);
      if (key < v[mid]) high = mid - 1;
      else if (key > v[mid]) low = mid + 1;
      else return mid;
    }
    return n;
}
```

11.4.2 二分探索の利用

次に、この関数 binarySearch() を呼び出す側について考えます。

目的の値が見つかったかどうかを、戻り値で判断します（見つかった場合はその位置が、見つからない場合はvectorのサイズが返ることになっています）。

［サンプル］11-binarysearch2.cpp
```
if (pos == v.size()) cout << "見つからない\n";
```

位置が返されたならば、その位置の要素が探していたものになっていなければなりません。そのことをアサーションで確認します。

［サンプル］11-binarysearch2.cpp
```
assert(v[pos] == target);
```

関数 binarySearch() は例外を返す可能性があるため、上記のコードを try ブロックの中に書き、例外をキャッチする catch ブロックも追加します。

以上をまとめると、関数 binarySearch() を利用するプログラムは次のようになります。sort(v.begin(), v.end()); を削除したり、target の値を変えたりすると、事前に備えたしくみが機能することを確かめられます。

［サンプル］11-binarysearch2.cpp
```
try {
  vector<int> v{ 7, 2, 3, 11, 5 };
  int target = 11;
  sort(v.begin(), v.end());
  size_t pos = binarySearch(target, v);
  if (pos == v.size()) cout << "見つからない\n";
  else {
```

```
    assert(v[pos] == target);
    cout << "v[" << pos << "] = " << v[pos] << endl;
  }
}
catch (exception& e) {
  cerr << e.what() << endl;
}
cout << endl;
//出力値:v[4] = 11
```

第11章　練習問題

1　unordered_map<string, int> において、存在しないキーで[]を使うと、そのキーと0のペアが登録されます（6.2.2項）。vector の場合と同様で、メンバ関数at()を使えばそのようなことはありませんが、例外が発生します。例外が発生してもプログラムが強制終了しないように、以下のコードを修正してください。

［サンプル］11-problem1.cpp

```
#include <iostream>
#include <unordered_map>
using namespace std;

int main() {
  unordered_map<string, int> dictionary{ {"one", 1}, {"two", 2}, {"three", 3 } };

  string target = "four";
  cout << dictionary.at(target) << endl;//例外発生
  cout << "正常終了\n";//出力されない
}
```

2　11-binarysearch2.cpp にはバグが残っています（ヒント：11.4.1項の脚註）。そのバグを再現するコードを書いてください。

3　前問で再現したバグを修正してください。

第12章 並列処理
～マルチスレッドプログラミング

プログラムの処理を複数に分割し、並行して実行するようにする方法を紹介します。そのようなプログラムは、CPU（あるいはコア）が複数あるようなコンピュータはもちろん、そうでない、つまりCPUが1つしかないようなコンピュータでも性能の向上が期待できます。

12.1　並列処理

並列処理とは何かを説明し、Visual C++ で比較的簡単に利用できる並列処理用のライブラリを紹介します。

12.1.1　逐次処理と並列処理

複数の処理を並行して同時に実行することを**並列処理**と言います。並列処理と対立する概念が**逐次処理**で、逐次処理においては、複数の処理が順番に実行されます。コンピュータにおける並列処理と逐次処理を図示すると、図12-1の①と②のようになります。CPUが複数あるようなコンピュータ上で、互いに独立な処理AとBを並列的に実行すれば（図12-1の②）、逐次的に実行した場合（図12-1の①）に比べて処理時間が大幅に短縮されることが期待できます[*1]。

[*1] 物理的なCPUは1つしかないにもかかわらず、OSからは複数のCPUがあるように見えるハイパースレッディングや、1つのパッケージの中に複数のコアがあるマルチコアCPUも、「CPUが複数あるような」という表現に該当します。

▲図12-1　複数の処理を実行する方法

　今日広く使われているコンピュータは並列処理をサポートしています。Windows上で音楽を聴きながらメールを読み書きできるのは、OS（Windows）が音楽プレーヤーとメーラーという2つのプログラムの並列実行をサポートしているからです。音楽プレーヤーやメーラーのようなプログラムが実行されるとき、OSはそれぞれに対して**プロセス**を生成します。プログラムの実体であるプロセスには、専用のメモリが用意されます（図12-2のプロセスA）。基本的には、1つのプログラムは1つのプロセスから成ると考えてよいでしょう。CPUが1つしかないようなコンピュータでも、音楽プレーヤーとメーラーを同時に使えるのは、OSが複数のプロセスを短時間で切り替えながら実行しているからです[*2]。

[*2] 並列に処理されているように見えて、実際にはそうではないものを**疑似並列**、疑似並列と（真の）並列を併せて**並行**と呼ぶことがありますが、本書では特に使い分けません。

▲図12-2　プロセスとスレッド

　プロセスの中で行われる具体的な処理を**スレッド**と呼びます。これまで作成してきたプログラムは、実行するとプロセスが1つ生成され、その中でスレッドが1つだけ動作する**シングルスレッドプログラム**でした。図12-2のプロセスBのように、プロセスは複数のスレッドを含むことができます。そのような、実行時に複数のスレッドを利用するプログラムを**マルチスレッドプログラム**と呼びます。たとえば音楽プレーヤーなら、ボリュームの変更のようなGUI操作と曲の再生とは別々のスレッドで処理されるのが一般的です。

　プロセスの場合と同様に、スレッドもCPUが複数あるときには真に並列に実行されます（図12-1の②）。CPUが1つしかない場合には、図12-1の③のように実行されます。プロセスの場合と比較すると、単一CPU上で複数のスレッドを実行することの意義はわかりにくいかもしれません。音楽プレーヤーにおいて、音楽の再生を止めることなくボリュームを変更できるのは、これらが別のスレッドで行われているためです。メーラーにおいて、メールを受信している間にメールを書けるのも同様です。

　複数のスレッドを利用することによって、たとえCPUが1つしかなくても処理速度が向上することがあります。図12-1の④のように、2つの処理AとBを実行しなければならない状況を考えます。処理Aにかかる時間の大部分は、ディスクアクセスによるものだとしましょう。CPUの情報処理速度に比べると、ディスクの読み書きの速度は非常に遅いので、これはよくある事態です。例として、図12-1の④のように2つの処理を単純に逐次的に実行すると、かかる時間はディスクIOの時間と処理Bにかかる時間の合計です。しかし、図12-1の⑤のように処理Aと処理Bを別々のスレッドにして、切り替えながら実行することにすれば、ディスクIOを待っている間に処理Bを実行できるので、全体の処理時間を短縮できるのです（処理Bが処理Aの結果に依存しないようなものでなければなりません）。

　以上のような事態には、プログラムを開発する際に頻繁に遭遇するはずです。ですから、プログラム中で複数のスレッドを利用する方法を知っておくのはとても大切なことです。

12.1.2 マルチスレッドのためのライブラリやAPI

マルチスレッドは、そのためのライブラリを使って実現します。Visual C++ で簡単に導入できるライブラリには次のようなものがあります[*3]。

- 標準ライブラリ
  標準ライブラリには、thread、mutex、lock() などが用意されています。これらは比較的低水準ですが、適切に使えば無駄のない並列処理が実現できるでしょう。
- OpenMP
  逐次型のプログラムのfor 文に簡単な追加をして、ループを並列化する仕組みです。標準 C++ の一部ではありませんが、1.2.3項で紹介したすべてのコンパイラで利用できます。
- Intel Threading Building Block（TBB）
  マルチスレッド環境で安全に使えるコンテナとアルゴリズムから成るテンプレートクラスライブラリです。スレッドを抽象化しているため、処理をスレッドに分割する方法等を考えなくても利用できます。

この章では、次節で紹介する例題（素数の列挙）を題材にして、標準ライブラリのthread とasymc()（12.3節）、OpenMP（12.4節）を紹介します。

12.2 例題：素数の列挙

この章ではマルチスレッドプログラミングのための例題として、素数を列挙するプログラムを作成します。この節では、その準備として逐次的なプログラムを作成し、マルチスレッド化のための戦略を考えます。

12.2.1 素数の判定

素数を列挙する方法としては、2から順にすべての数の倍数をふるい落としていく方法（エラトステネスのふるい）が有名ですが、ここでは単純に、「2から順に約数かどうかを調べていく」という方法を採用します。この方法を実現するプログラムはとても単純なため、マルチスレッドを理解することに注力できるでしょう。

まず初めに、与えられた数が素数かどうかを判定する関数を作成します。次の関数isPrime() は、引数n が素数かどうかを bool 型で返します。

[*3] グラフィック用のハードウェアであるGPU を使って汎用計算をすることをGPGPU（General-purpose computing on graphics processing units）といい、そのためのライブラリとして、CUDA、OpenCL、C++ AMP などが開発されているので、高速化を追求したい場合は試してみるといいでしょう。

［サンプル］number.h

```
#pragma once

#include <iostream>

//引数が素数かどうかを判定する
bool isPrime(int n) {
  if (n < 2) return false;//2未満なら素数ではない
  if (n == 2) return true;//2は素数

  for (int j = 2; j < n; ++j) {
    if (n % j == 0) return false;//2以上n未満の数で割り切れたら素数ではない
  }
  return true;
}
```

for 文のj < n をj <= sqrt(n) に変えることは、この章で紹介するどんな方法よりも効果があります。並列化は高々数倍の高速化にしかなりませんが、アルゴリズムを工夫することで、はるかに大きな効果を得られることがあります。しかしここでは話を単純にするために、この非効率な方法のまま先に進みます。

結果を報告するための補助的な関数report() を定義します。この関数は、ランダムアクセス反復子で与えられた範囲の、最初と最後の5個の要素を表示します（cout ではなくstd::cout としているのは、5.4.3項の脚注で述べたように、ヘッダファイルにはusing namespace std; のような記述はないほうがいいためです）。

［サンプル］number.h

```
//要素の最初と最後の5個を表示する
template<typename T>
void report(T first, T last) {
  const int num = 5;
  if (last - first < num) {//num個未満ならすべて表示
    for (T i = first; i != last; ++i) std::cout << *i << ", ";
  }
  else {
    for (T i = first; i != first + num; ++i) std::cout << *i << ", ";
    std::cout << std::endl;
    for (T i = last - num; i != last; ++i) std::cout << *i << ", ";
  }
  std::cout << std::endl;
}
```

12.2.2 素数の列挙

前項で定義した関数isPrime()を用いて、2以上N以下の素数を列挙するプログラムを書きます。見つかったすべての素数を表示するのは大変なので、素数を一度vectorに格納し、すべてを調べ終わってから、見つかった素数の数と最初と最後の5個を関数report()で表示します。

後で並列化する際にその効果がわかるように、計算時間を測定します（9.4.1項）。

[サンプル] 12-primes-single.cpp

```cpp
#include <vector>
#include <chrono>
#include "number.h"
using namespace std;
using namespace std::chrono;

int main() {
  auto t0 = high_resolution_clock::now();

  const int N = 400000;

  vector<int> primes;//結果を格納するvector

  for (int n = 2; n <= N; ++n) {
    if (isPrime(n)) {       //素数なら
      primes.push_back(n);//vectorに追加する
    }
  }

  cout << "素数の数:" << primes.size() << endl;

  report(primes.cbegin(), primes.cend());

  auto t1 = high_resolution_clock::now();
  cout << duration_cast<milliseconds>(t1 - t0).count() / 1000. << " 秒\n";
}
```

筆者のマシン（Intel Core i5 6600）で実行すると、2以上400000以下の素数33860個を約15秒で数え上げました[4]。この時間を基準に高速化していくので、自分の環境での計算時間が10秒程度になるように、Nの値を調整しておくといいでしょう。

コンパイル時にはコンパイラの最適化を有効にすることが大事です。Visual C++では、Releaseモードにした上で、実行速度の最大化（/O2）や拡張命令セットの有効化（/arch:SSE、/arch:SSE2、/arch:AVX、/arch:AVX2のいずれか）などをオプションで選ぶといいでしょう。GNU C++やClangでは、-O3と-march=nativeが有効です。

---

[4] この数がおそらく正しいことは、Wolfram/Alpha（https://www.wolframalpha.com/）で「primes <= 400000」として確かめられます。

```
素数の数：33860
2, 3, 5, 7, 11,
399941, 399953, 399979, 399983, 399989,
15.158 秒
```

12.2.3　並列化の方針

　前項では、2からNまでの整数を順番に調べることによって素数を列挙しました。次節以降では、この処理を並列化します。ここでは次のような方針で並列化することにします（図12-3）[*5]。

- スレッドを2つ使う。
- 1番目のスレッドでは、3で割った余りが1のもの（3の倍数+1）のみを調べる。
- 2番目のスレッドでは、3で割った余りが2のもの（3の倍数+2）のみを調べる。

　いずれの方針も、これが最善だという合理的な理由のあるものではありません。スレッドを2つにするのは、デュアルCPUやデュアルコアのCPUで実行したときに、並列化の効果がわかりやすいと思われるからです。3で割った余りで数を分類するのは、スレッドが2つだからです（実際に割り算をするわけではないので、分類のための計算負荷は高くありません。3以外の数で3で割った余りが0のものは素数ではないので調べる必要はありません）。

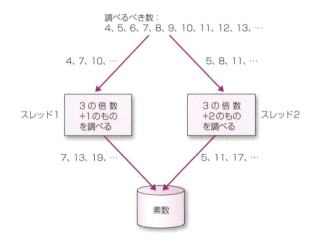

▲図12-3　並列処理で素数を列挙する方針

[*5] 実際には、ここで示したような方針がまずあって、それから前項のような方法が決まりました。エラトステネスのふるいのような別の方法が先にあったら、方針はまったく違うものになるでしょう。

12.3 標準ライブラリの利用

マルチスレッドのためのクラスとして標準ライブラリに用意されているthreadを利用する方法を紹介します（本書では、カタカナの「スレッド」は一般名称、アルファベットの「thread」は標準ライブラリのクラスということにしています）。

12.3.1 スレッドの利用

前節で述べた方針に従って、素数を列挙するプログラムを並列化します。まずは、素数を画面に表示させるだけのプログラムを作ります。

スレッドの処理は関数として実装します。3の倍数+1となる数だけを調べる関数threadFuncA()と、3の倍数+2となる数だけを調べる関数threadFuncB()を定義します（これらの関数には不備があるので後で修正します）。

[サンプル] 12-primes-thread1.cpp

```cpp
#include <thread>
#include "number.h"
using namespace std;

const int N = 100;//グローバル変数

//3の倍数+1となる数だけを調べる
void threadFuncA() {
  for (int n = 4; n <= N; n += 3) {
    if (isPrime(n)) {//素数だったら表示する
      cout << n << ", ";
    }
  }
}

//3の倍数+2となる数だけを調べる
void threadFuncB() {
  for (int n = 5; n <= N; n += 3) {
    if (isPrime(n)) {//素数だったら表示する
      cout << n << ", ";
    }
  }
}
```

調べる数の上限Nは、どちらの関数からも見えるように、グローバル変数にしました（この段階では、スレッドの生成時に引数を使う方法がわかっていません）。

次のような構文で関数を実行するスレッドを生成します。この例では関数ですが、呼び出し可能オブジェクト（9.3節）が引数になります。

[構文] スレッドの生成

```
thread 変数名(関数名);
```

　これらの関数をスレッドで実行させるプログラムの関数main()は次のようになります（2と3は例外的なので、先に表示させています）。

[サンプル] 12-primes-thread1.cpp

```
int main() {
    cout << "2, 3, ";

    thread threadA(threadFuncA);
    thread threadB(threadFuncB);

    //スレッドの終了を待つ
    threadA.join();
    threadB.join();
    cout << endl;
}
```

　メンバ関数join()でスレッドの終了を待ってからプログラムを終了させています。スレッドの終了を待たずにプログラムが終了すると、計算途中のスレッドが強制終了させられるので、正しい結果が得られません。このように、スレッドの動作をそろえることを「**同期を取る**」と言います。
　プログラムを実行すると、次のような結果になります（環境によって結果は変わります）。

```
2, 3, 7, 513, , 11, 19, 17, 31, 23, 37, 43, 29, 61, 41, 67, 47, 73, 79,
53, 59, 97, 71, 83, 89,
```

　求めたのは100までの素数なので、この結果は明らかに間違っています（間違った結果が再現されない環境もあるかもしれませんが、以下で述べるように、ここで実行したプログラムには不備があります）。間違った原因は、標準出力のためのオブジェクトcoutに、2つのスレッドから同時に書き込んでいることです。ここで利用しているオブジェクトcoutは、複数のスレッドから同時に書き込まれることを想定して作られてはいません[*6]。ですから、同時に複数のスレッドがcoutを利用することがないようにしなければなりません。
　あるオブジェクトを利用するスレッドを限定することを**排他制御**と言います。排他制御の実現には**mutex**と呼ばれるオブジェクトを使います。図12-4のように、あるスレッドがmutexを使ってプログラムの一部を**ロック**すると、別のスレッドは、ロックが解放されるまで待機します。

[*6] もう少し正確に言えば、複数のスレッドから同時に書き込んでもcoutは壊れません。7.1.4項で紹介したstringstreamを使うようにすれば、排他制御をしなくても正しい結果が出力されます。

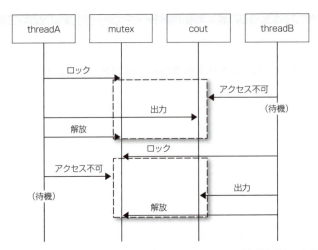

▲図12-4　mutex によるオブジェクト cout への排他制御の実現（UML シーケンス図）

mutex を獲得してロックする方法は次のとおりです。

[構文] mutex の獲得

```
unique_lock<mutex> ロック変数名(mutexオブジェクト名);
```

ロックを自動メモリに構築して、そのスコープの終わりで自動的に解体されるようにしておけば、mutex もそこで解放されます。関数 threadFuncA() を次のように修正します（threadFuncB() も同様に修正します）。

[サンプル] 12-primes-thread2.cpp

```
#include <thread>
#include <mutex>
#include "number.h"
using namespace std;

const int N = 100;//グローバル変数
mutex m;//排他制御のためのオブジェクト

void threadFuncA() {
  for (int n = 4; n <= N; n += 3) {
    if (isPrime(n)) {//素数だったら表示する
      unique_lock<mutex> lock(m);//mutexを獲得する
      cout << n << ", ";
    }//mutexを解放する
  }
}
```

mutexオブジェクトは関連するすべてのスレッドから見えなければならないため、ここではグローバル変数として定義しています。

実行結果は次のようになり、2から100までの素数がすべて列挙されていることがわかります。複数のスレッドがどのような順番で実行されるかは決まっていないので、出力される素数の順番もばらばらです。3で割った余りが1（あるいは2）のものだけに限定すれば、正しい順番で出力されています。

```
2, 3, 7, 13, 19, 31, 37, 43, 61, 67, 73, 79, 97, 5, 11, 17, 23, 29, 41,
47, 53, 59, 71, 83, 89,
```

1つのスレッドのために1つの関数を作るのは大変なので、関数threadFuncA()とthreadFuncB()を1つにまとめます。

[サンプル] 12-primes-thread3.cpp

```cpp
#include <thread>
#include <mutex>
#include "number.h"
using namespace std;

mutex m;//排他制御のためのオブジェクト

void threadFunc(int N, int start) {
  for (int n = start; n <= N; n += 3) {
    if (isPrime(n)) {
      unique_lock<mutex> lock(m);
      cout << n << ", ";
    }
  }
}

int main() {
  const int N = 100;

  cout << "2, 3, ";

  thread threadA(threadFunc, N, 4);//4から調べる
  thread threadB(threadFunc, N, 5);//5から調べる

  //スレッドの終了を待つ
  threadA.join();
  threadB.join();
  cout << endl;
}
```

次のような構文で、関数threadFunc()の引数を与えています。

> **[構文] 関数に引数を与えてスレッドを構築する**
> thread スレッド変数名(関数名, 引数1, ...);

　素数が多い場合にも対応するように、素数を vector に格納しましょう。vector にも排他制御が必要であることに注意してください。STL のすべてのコンテナは、複数のスレッドから同時に書き込まれることを想定していません。

[サンプル] 12-primes-thread4.cpp

```cpp
#include <thread>
#include <mutex>
#include <vector>
#include <algorithm>
#include <chrono>
#include "number.h"
using namespace std;
using namespace std::chrono;

mutex m;//排他制御のためのオブジェクト
vector<int> primes;//素数を格納するためのvector

void threadFunc(int N, int start) {
  for (int n = start; n <= N; n += 3) {
    if (isPrime(n)) {
      unique_lock<mutex> lock(m);
      primes.push_back(n);
    }
  }
}

int main() {
  auto t0 = high_resolution_clock::now();

  const int N = 400000;

  primes.push_back(2);//2と
  primes.push_back(3);//3は入れておく

  thread threadA(threadFunc, N, 4);
  thread threadB(threadFunc, N, 5);

  //スレッドの終了を待つ
  threadA.join();
  threadB.join();

  cout << "素数の数:" << primes.size() << endl;

  sort(primes.begin(), primes.end());
  report(primes.cbegin(), primes.cend());
```

```
    auto t1 = high_resolution_clock::now();
    cout << duration_cast<milliseconds>(t1 - t0).count() / 1000. << " 秒\n";
}
```

　2つのスレッドが終了した直後のvector内の素数の順番はばらばらなので、結果を表示する前にvectorの内容を並べ替えています（9.2.1項）。

　vectorも引数にすればグローバルにしなくて済むのですが、次のように書くと、関数定義によらず、primesはコピーされます。

```
thread threadA(threadFunc, N, 4, primes);
thread threadB(threadFunc, N, 5, primes);
```

　primesのアドレスを引数にしてもかまいませんが、次のように書いて参照渡しにもできます（<functional>が必要です。関数threadFunc()のパラメータはthreadFunc(int N, int start, vector<int>& primes)となります）。

［サンプル］12-primes-thread5.cpp
```
vector<int> primes{ 2, 3 };

thread threadA(threadFunc, N, 4, ref(primes));
thread threadB(threadFunc, N, 5, ref(primes));
```

　関数の戻り値のような形でスレッドからオブジェクトを返す方法は本書では紹介しませんが、アドレスや参照を使うことで、目的は達せられます。

　実行結果は次のとおりです。12.2.2項のシングルスレッドの場合（約15秒）と同じ結果が、約8秒で得られました。

```
素数の数:33860
2, 3, 5, 7, 11,
399941, 399953, 399979, 399983, 399989,
8.033 秒
```

12.3.2　デッドロック

　12-primes-thread2.cppに変数totalを使って素数の数を数える機能を付けましょう。coutとtotalのそれぞれで排他制御を行うため、mutexオブジェクトを2つにしてみます。

［サンプル］12-deadlock.cpp
```
mutex m1, m2;
```

```
int total = 0;//素数の数を数える

void threadFuncA() {
  for (int n = 4; n <= N; n += 3) {
    if (isPrime(n)) {
      unique_lock<mutex> lock1(m1);
      cout << n << ", ";
      unique_lock<mutex> lock2(m2);
      ++total;
    }
  }
}

void threadFuncB() {
  for (int n = 5; n <= N; n += 3) {
    if (isPrime(n)) {
      unique_lock<mutex> lock1(m2);
      cout << n << ", ";
      unique_lock<mutex> lock2(m1);
      ++total;
    }
  }
}
```

　このプログラムは途中で止まります（Ctrl + C で強制終了してください）。関数 threadFuncA() が m1 を、関数 threadFuncB() が m2 を獲得すると、関数 threadFuncA() は m2 がロックされているせいで、関数 threadFuncB() は m1 がロックされているせいで、++total; に進めません。このような状態を**デッドロック**といい、デッドロックが発生するとプログラムが停止してしまいます。

　複数のスレッドでオブジェクトを共有すると、排他制御が不可欠になり、デッドロックが発生する危険性が増します。この例は、関数 threadFuncB() の m2 と m1 を逆にすれば解決しますが、基本的な考え方として、スレッド間でのオブジェクトの共有は最小限にするのがいいでしょう。

12.4　OpenMP

　並列化のためのしくみの1つである OpenMP を利用して、素数を列挙するプログラムを並列化します。OpenMP はどんなタスクでも効果があるというわけではありませんが、ここで扱っているような、単純な繰り返しの並列化であれば、スレッドのことをほとんど気にせず実現できます。

12.4.1　OpenMP の準備

OpenMP は Visual C++ だけでなく、1.2.3 項で紹介したすべてのコンパイラでサポートされています。詳細については、MSDN ライブラリの「OpenMP in Visual C++」（http://msdn.microsoft.com/ja-jp/library/tt15eb9t.aspx）や、OpenMP.org（http://openmp.org/wp/openmp-specifications/）で公開されているバージョン 3.0 の規格書の日本語訳（http://www.openmp.org/mp-documents/OpenMP30spec-ja.pdf）などを参照してください[7]。

Visual Studio では、プロジェクトのプロパティ設定画面を開き、［構成］で［すべての構成］、［プラットフォーム］で［すべてのプラットフォーム］を選択して、［構成プロパティ］－［C/C++］－［言語］で［OpenMP のサポート］を［はい（/openmp）］にすることで、OpenMP が利用可能になります（図12-5）[8]。

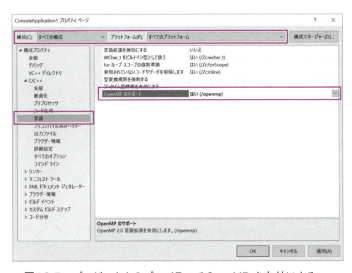

▲図 12-5　プロジェクトのプロパティで OpenMP を有効にする

12.4.2　OpenMP の利用

素数を列挙する問題のための逐次型のプログラム（12.2.2 項の 12-primes-single.cpp）を、OpenMP を利用するように書き換えると次のようになります。

---

[7] Visual C++ がサポートしている OpenMP のバージョンは 2.0 なので、バージョン 3.0 の規格の中には Visual C++ では使えないものもあります。

[8] Ubuntu 上の GNU C++ で OpenMP を使うのに特別な準備は不要です。Clang で OpenMP を使うためには「sudo apt-get install libiomp-dev」という準備が必要です。コマンドラインでビルドするためには、Visual C++ では **/openmp**、GNU C++ では **-fopenmp**、Clang では **-fopenmp=libiomp5** というオプションが必要です。

[サンプル] 12-primes-openmp.cpp

```cpp
#include <vector>
#include <chrono>
#include <algorithm>//修正点1
#include "number.h"
using namespace std;
using namespace std::chrono;

int main() {
  auto t0 = high_resolution_clock::now();

  const int N = 400000;

  vector<int> primes;

  #pragma omp parallel                                       //修正点2
  #pragma omp for schedule(dynamic, 1000)                    //修正点3
  //#pragma omp parallel for schedule(dynamic, 1000)//1行にまとめてもOK
  for (int n = 2; n <= N; ++n) {
    if (isPrime(n)) {
      #pragma omp critical//修正点4
      primes.push_back(n);
    }
  }

  cout << "素数の数:" << primes.size() << endl;

  sort(primes.begin(), primes.end());//修正点5
  report(primes.cbegin(), primes.cend());

  auto t1 = high_resolution_clock::now();
  cout << duration_cast<milliseconds>(t1 - t0).count() / 1000. << " 秒\n";
}
```

12.2.2項の12-primes-single.cpp に施した修正は、次の5点です。

1. **<algorithm> の読み込み**

   これは関数 sort() を利用するためです（9.2.5項）。

2. **#pragma omp parallel ブロック**

   このブロックの中が並列処理されることになります[*9]。

3. **#pragma omp for schedule(dynamic, 1000)**

   この記述の直後に書いた for 文が並列処理されます。1000という数はスレッドに分割する単位です。素数かどうかを調べる数を1000個単位でスレッドに渡しています。分割の粒度

[*9] 利用できるCPUの数だけスレッドが生成されます。#pragma omp parallel num_threads(スレッド数) として、スレッド数を指定することもできます。利用しているスレッドの数は、関数 omp_get_num_threads() で取得できます（<omp.h> が必要です）。

を調整するところで少し工夫が必要で、粒度が大きいと暇なCPUコアができてしまう危険性があり、粒度が小さいと切り替えの負荷が大きくなる危険性があります。「1000」の代わりにschedule(guided)すると分割方法が実行時に調整されますが、ここで解いている問題で採用すると遅くなります。

4. **#pragma omp critical**
   この記述の次に書く文が排他制御の対象になります。

5. **sort(primes.begin(), primes.end());**
   素数を列挙し終わった直後のvectorの要素は順番がばらばらになっているため、並べ替える必要があります。

プログラムの実行結果は次のとおりです。シングルスレッドの場合（約15秒）と同じ結果が、約4秒で得られました。

```
素数の数:33860
2, 3, 5, 7, 11,
399941, 399953, 399979, 399983, 399989,
3.897 秒
```

OpenMPには#pragmaで始まるディレクティブの他に関数も用意されています（表12-1）。この節では利用していませんが、スレッドごとに異なる処理をさせたい場合などに、これらの関数が役立ちます。

▼表12-1　OpenMPの関数（<omp.h>）

関数プロトタイプ	機　能
int omp_get_dynamic();	スレッド数の動的制御が有効かどうかを返す（0以外なら有効）
void omp_set_dynamics(int);	スレッド数の動的制御の有効/無効を設定する（引数が0なら無効）
int omp_get_max_threads();	最大のスレッド数を返す
int omp_get_nested();	並列実行領域のネストが有効かどうかを返す（0以外なら有効）
void omp_set_nested(int);	並列実行領域のネストの有効/無効を設定する（引数が0なら無効）
int omp_get_num_procs();	プログラムで使用可能なプロセッサ数を返す
int omp_get_num_threads();	並列実行領域のスレッド数を返す
int omp_set_num_threads(int);	並列実行領域で使用するスレッド数を設定する
int omp_get_thread_num();	並列スレッドの番号を返す
int omp_in_parallel();	並列実行中かどうかを返す（0以外なら並列実行中）

第12章　練習問題

1 12-primes-thread4.cpp の primes はグローバル変数ですが、これを関数 main() のローカル変数に変更してください（グローバル変数はなるべく使わない方がいいからです）。参照を使う方法を 12-primes-thread5.cpp で試しているので、ここではポインタを使ってみましょう。

2 12-primes-thread5.cpp を改変し、スレッド間でオブジェクトを共有しないようにしてください。これによって、ロックの手間とデッドロックの危険はなくなりますが、後で結果を統合する手間が生じます。どちらが速いかを、計測して確認してください。（ヒント：2つの vector、a と b は、a.insert(a.end(), b.cbegin(), b.cend()); で連結できます）

3 2147483647（多くの環境での int の最大値）以下の素数の数を数えてください。素数をコンテナに保存する必要はありません。
（ヒント：本文の方法を改良して解決するなら、n が素数かどうかのチェックを、n の平方根以下の数で割れるかどうかで行うといいでしょう。さらに、2147483647 の平方根以下の素数をコンテナに入れて、それで割れるかどうかで行うようにすれば、現実的な時間内で求められるでしょう。この方針の解答を用意していますが、まったく違う方法で解決してもかまいません）

第13章 応用アプリケーション
〜パズルの解法

この章では、これまでに学んだことのまとめとして、パズルを題材に、より実践的なプログラムを書いていきます。章前半では、順列と組み合わせの作り方、その探索についてなど、基本的なテクニックを学びます。それを踏まえて、章後半では魔法陣パズルに挑戦します。

13.1　順列と組み合わせ

まず、パズルを解くための基本テクニックである順列と組み合わせの作り方を紹介します。
A、B、C、D、Eという文字の書かれた5種類のカードに関する、次の4つの問題を考えます。

- すべての場合の数：このカードを3回使って作れる文字列をすべて列挙してください。同じカードを複数回使ってもかまいません。
- 順列1：このカードを1回ずつ使って作れる長さ5の文字列をすべて列挙してください。
- 順列2：このカードを1回ずつ使って作れる長さ3の文字列をすべて列挙してください。
- 組み合わせ：このカードから3枚を選ぶ選び方をすべて列挙してください。ただし、同じカードを複数回使うことはできません。

カードをvector<string>で管理します。

[サンプル] 13-bruteforce.cpp

```
vector<string> cards{ "A", "B", "C", "D", "E" };
```

13.1.1　すべての場合の数

カードを使う可能性を、for文ですべて試して総当たりを行い、最初の問いへの解を得ます。

［サンプル］13-bruteforce.cpp

```cpp
for (auto& p : cards) {
  for (auto& q : cards) {
    for (auto& r : cards) {
      cout << p << q << r << endl;
    }
  }
}
```

実行すると次のようになり、すべての場合が出尽くしていることがわかります。

```
AAA
AAB
AAC
（中略）
EEC
EED
EEE
```

13.1.2　順列1

for文の内側で、5枚のカードがすべて異なっているかどうかを確認することで、2番目の問いへの解を得ます。

［サンプル］13-permutation1a.cpp

```cpp
for (auto& p : cards) {
  for (auto& q : cards) {
    for (auto& r : cards) {
      for (auto& s : cards) {
        for (auto& t : cards) {
          if (p != q && p != r && p != s && p != t &&
                        q != r && q != s && q != t &&
                                  r != s && r != t &&
                                            s != t) {
            cout << p << q << r << s << t << endl;
          }
        }
      }
    }
  }
}
```

実行結果は次のとおりです。

```
ABCDE
ABCED
ABDCE
（中略）
EDBCA
EDCAB
EDCBA
```

結果は正しいのですが、この方法には2つ問題があります。第1に、カードの種類や生成する文字列の長さが長くなると、「カードがすべて異なる」という条件を書くのが面倒になることです。第2に、p == "A" かつ q == "A" だったら、r以降のループを回すのは無駄なのですが、そういう無駄を排除できていません。

これら2つの問題を、標準ライブラリに用意されている、順列を作るための関数next_permutation() を使って解決します。関数next_permutation() は、イテレータで指定された範囲を辞書順が次のもので置き換える、つまりコンテナの中身を変更する関数です（<algorithm>が必要です）。

[サンプル] 13-permutation1b.cpp
```cpp
vector<string> cards{ "A", "B", "C", "D", "E" };
do {
  for (auto& i : cards) cout << i;
  cout << endl;
} while (next_permutation(cards.begin(), cards.end()));
```

実行結果は先と同じです。

13.1.3　順列2

順列1と比べると、順列2ではカードの種類の数（ここでは5）と、使われない種類のカードがあるという違いがあります。このようなときは、next_permutation() は使えません。最初に示した多重for文に戻ってもいいのですが、汎用的ではないので、ここでは順列を再帰的（5.1.6項）に作る関数permutation() を作ることにしましょう。この関数は、「permutation(使えるカードのvector cards, 作りかけの列result, 使う枚数n)」という形で使うことにします。

再帰的な関数なので、終了条件をまず考えます。終了条件は、「resultのサイズがnかどうか」でいいでしょう。同じだったら結果を出力することにします。

[サンプル] 13-permutation2.cpp

```cpp
void permutation(const vector<string>& cards, vector<string>& result, unsigned n) {
  if (result.size() == n) {
    for (auto& i : result) cout << i;
    cout << endl;
  }
```

result のサイズが n でなければ、すべてのカードの中から、result に含まれていないもの、つまり「未使用のカード」を選び、result に追加して（push_back）、再帰的に探索します。その探索が終わったら、「未使用のカード」を除去（pop_back）します。

[サンプル] 13-permutation2.cpp

```cpp
  else {
    for (auto& i : cards) {
      if (find(result.cbegin(), result.cend(), i) == result.cend()) {
        result.push_back(i);
        permutation(cards, result, n);
        result.pop_back();
      }
    }
  }
}
int main() {
  vector<string> cards{ "A", "B", "C", "D", "E" };
  vector<string> result;
  permutation(cards, result, 3);
}
```

実行結果は次のとおりです。

```
ABC
ABD
ABE
（中略）
EDA
EDB
EDC
```

push_back と pop_back を使うのがわかりにくければ、次のように、作りかけの列をコピーしてもいいでしょう。コピーのコストが気になりますが、この問題では重大ではありません。

[サンプル] 13-permutation3.cpp

```cpp
if (find(result.cbegin(), result.cend(), i) == result.cend()) {
```

```
    auto tmp = result;//コピー
    tmp.push_back(i);
    permutation(cards, tmp, n);
  }
}
```

13.1.4　組み合わせ

　組み合わせを多重for文で作ります。内側のループの添字を外側のループの「添字+1」にすれば、同じカードは選ばれなくなります。

[サンプル] 13-combination1.cpp

```
vector<string> cards { "A", "B", "C", "D", "E" };
auto size = cards.size();
unsigned p, q, r;

for (p = 0; p < size; ++p) {
  for (q = p + 1; q < size; ++q) {
    for (r = q + 1; r < size; ++r) {
      cout << cards[p] << cards[q] << cards[r] << endl;
    }
  }
}
```

　実行結果は次のとおりです。

```
ABC
ABD
ABE
ACD
ACE
ADE
BCD
BCE
BDE
CDE
```

　順列の場合と同様、再帰的に列挙することもできます。再帰の終了条件は順列の場合と同じです。再帰の終わりでないときは、未使用のカードで最初のもの（resultの末尾のカードの次）以降のすべてのカードについて、それをresultに追加して（push_back）、再帰的に探索します。探索が終わったら、追加したカードを除去します（pop_back）。

[サンプル] 13-combination2.cpp

```
void combination(const vector<string>& cards, vector<string>& result, unsigned n) {
```

```cpp
    if (result.size() == n) {
      for (auto& i : result) cout << i;
      cout << endl;
    }
    else {
      vector<string>::const_iterator i;
      if (result.empty()) i = cards.cbegin();
      else i = find(cards.cbegin(), cards.cend(), result.back()) + 1;
      while (i != cards.end()) {
        result.push_back(*i);
        combination(cards, result, n);
        result.pop_back();
        ++i;
      }
    }
  }
  int main() {
    vector<string> cards{ "A", "B", "C", "D", "E" };
    vector<string> result;
    combination(cards, result, 3);
  }
```

実行結果は先と同じです。

順列の場合と同様、push_back と pop_back を使うのがわかりにくければ、次のように、作りかけの列をコピーしてもいいでしょう。コピーのコストが気になりますが、この問題では重大ではありません。

[サンプル] 13-combination3.cpp

```cpp
  while (i != cards.end()) {
    auto tmp = result;//コピー
    tmp.push_back(*i);
    combination(cards, tmp, n);
    ++i;
  }
```

 13.2 探索

1から5の整数を組み合わせて10を作るというパズルを考えます。{1111111111} や {55} は、このパズルの解です（{5, 5} と書くところですが、冗長になるのでカンマを省略しています）。単純なパズルですが、これを例題にして、パズルの解の探索方法を解説します。

図13-1は、このパズルの解を探索しているようすを表現したものです。何もない状態{}から始め、使える数を順番に割り当てて調べています。左下には1つの解である{1111111111}が、右には別の解である{55}があります。

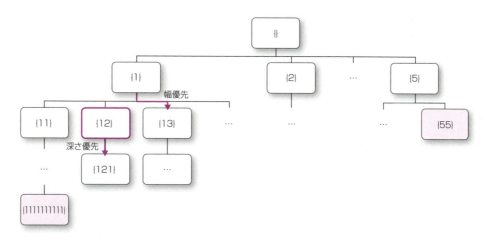

▲図13-1　深さ優先探索と幅優先探索

　図13-1のようなデータ構造を**探索木**と呼びます。探索木で解を探す基本的な方法に、**深さ優先探索**と**幅優先探索**があります。今、探索が図の{12}のところを探索しているとしましょう。次に、探索木のより深い部分、つまり{121}を探索するのが深さ優先探索です。それに対して、同じ深さの部分、つまり{13}を探索するのが幅優先探索です。解があるなら、幅優先探索はいつかはそれを見つけます。深さ優先探索は、深さが無限に深くならないなら、いつかは解を見つけます。
　先に進む前に、解の候補をvector<int>で表現することにし、それを表示するための関数report()を定義しておきましょう。

[サンプル] 13-dfs.cpp
```
void report(const vector<int>& x) {
  for (auto i : x) cout << i;
  cout << endl;
}
```

13.2.1　深さ優先探索

　深さ優先探索は、単純な再帰で実現します。再帰なので、まず終了条件を考えます。終了条件は、「解の候補の合計が10になっている」でいいでしょう。無限に深くまで探索しないように、探索を続ける条件「合計が10未満」も必要です。

今、図13-1の解の候補{1,2}を調べていたとしましょう（解の候補をxとします）。探索は次のように進みます。

1. accumulate（9.1.1項）で合計を求める（sum = 3）。
2. 合計が10なら解を表示する（report(x)）。
3. 合計が10未満なら探索を続ける。
    (1) 1から5の数を1つ選び、iとする（for文）。
    (2) xをコピーしてnextXとし、nextXにiを追加する（最初、nextXは{1, 2, 1}になる）[*1]。
    (3) nextXを解の候補として、再帰的に探索する。

以上を実現する関数は次のようになります。

[サンプル] 13-dfs.cpp

```cpp
void depthFirstSearch(vector<int>& x, const vector<int>& numbers) {
  int sum = accumulate(x.cbegin(), x.cend(), 0);
  if (sum == 10) report(x);
  else if (sum < 10) {
    for (auto i : numbers) {
      auto nextX = x;
      nextX.push_back(i);
      depthFirstSearch(nextX, numbers);
    }
  }
}
```

空のvector<int>から探索を始めます。

[サンプル] 13-dfs.cpp

```cpp
int main() {
  vector<int> x;
  depthFirstSearch(x, { 1, 2, 3, 4, 5 });
}
```

---

*1) コピーのコストが気になる場合は、次のようにしてください。

```cpp
for (auto i : numbers) {
  x.push_back(i);
  depthFirstSearch(x, numbers);
  x.pop_back();
}
```

実行結果は次のようになり、図13-1の左下の{1111111111} が最初に、右の{55} が最後に見つかります。

```
1111111111
111111112
111111121
（中略）
532
541
55
```

13.2.2 幅優先探索

　幅優先探索では、解の候補をキュー（待ち行列）で管理します。キューは標準ライブラリにqueue として用意されています。その使い方はこの項の例のとおりです。図13-1の{12} を調べる直前のキューのようすが図13-2の上の部分です。{12}, {13}, ..., {55} が解の候補です。探索は次のように進みます。

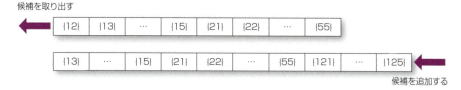

▲図13-2　幅優先探索の際のキューのようす

1. キューから解の候補を取り出す（x = {12}）。
2. accumulate で合計を求める（sum = 3）。
3. 合計が10なら解を表示する（report(x)）。
4. 合計が10未満なら探索を続ける。
    - （1）1から5の数を1つ選び、i とする（for 文）。
    - （2）x をコピーして nextX とし、nextX に i を追加する（最初、nextX は {121} になる）。
    - （3）nextX をキューに追加する。
5. キューが空でなければ1に戻る。

　以上を実現する関数は次のようになります。

［サンプル］13-wfs.cpp

```cpp
void widthFirstSearch(queue<vector<int>>& searching, const vector<int>& numbers) {
```

```
  while (!searching.empty()) {
    auto x = searching.front();//先頭要素の取得
    searching.pop();            //先頭要素の削除

    int sum = accumulate(x.cbegin(), x.cend(), 0);
    if (sum == 10) report(x);
    else if (sum < 10) {
      for (auto i : numbers) {
        auto nextX = x;
        nextX.push_back(i);
        searching.push(move(nextX));
      }
    }
  }
}
```

空のvector<int>から探索を始めます。

[サンプル] 13-wfs.cpp

```
int main() {
  auto searching = queue<vector<int>>();
  searching.emplace();//空のvector<int>から始める
  widthFirstSearch(searching, { 1, 2, 3, 4, 5 });
}
```

実行結果は次のようになり、図13-1の右の{55}が最初に、左下の{1111111111}が最後に見つかります。

```
55
145
154
（中略）
121111111
211111111
1111111111
```

 13.3　魔方陣

　この節では、これまでよりも少し複雑なパズル、魔方陣に挑戦します。魔方陣とは、図13-3のような、n行n列の正方形の中に、1からn^2までの整数が埋め込まれ、各行、各列、対角線の和がすべて同じになっているものです。

2	9	4
7	5	3
6	1	8

1	5	16	12
8	14	3	9
10	4	13	7
15	11	2	6

12	17	5	11	20
22	1	25	2	15
3	24	13	19	6
7	9	18	23	8
21	14	4	10	16

▲図13-3　魔方陣の例（各行、各列、対角線の和が、3行3列の魔方陣では15、4行4列の魔方陣では34、5行5列の魔方陣では65になっている）

13.3.1　解決に利用する定数

以下の3つのグローバル定数を定義しておきます。

［サンプル］13-3x3a.cpp

```
const int n = 3;                    //行および列の数
const int N = n * n;                //利用する数の最大値
const int s = N * (N + 1) / 2 / n;//行・列・対角線の和
```

各行、各列、対角線の和sは事前にわかっています。たとえば3行3列の魔方陣なら、すべての数の和1+2+ … +9=45= 行の和*3=3s なので、s=15です。上のコードのsは、これを一般化しています（1からnの整数の和はn(n+1)/2）。

13.3.2　解候補の扱い方

魔方陣は正方形ですが、その解の候補は、各行をつなげてvector<int>で表現します。たとえば、図13-3の左の3行3列の魔方陣は、{2, 9, 4, 7, 5, 3, 6, 1, 8}と表現します。ただし、表示するときは正方形になっていたほうが見やすいので、次のような関数report()を用意します。

［サンプル］13-3x3a.cpp

```
void report(const vector<int>& x) {
  for (unsigned i = 0; i < x.size(); ++i) {
    cout << setw(3) << x[i];
    if ((i + 1) % n == 0) cout << endl;
  }
  cout << endl;
}
```

整数をn個出力するたびに改行して、正方形で表示しています。

13.3.3 解の確認

vector<int>で表現された解の候補が、実際に魔方陣になっているかどうかを確認する関数 goal() を定義します。これは3行3列の魔方陣専用で、一般化されてはいませんが、わかりやすいように、本書ではこのまま進めます。

[サンプル] 13-3x3a.cpp

```
bool goal(vector<int>& x) {
  //for (int i : x) cout << i << ","; cout << endl;
  if (s != x[0] + x[1] + x[2] ||
      s != x[3] + x[4] + x[5] ||
      s != x[6] + x[7] + x[8] ||
      s != x[0] + x[3] + x[6] ||
      s != x[1] + x[4] + x[7] ||
      s != x[2] + x[5] + x[8] ||
      s != x[0] + x[4] + x[8] ||
      s != x[2] + x[4] + x[6]) {
    return false;
  }
  return true;
}
```

13.3.4 順列

1から9の整数を格納する vector<int> を作ります。

```
vector<int> x;
for (int i = 1; i <= N; ++i) x.push_back(i);
```

順列を生成し、魔方陣の解になっているかどうかを調べます。すべての並びの生成には、13.1.2項で紹介した関数 next_permutation() を使います。

```
do {
  if (goal(x)) {
    report(x);
  }
} while (next_permutation(x.begin(), x.end()));
```

13.3.5 順列を使う解法

関数goal()を呼んだ回数（counter）、見つけた解の数（solutions）、計算時間を報告するようにして、最初のバージョンは完成です。

［サンプル］13-3x3a.cpp

```
#include <chrono>
#include <iostream>
#include <numeric>
#include <vector>
#include <algorithm>
#include <iomanip>
using namespace std;
using namespace std::chrono;

(定数の定義)

(reportの定義)

(goalの定義)

int main() {
  auto t0 = high_resolution_clock::now();

  int counter = 0;
  int solutions = 0;
  vector<int> x;
  for (int i = 1; i <= N; ++i) x.push_back(i);
  do {
    ++counter;
    if (goal(x)) {
      ++solutions;
      report(x);
    }
  } while (next_permutation(x.begin(), x.end()));

  cout << "result: " << solutions << " / " << counter << endl;
  auto t1 = high_resolution_clock::now();
  cout << duration_cast<milliseconds>(t1 - t0).count() / 1000. << " sec.\n";
}
```

プログラムを実行すると、以下のような8個の解が見つかります。これらは、回転または鏡映によって同じになるので、本質的には同じものなのですが、ここではこれでよしとしましょう。

```
2 7 6
9 5 1
4 3 8
```

```
        2 9 4
        7 5 3
        6 1 8

        4 3 8
        9 5 1
        2 7 6

        4 9 2
        3 5 7
        8 1 6

        6 1 8
        7 5 3
        2 9 4

        6 7 2
        1 5 9
        8 3 4

        8 1 6
        3 5 7
        4 9 2

        8 3 4
        1 5 9
        6 7 2

result: 8 / 362880
0.005 sec.
```

1 から 9 の整数の順列は 9!=362880 通りありますが、今日のコンピュータでこれを全部調べるのは簡単だということがわかります。

13.3.6 和を考慮した枝刈り

3 行 3 列の魔方陣を作るために、9!=362880 通りの候補をチェックするのは無駄です。たとえば最初の 3 つの数（1 行目）が 1, 2, 3 のとき、この和は 6 ですが、行の和は 15 のはずなので、この後の数が何であろうと、魔方陣の解にはなりません。next_permutation() は辞書順で順列を作るので、1, 2, 3, 4, 5, 6, 7, 8, 9 から 1, 2, 3, 9, 8, 7, 6, 5, 4 までは無駄ということになります。

そこで、1, 2, 3 になったらすぐに、1, 2, 3, 9, 8, 7, 6, 5, 4 に飛ぶことにします。そうすると、next_permutation() を経て、1, 2, 4, 3, 5, 6, 7, 8, 9 から探索が再開されます（1, 2, 4, … も解ではないので、すぐに 1, 2, 5, … に飛びます）。

1, 2, 3, 4, 5, 6, 7, 8, 9から1, 2, 3, 9, 8, 7, 6, 5, 4に飛ぶためには、0から数えて2+1=3番目から8番目の数を逆順に並べればいいのですが（代替場所は2番目）、これは関数sort()にreverse_iterator（9.1.2項）を渡して実現します。

　例を示します。

```
vector<int> vec{ 1, 2, 3, 4, 5, 6, 7, 8, 9 };
sort(rbegin(vec), rend(vec) - 2 - 1);
for (auto i : vec) cout << i << ", ";
cout << endl;//出力値:1, 2, 3, 9, 8, 7, 6, 5, 4,
```

　同じように、最初の数が1, 2, 9になったときも、それ以降しばらくは無駄なのですが、1, 2, 10にはできません。このように、代替になる数がないときは、1つ左の数を交換します。つまり、1, 2, 9, 3, 4, 5, 6, 7, 8のとき、2番目の数（9）より大きい数が3番目以降にないため、1, 3, 2, 4, 5, 6, 7, 8, 9に飛びます。この操作は、今考えている方法を1つ左で繰り返せばいいので再帰で実現します。

　以上を繰り返して、9, 8, 7, 1, 2, 3, 4, 5, 6のように左端が9になると、もう代替するものはないので、9, 8, 7, 6, 5, 4, 3, 2, 1に飛び、探索を終了させます。この操作は、先と同様で、関数sort()にreverse_iteratorを渡して実現します。

　解の候補と代替場所を指定すると、上述の操作を行う関数skipafter()を定義します（9.2.2項で紹介した、指定した値を検索するfind()ではなく、呼び出し可能オブジェクト（9.3節）として与えた条件を満たすデータを検索するfind_if()を使っています。[&]を[=]にすると、xがコピーされるようになり、遅くなります）。

[サンプル] 13-3x3b.cpp

```
void skipafter(vector<int>& x, size_t pos) {
  auto p = find_if(x.begin() + static_cast<int>(pos) + 1, x.end(),
    [&](int i) { return i > x[pos]; });
  if (p != x.end()) {
    sort(x.rbegin(), x.rend() - static_cast<int>(pos) - 1);
  }
  else if (pos != 0) {
    skipafter(x, pos - 1);
  }
  else if (x[0] == N) {
    sort(x.rbegin(), x.rend() - 1);
  }
}
```

　この関数を使うように、関数goal()を修正します。

[サンプル] 13-3x3b.cpp

```cpp
bool goal(vector<int>& x) {
  //for (int i : x) cout << i << ","; cout << endl;
  if (s != x[0] + x[1] + x[2]) {
    skipafter(x, 2);
    return false;
  }
  if (s != x[3] + x[4] + x[5]) {
    skipafter(x, 5);
    return false;
  }

  if (//s != x[0] + x[1] + x[2] ||
      //s != x[3] + x[4] + x[5] ||
        s != x[6] + x[7] + x[8] ||
        s != x[0] + x[3] + x[6] ||
        s != x[1] + x[4] + x[7] ||
        s != x[2] + x[5] + x[8] ||
        s != x[0] + x[4] + x[8] ||
        s != x[2] + x[4] + x[6]) {
    return false;
  }
  return true;
}
```

このように、探索木の途中で探索を打ち切ることを**枝刈り**と言います。1行目と2行目の和の条件を使って枝刈りをすると、得られる解は前と同じですが、調べる解の候補は、362880から8376に減ります。

```
2 7 6
9 5 1
4 3 8

2 9 4
7 5 3
6 1 8

4 3 8
9 5 1
2 7 6

4 9 2
3 5 7
8 1 6

6 1 8
7 5 3
2 9 4
```

```
    6  7  2
    1  5  9
    8  3  4

    8  1  6
    3  5  7
    4  9  2

    8  3  4
    1  5  9
    6  7  2

result: 8 / 8376
0.008 sec.
```

13.3.7　対称性を考慮した枝刈り

先に述べたように、3行3列の魔方陣の解は、対称性を考慮すると1つだけになります。この対称性を考慮することも、枝刈りになります。具体的には、次のような制約を入れます。

- 左上の数x[0]よりも右上の数x[2]は大きい。
- 右上の数x[2]よりも左下の数x[6]は大きい。
- 左上の数x[0]よりも右下の数x[8]は大きい。

この制約を入れると、関数goal()は次のようになります。

[サンプル] 13-3x3c.cpp

```cpp
bool goal(vector<int>& x) {
  //for (int i : x) cout << i << ','; cout << endl;
  if (x[0] > x[2] || s != x[0] + x[1] + x[2]) {
    skipafter(x, 2);
    return false;
  }
  if (s != x[3] + x[4] + x[5]) {
    skipafter(x, 5);
    return false;
  }
  if (x[2] > x[6]) {
    skipafter(x, 6);
    return false;
  }
  if (x[0] > x[8]) return false;

  if (//s != x[0] + x[1] + x[2] ||
```

```
      //s != x[3] + x[4] + x[5] ||
        s != x[6] + x[7] + x[8] ||
        s != x[0] + x[3] + x[6] ||
        s != x[1] + x[4] + x[7] ||
        s != x[2] + x[5] + x[8] ||
        s != x[0] + x[4] + x[8] ||
        s != x[2] + x[4] + x[6]) {
    return false;
  }
  return true;
}
```

プログラムの実行結果は次のとおりで、出力される解は1つだけになります。調べる解の候補は、8376から3972に減ります。

```
  2  9  4
  7  5  3
  6  1  8
result: 1 / 3972
0.001 sec.
```

13.3.8　4行4列の魔方陣

定数nを変更して、4行4列の魔方陣の解を求めましょう。

[サンプル] 13-4x4a.cpp
```
const int n = 4;
```

関数goal()が3行3列専用だったので、次のように修正します。

[サンプル] 13-4x4a.cpp
```
bool goal(vector<int>& x) {
  if (x[0] > x[3] || s != x[0] + x[1] + x[2] + x[3]) {
    skipafter(x, 3);
    return false;
  }
  if (s != x[4] + x[5] + x[6] + x[7]) {
    skipafter(x, 7);
    return false;
  }
  if (s != x[8] + x[9] + x[10] + x[11]) {
    skipafter(x, 11);
    return false;
  }
```

```
    if (x[3] > x[12]) {
      skipafter(x, 12);
      return false;
    }
    if (x[0] > x[15]) return false;

    if (//s != x[0] + x[1]  + x[2]  + x[3]  ||
        //s != x[4] + x[5]  + x[6]  + x[7]  ||
        //s != x[8] + x[9]  + x[10] + x[11] ||
          s != x[12] + x[13] + x[14] + x[15] ||
          s != x[0]  + x[4]  + x[8]  + x[12] ||
          s != x[1]  + x[5]  + x[9]  + x[13] ||
          s != x[2]  + x[6]  + x[10] + x[14] ||
          s != x[3]  + x[7]  + x[11] + x[15] ||
          s != x[0]  + x[5]  + x[10] + x[15] ||
          s != x[3]  + x[6]  + x[9]  + x[12])
      return false;
    return true;
}
```

このプログラムは時間がかかるので、実行するときはReleaseモードでビルドしてください。
プログラムを実行すると、1639729176個の解の候補から、880個の解が見つかります。

```
result: 880 / 1639729176
39.035 sec.
```

13.3.9　高速化のためのヒント

　4行4列の魔方陣の全解列挙に、筆者のコンピュータでは約40秒かかりました。実は、プログラムを改良すると、同じコンピュータで2秒程度で実行できるようになります。プログラムの改良はここではしませんが、高速化のためのヒントを挙げておきます[2]。

1. 解をvector<int>で表現するのをやめて、各数を個別の変数で表す。
2. next_permutation()を使わずに、多重for文で探索する（埋める数の順番を変えるとさらに速くなる）。
3. 使った数をstd:bitsetで管理する（std:bitsetではなく3.2.5項の方法で整数で管理すればさらに速くなる）。
4. 3つの数a,b,cが決まれば、dはs-a-b-cと一意に決まる。
5. 2つの数a,bが決まれば、cの範囲はs-a-b-cが存在する範囲、つまりmax(1, s-a-b-P)からmin(1, s-a-b-Q)に限られる（9.4.3項）。ここで、Pは未使用の最大数、Qは未使用の

---

[2] サンプルファイルの13-4x4b.cppや13-4x4c.cppを参照してください。

最小数だが、Nと1で代替してもよい。
6. 行だけでなく、列や対角線の和の制約も枝刈りに使う。
7. OpenMPで並列化する。

付　録

A.1　命名規則

　C++では識別子等の名前の付け方にはかなりの自由度があります。しかし、何らかの命名規則を定めて、それを一貫して使うようにするとよいでしょう。少なくとも、同じプロジェクトの中では異なる命名規則を混在させないほうがいいでしょう。他人が書いたコードを修正する場合には、元の命名規則に従うといいでしょう。

A.1.1　命名規則の例1

　文献［McConnell］で紹介されている命名規則です（一部変更しています）。

- 名前には意味のある単語を用いる。ただし、ローカル変数は意味のない短い文字列でもよい。
- 型名：名詞を大文字と小文字の組み合わせで表記する（例：MixedUpperAndLowerCase）。
- 変数名：名詞を用いる。iとjは整数インデックス。データメンバには接頭辞か接尾辞（たとえば「_」）を付ける。関数パラメータの名前は、それが代入されるメンバ変数と揃える。
- 定数/typedef/マクロ：すべて大文字とする（例：ALL_CAPS）。
- コンテナ：複数形を用いる。
- 関数名：動詞を用いる。アクセッサの先頭にはis、set、getを付ける。

A.1.2　命名規則の例2

　「Google C++ Style Guide」（https://google.github.io/styleguide/cppguide.html）の規則です[1]。

---

[1] 日本語訳がhttp://www.textdrop.net/google-styleguide-ja/cppguide.xml で公開されています。

- **原則**：名前は内容を説明するものであること。省略はしない。型名と変数名には名詞を、関数名には動詞の命令形を用いる。
- **ファイル名**：すべて小文字とする。アンダースコア（_）とハイフン（-）を含むことができる。C++ファイルの拡張子はcc、ヘッダファイルの拡張子はhとする（例：my_useful_class.cc、my-useful-class.cc、myusefulclass.cc）。
- **型名**：単語の先頭は大文字とする。アンダースコアは使わない（例：MyExcitingEnum）。
- **変数名**：すべて小文字とする。単語と単語の間にはアンダースコアを入れる。クラスのデータメンバは、末尾にアンダースコアを付ける（例：my_exciting_local_variable、my_exciting_member_variable_）。
- **定数名**：先頭はkにする。単語の先頭は大文字とする（例：kDaysInAWeek）。
- **関数名**：アクセッサの名前はデータメンバ名に揃える（例：MyExcitingFunction()、MyExcitingMethod()、my_exciting_member_variable()、set_my_exciting_member_variable()）。
- **名前空間名**：すべて小文字とする。プロジェクト名とディレクトリ構造を反映させる（例：google_awsome_project）。
- **列挙子**：すべて大文字とする。単語と単語の間にはアンダースコアを入れる（例：MY_EXCITING_ENUM_VALUE）。
- **マクロ**：マクロは使うべきではない。使う場合には、その名前はすべて大文字とし、単語と単語の間にはアンダースコアを入れる（例：MY_MACRO_THAT_SCARES_SMALL_CHILDREN）。

A.2　Boost

BoostはC++の標準ライブラリを補完するようなライブラリです。準標準と言ってもいいくらいのライブラリで、Boostの一部が標準ライブラリに取り入れられることもあります。ここではBoostをインストールし、簡単な例で動作を確認します。

A.2.1　Boostのインストール

Visual StudioでBoostを使うためには、Boostをhttp://www.boost.org/ からダウンロードして展開し、プロジェクトに登録します[*2]。本書執筆時点での最新版であるBoost 1.62.0をダウンロードし、C:\boost\boost_1_62_0に展開したとすると、Visual Studioのプロジェクトのプロパティ設定画面を開き、［構成］を［すべての構成］、［プラットフォーム］を［すべてのプラッ

[*2] Ubuntuでは、「sudo apt-get install libboost-all-dev」とすることで、GNU C++やClangでBoostを使えるようになります。

トフォーム] に設定して、[構成プロパティ] – [C/C++] – [全般] で、[追加のインクルードディレクトリ] に C:\boost\boost_1_62_0 を追加します（図 A-1）。

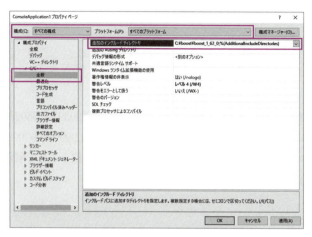

▲図 A-1　Boost をプロジェクトに登録したようす

A.2.2　例 1：Boost.Multiprecision

高精度の計算を実現するためのライブラリ Boost.Multiprecision を使って、3.2.12 項で紹介した浮動小数点数の問題を解決します。

第 1 の問題は、「0.1」という浮動小数点リテラルが表す数が、厳密には 0.1 ではないため、10 個足しても 1 にならないことでした。

［サンプル］a-multiprecision.cpp

```
double d1 = 0.1;
double d2 = d1 + d1 + d1 + d1 + d1 + d1 + d1 + d1 + d1 + d1;
cout << (d2 == 1.0 ? "等しい" : "等しくない") << endl;
//出力値:等しくない
```

この問題は、10 進数で 50 桁の精度を持つ boost::multiprecision::cpp_dec_float_50 を使うことで解決します（<boost/multiprecision/cpp_dec_float.hpp> が必要です）。

［サンプル］a-multiprecision.cpp

```
using real = boost::multiprecision::cpp_dec_float_50;
real r1("0.1");
real r2 = r1 + r1 + r1 + r1 + r1 + r1 + r1 + r1 + r1 + r1;
cout << (r2.compare(1) == 0 ? "等しい" : "等しくない") << endl;
//出力値:等しい
```

オブジェクトの生成時に、10進数を文字列で与えることが大切です。浮動小数点リテラルを使うと、double型の0.1をもとにオブジェクトを作るので、問題は解決しません。

[サンプル] a-multiprecision.cpp

```
real r3(0.1);//間違い
real r4 = r3 + r3 + r3 + r3 + r3 + r3 + r3 + r3 + r3;
cout << (r3.compare(1) == 0 ? "等しい" : "等しくない") << endl;
//出力値:等しくない
```

第2の問題は、「0.1」という浮動小数点リテラルが表す数（3602879701896397 / 36028797018963968）を、10進数では簡単には表現できないことでした（16進数なら0x1.999999999999ap-4）。
この問題は、有理数のためのboost::multiprecision::cpp_rationalを使うことで解決します（<boost/multiprecision/cpp_int.hpp>が必要です）。

[サンプル] a-multiprecision.cpp

```
using rational = boost::multiprecision::cpp_rational;
rational r(3602879701896397, 36028797018963968);
cout << setprecision(20) << hexfloat << r.convert_to<double>() << endl;
//出力値:0x1.999999999999a0000000p-4

double d = 0.1;
cout << (r.compare(d) == 0 ? "等しい" : "等しくない") << endl;
//出力値:等しい
```

分子と分母を与えて生成した数が、double型の0.1（厳密には0x1.999999999999ap-4）と等しくなっています。

A.2.3　例2：Boost.Graph

1個以上の頂点が辺で結ばれたものを**グラフ**と呼びます。グラフはさまざまな活用法がある便利なデータ構造です。パズルを解くのにもよく使われます。

ここでは、グラフを使って図A-2のSからZに向かう最短経路を求めてみましょう[*3]。アルファベットが地点、数値が地点間の距離を表しています。辺に向きと重みの概念があるグラフ（重み付き有向グラフ）を使って、このような位置関係を表現します。

[*3] このグラフの出典は、P. グリッツマン・R. ブランデンベルク著、石田基広訳『最短経路の本』（丸善出版、2012）です。

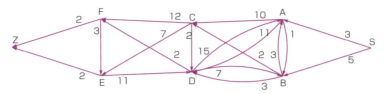

▲図A-2　重み付き有向グラフ（数値は地点間の距離。SからZへの最短経路を求めたい）

まず、グラフ、頂点、辺のための型に別名を付けておきます。

[サンプル] a-graph.cpp

```cpp
#include <boost/graph/adjacency_list.hpp>
#include <boost/graph/dijkstra_shortest_paths.hpp>
#include <boost/graph/graph_traits.hpp>
#include <boost/graph/graph_utility.hpp>
using namespace std;
using namespace boost;

int main() {
  using Graph = adjacency_list<listS, vecS, directedS, no_property,
property<edge_weight_t, int>>;
  using Vertex = graph_traits<Graph>::vertex_descriptor;
  using Edge = pair<int, int>;
```

頂点、辺、重みを定義します。

[サンプル] a-graph.cpp

```cpp
    enum vertices { S, A, B, C, D, E, F, Z };//頂点の名前(整数)
    const int lastIndex = Z;                 //最後の数
    string names = "SABCDEFZ";               //頂点の表示ラベル
    vector<Edge> edges {//辺の定義
      { S, A }, { S, B },
      { A, B }, { A, C }, { A, D },
      { B, A }, { B, C }, { B, D },
      { C, D }, { C, E }, { C, F },
      { D, A }, { D, B }, { D, F },
      { E, D }, { E, Z },    //最短経路あり
      { F, E }, { F, Z } };  //最短経路あり
    //{ E, D }, { Z, E },    //最短経路なし
    //{ F, E },{ Z, F } };//最短経路なし
    vector<int> weights {//重みの定義
      3, 5,
      1, 10, 11,
      3, 2, 3,
      2, 7, 12,
      15, 7, 2,
      11, 2,
```

```
   3, 2};
if (edges.size() != weights.size()) throw runtime_error("辺の数と重みの数
が合わない");
```

グラフを構築し、辺が正しく定義できていることを確かめます。

[サンプル] a-graph.cpp

```
//グラフの構築
Graph g(edges.cbegin(), edges.cend(), weights.cbegin(), lastIndex);
//グラフの表示
print_graph(g, names.c_str());
cout << endl;
```

次のような結果になります。図A-2と見比べて、正しいことを確認してください。

```
S --> A B
A --> B C D
B --> A C D
C --> D E F
D --> A B F
E --> D Z
F --> E Z
Z -->
```

スタート地点（S）から各頂点への最短経路を探します。

[サンプル] a-graph.cpp

```
//スタート地点
Vertex start = S;
//最短経路を格納するvector
vector<Vertex> parents(num_vertices(g));
//最短経路を求める
dijkstra_shortest_paths(g, start, predecessor_map(&parents[0]));
```

ゴール地点（Z）にたどり着けたかどうかを確認します。たどり着けていない場合はそこでプログラムを終了させます。

[サンプル] a-graph.cpp

```
Vertex goal = Z;//ゴール地点
if (parents[goal] == goal) {
  cout << "最短経路なし\n";
  return 1;
}
```

スタート地点からゴール地点までの経路を表示します。

[サンプル] a-graph.cpp

```
  for (Vertex v = goal; v != start; v = parents[v]) {//経路の表示
    cout << names[v] << " <- ";
  }
  cout << names[start] << endl;
}//出力値:Z <- F <- D <- B <- A <- S
```

図A-2と見比べることで、これが確かに最短経路になっていることを確認できます。

A.3　デバッガの使い方

Visual Studioのデバッガの基本的な使い方を紹介します。利用しているコードは5.1.3項の05-divisors3.cppです。

1. デバッガを起動する

コードを入力し、Debugモード（2.2.3項）にして、［デバッグ］メニューの［ステップイン］をクリックする（あるいは F11 キーを押す）とプログラムが実行され、関数main()の先頭で一時停止します。次に実行される文が矢印で指されています。

2. 1行ずつ実行する

［デバッグ］ツールバーの ? ［ステップオーバー］ボタンをクリックすると、矢印で指された行が実行されます。

3. 関数やメソッドの内部に入る

矢印がint result = numOfDivisors(n); を指している状態で、 ↓ ［ステップイン］ボタンをクリックすると、関数numOfDivisors()の中に入ります。関数の中を調べる必要がないときは、［ステップオーバー］ボタンをクリックします。

4. 関数やメソッドから出る

関数numOfDivisors()の中に入った状態で、 ↑ ［ステップアウト］ボタンをクリックすると、関数の終わりまでプログラムが実行され、関数main()に戻ります。

5. 変数にアクセスする

デバッガの実行中は画面左下のウィンドウで変数にアクセスできます。値の変更も可能です。

6. ブレークポイントを設定する

コードの左側のグレーの部分をクリックして赤い印を表示させると、そこがブレークポイントになります。ブレークポイントを設定した状態で、→［続行］ボタンをクリックすると、プログラムはその行まで実行され、一時停止します。

7. デバッガを停止する

■［デバッグの停止］ボタンをクリックするとデバッガが停止します。

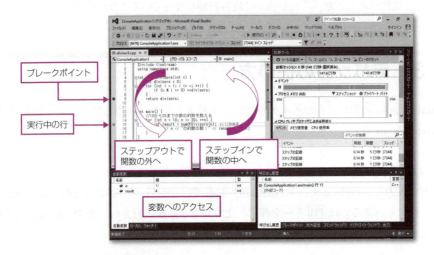

▲図A-3　デバッガの基本操作

 ## A.4　参考資料

本書の執筆において参考にした資料と、本書を読んだ読者にお勧めする資料を以下に挙げます。

[Bentley]　Bentley, J. Programming Pearls. Addison-Wesley, 2nd edition, 1999. 小林健一郎訳. 珠玉のプログラミング. 丸善出版, 2014

　データ構造とアルゴリズムについてのさまざまなエッセイがまとめられています。二分探索についての詳細なテスト事例が報告されています。

[cpprefjp]　cpprefjp - C++ 日本語リファレンス　http://cpprefjp.github.io/

　C++ の日本語リファレンスのサイトです。サンプルコードを探すときは、［高橋］か、ここにあたるといいでしょう。

[Fowler] Fowler, M. Uml Distilled. Addison-Wesley, 3rd edition, 2003. 羽生田栄一訳. UML モデリングのエッセンス. 翔泳社, 第3版, 2005.

UMLの各種ダイアグラムがコンパクトに紹介されています。リファレンスとしても使えます。

[Friedl] Friedl, J. E. Mastering Regular Expressions. O'reilly Media, Inc., 3rd edition, 2006. 長尾高弘訳. 詳説 正規表現. オライリー・ジャパン, 第3版, 2008.

文字列処理のための正規表現についての標準的な解説書です。

[isocpp] Standard C++ https://isocpp.org/

C++についてのさまざまな情報が集められたポータルサイト（英語）です。

[Kernighan] Kernighan, B. W. and Ritchie, D. M. The C Programming Language. Prentice Hall, 2nd edition, 1988. 石田晴久訳. プログラミング言語C. 共立出版, 第2版, 1989.

C言語についての解説書です。リファレンスとしても使えますが、C言語の最新規格には対応していません。

[Linden] Linden, Peter van der. Expert C Programming — Deep C Secrets. Prentice Hall, 1994. 梅原系訳. エキスパートCプログラミング—知られざるCの深層. アスキー, 1996

C言語についての「2冊目」の本です。この本では、C言語の深層がユーモアを交えた文章で探求されています。C言語とC++ではプログラミングスタイルが違いますが、この本で紹介されている話題の多くは、C++にとっても大事なことです。

[Lippman] Lippman, S. B., et al. C++ Primer. Addison-Wesley, 5th edition, 2012. クイープ訳. C++ プライマー. 翔泳社, 第5版, 2016.

C++の定評ある分厚い入門書です。C++11の言語とライブラリのほぼすべてを扱っています（並列処理を除く）。本書よりは高度で、［Stroustrup］よりは読みやすいでしょう。

[McConnell] McConnell, S. Code Complete. Microsoft Press, 2nd edition, 2004. クイープ訳. Code Complete. 日経BP社, 第2版, 2005.

ソフトウェア開発プロセスの各段階（1.3.1項）で気を付けなければならないことが詳しく解説されています。4.2.6項で紹介したgoto文の是非についても詳しく解説されています。

[Meyers05] Meyers, S. Effective Modern C++. O'Reilly Media, Inc., 2015. 千住治郎訳. Effective Modern C++. オライリー・ジャパン, 2015.

標準C++の基本的な使い方を知っていることを前提に、プログラムを書く際に気を付けなければならないことがまとめられています。

[**N4296**] Working Draft, Standard for Programming Language C++

　C++14のドラフト規格です。正式な規格書とほとんど違いはないはずです。https://isocpp.org/std/the-standard から無料でダウンロードできます。

[**Oram**] Oram, A. and Wilson, Greg. editors. Beautiful Code. O'reilly Media, Inc., 2007. , 久野禎子ほか訳. ビューティフルコード. オライリー・ジャパン, 2008.

　美しいコードについてのさまざまなエッセイがまとめられています。第7章「ビューティフル・テスト」で、11.4.1項で紹介した二分探索のバグが紹介されています。

[**Stroustrup**] Stroustrup, B. The C++ Programming Language. Pearson Education, Inc., 4th edition, 2013. 柴田望洋訳. プログラミング言語C++. SB クリエイティブ, 第4版, 2015.

　C++のバイブルです。不確かな情報がまん延するWebを漂う前に、まずこの本を開くべきです。

[**江添**] 江添亮. C++11/14 コア言語. KADOKAWA, 2015.

　C++の標準規格のうちライブラリ以外の部分について、非常に詳しく解説しています。https://github.com/EzoeRyou/cpp-book で全文が公開されています。

[**高橋**] 高橋晶ほか. C++ ポケットリファレンス. 技術評論社, 改訂新版, 2015.

　必要な機能から探すリファレンスです。一度目を通して、後は必要に応じて参照するといいでしょう。

練習問題の解答

第 1 章の解答

1 コンパイラ

2 1. 属性（あるいはフィールド、データメンバ）と操作（あるいはメソッド、メンバ関数）を合わせたもの
2. コンピュータのメモリに格納されたデータ

3 オブジェクト指向プログラミング

第 2 章の解答

1 Hello, World! を次のように改変することで、3種類のエラーを発生させます（エラーを発生させる方法はこれだけではありません）。

- <iostream> を <iostream1> に変更する（Visual C++ のエラーコードはC1083）
- using namespace std; を削除する（Visual C++ のエラーコードはC2065）
- 「\n」を「\」に変更する（Visual C++ のエラーコードはC2001とC2143）

2 2.3節を参照してください。

3 Visual C++ には **/Ox**、GNU C++ やClang には **-O3** という最適化オプションがあります。

第 3 章の解答

1 ［サンプル］03-answer1.cpp

```
cout <<     "\"(^_^)\""  << endl;//出力値:"(^_^)"
cout << R"X("(^_^)")X" << endl;//出力値:"(^_^)"
```

2　Visual Studio で次のようなコードを書いて、c をマウスでポイントすると、c の型が unsigned であることがわかります。

［サンプル］03-answer2.cpp

```
unsigned a = 1;
int b = -1;
auto c = a + b;
```

3　make_shared() でオブジェクトを構築し、それを指すポインタ（z）を取得します。ポインタが指すオブジェクトには間接演算子「*」を使ってアクセスします。

［サンプル］03-answer3.cpp

```
#include <iostream>
#include <complex>
#include <memory>
using namespace std;

int main() {
  using cplx = complex<double>;

  auto z = make_shared<cplx>(5., 10.);
  cout << z->real() << endl;//出力値:5
  cout << abs(*z) << endl;   //出力値:11.1803
}
```

第 4 章の解答

1　変数 end が unsigned なのが間違いです。for 文で int 型の i と unsigned 型の end が比較されますが、こういうときは、まず int 型の値が unsigned に変換されます。-10 を unsigned にした結果は 4294967286 で、4294967286 <= 10 は false なので、for 文の中身は一度も実行されません。ですから、end の型を int にすれば、プログラムは正しく動きます。

[サンプル] 04-answer1.cpp

```cpp
#include <iostream>
using namespace std;

int main() {
  int end = 10;

  for (int i = -10; i <= end; ++i) {
    cout << i << endl;
  }
}
```

2 [サンプル] 04-answer2.cpp

```cpp
#include <iostream>
using namespace std;

int main() {
  int i = 0;
start:
  cout << ++i << endl;
  if (i < 10) goto start;
}
```

3 [サンプル] 04-answer3.cpp

```cpp
#include <iostream>
using namespace std;

int main() {
  cout << "  | 0 1 2 3 4 5 6 7 8 9 A B C D E F\n";//1行目
  cout << "-|--------------------------------";   //2行目

  //3行目以降
  char ch = 0x1f;
  while (ch < 0x7f) {
    if (ch % 16 == 15) cout << endl << ch / 16 + 1 << '|';
    cout << ' ' << ++ch;
  }
  cout << endl;
}
```

第5章の解答

1 [サンプル] 05-answer1.cpp

```
#include <iostream>
using namespace std;

int factorial(int n) {
  int f = 1;
  for (int i = 2; i <= n; ++i) {
    f *= i;
  }
  return f;
}

int main() {
  //1から15までの整数の階乗を計算する
  for (int n = 1; n <= 15; ++n) {
    cout << "f(" << n << ") = " << factorial(n) << endl;
  }
}
```

2 [サンプル] 05-answer2.cpp

```
#include <iostream>
#include <algorithm>
using namespace std;

template <typename T>
void mySwap(T& a, T& b) {
  T tmp = a;
  a = b;
  b = tmp;
}

template <typename T>
void mySwap(T* a, T* b) {
  T tmp = *a;
  *a = *b;
  *b = tmp;
}

int main() {
  int a = 1;
  int b = 2;

  mySwap(a, b);      //参照版
  cout << a << endl;//出力値:2
  cout << b << endl;//出力値:1
```

```
  mySwap(&a, &b);     //ポインタ版
  cout << a << endl;//出力値:1
  cout << b << endl;//出力値:2
}
```

3 [サンプル] 05-answer3.cpp

```
#include <iostream>
#include <string>
#include <algorithm>
using namespace std;

int main() {
  int a = 1;
  int b = 2;
  swap(a, b);
  cout << a << endl;//出力値:2
  cout << b << endl;//出力値:1

  double x = 1.23;
  double y = 4.56;
  swap(x, y);
  cout << x << endl;//出力値:4.56
  cout << y << endl;//出力値:1.23

  string s = "abc";
  string t = "xyz";
  swap(s, t);
  cout << s << endl;//出力値:xyz
  cout << t << endl;//出力値:abc
}
```

第 6 章の解答

1 [サンプル] 06-answer1.cpp

```
int total(const vector<vector<int>>& m) {
  int sum = 0;
  for (const auto& row : m) {
    for (const auto i : row) {
      sum += i;
    }
  }
  return sum;
}
```

2 [サンプル] 06-answer2.cpp

```cpp
#include <iostream>
#include <unordered_map>
#include <string>
using namespace std;

using person = pair<string, int>;

namespace std {
  template<>
  struct hash<person> {
    size_t operator()(const person& p) const {
      size_t h1 = hash<string>()(p.first);
      size_t h2 = hash<int>()(p.second);
      return h1 ^ h2;
    }
  };
}

int main() {
  unordered_map<person, int> people;
  auto taro = make_pair("Taro", 32);
  people[taro] = 100;

  cout << people[taro] << endl;
}
```

3 [サンプル] 06-answer3.cpp

```cpp
template<typename T>
void myReverse(T first, T last) {
  while (first < last) {
    --last;
    auto tmp = *last;
    *last = *first;
    *first = tmp;
    ++first;
  }
  //while (first < last) swap(*(first++), *(--last));//OK
  //reverse(first, last);//OK
}
```

第 7 章の解答

1 [サンプル] 07-answer1.cpp

```cpp
#include <iostream>
#include <string>
#include <algorithm>
using namespace std;

int main() {
  string str = "Hello, World!";

  //[] を使う場合
  for (int i = str.size() - 1; i >= 0; --i) cout << str[i];
  cout << endl;

  //反復子を使う場合
  for (auto i = str.crbegin(); i != str.crend(); ++i) cout << *i;
  cout << endl;

  //アルゴリズムを使う場合
  reverse(str.begin(), str.end());
  cout << str << endl;

  //出力値:!dlroW ,olleH
}
```

2 [サンプル] 07-answer2.cpp

```cpp
#include <iostream>
#include <sstream>
#include <string>
#include <iomanip>
using namespace std;

int main() {
  double x = 0.1;
  stringstream ss;
  ss << setprecision(14) << hexfloat << x;
  string result1 = ss.str();
  cout << result1 << endl;
  //出力値:0x1.999999999999a0p-4

  double y = stod(result1);
  cout << (x == y ? "等しい" : "等しくない") << endl;
  //出力値:等しい
}
```

3 [サンプル] 07-answer3.cpp

```cpp
#include <iostream>
#include <regex>
using namespace std;

int main() {
  string str = "私の郵便番号は194-0013、彼女の郵便番号は153-0042です。";
  regex rx(R"(\d+)");
  sregex_iterator it(str.begin(), str.end(), rx);//部分文字列の検索
  sregex_iterator end;
  while (it != end) {
    cout << it++->str() << endl;//取り出して、次に移動
  }
  /*
  出力値：
  194
  0013
  153
  0042
  */
}
```

第8章の解答

1 次の2とおりの方法があります。

[サンプル] 08-answer1a.cpp

```cpp
//標準出力とリダイレクトを使う方法
#include <iostream>
using namespace std;

int main() {
  for (int i = 1; i <= 1000; ++i) {
    cout << i << endl;
  }
}
/*
このファイルをコンパイルした結果が
C:/Users/ユーザ名/Documents/Visual Studio 2015/Projects/ConsoleApplication1/Debug/ConsoleApplication1.exeだとすると、
コマンドプロンプトで
C:
cd /Users/ユーザ名/Documents/Visual Studio 2015/Projects/ConsoleApplication1/Debug
ConsoleApplication1.exe > numbers.dat
```

を実行することで、目的のファイルを作成する。
*/
```

**[サンプル] 08-answer1b.cpp**

```cpp
//ファイル出力を使う方法
#include <iostream>
#include <fstream>
using namespace std;

int main() {
  ofstream outfile("numbers.dat");
  for (int i = 1; i <= 1000; ++i) {
    outfile << i << endl;
  }
}
/*
このプログラムを実行すると、
C:/Users/ユーザ名/Documents/Visual Studio 2015/Projects/ConsoleApplication1/ConsoleApplication1
に、目的のファイルnumbers.datが作成される。
*/
```

2 [サンプル] 08-answer2.cpp

```cpp
#include <iostream>
#include <fstream>
#include <string>
using namespace std;

int main() {
  ifstream infile("numbers.dat");
  int total = 0;
  string line;
  while (getline(infile, line)) {
    total += stoi(line);
  }
  cout << total << endl;
}
```

3

最初の問いで作成したnumbers.datと08-cin4.cppをコンパイルしてできるConsole Application1.exeがC:/Users/ユーザ名/Documents/Visual Studio 2015/Projects/ConsoleApplication1/Debugにあるとします。コマンドプロンプトで次を実行することで、numbers.datに書かれた整数の和が求まります。

```
C:
cd C:/Users/ユーザ名/Documents/Visual Studio 2015/Projects/ConsoleApplicat
```
```

```
ion1/Debug
ConsoleApplication1.exe < numbers.dat
```

第9章の解答

1 [サンプル] 09-answer1.cpp

```cpp
#include <iostream>
#include <vector>
using namespace std;

template<typename T>
void myReverse(T first, T last) {
  while (first < last) {
    swap(*(first++), *(--last));
  }
}

int main() {
  int a[] = { 2, 9, 4, 1, 5, 3 };
  myReverse(a, end(a));
  for (auto i : a) cout << i << ", ";
  cout << endl;//出力値:5, 1, 4, 9, 2,

  double b[] = { 3.5 };
  myReverse(b, end(b));
  for (auto i : b)  cout << i << ", ";
  cout << endl;//出力値:3.5,

  vector<int> c;
  myReverse(c.begin(), c.end());
  for (auto i : c) cout << i << ", ";
  cout << endl;//出力値:(なし)
}
```

2 [サンプル] 09-answer2.cpp

```cpp
#include <iostream>
#include <vector>
#include <set>
#include <algorithm>
using namespace std;

int main() {
  vector<int> v0{ 0, 1, 2, 1, 0, 2, 1 };
```

```cpp
    vector<int> v1 = v0;
    sort(v1.begin(), v1.end());
    v1.erase(unique(v1.begin(), v1.end()), v1.end());
    for (auto i : v1) cout << i << ", ";
    cout << endl;//出力値:0, 1, 2,

    set<int> s(v0.cbegin(), v0.cend());
    vector<int> v2(s.cbegin(), s.cend());
    for (auto i : v2) cout << i << ", ";
    cout << endl;//出力例:0, 1, 2,
}
```

3 [サンプル] 09-answer3.cpp

```cpp
#include <iostream>
using namespace std;

int main() {
  int i = 0;
  auto f = [&i]() { ++i; };

  f();
  f();
  f();

  cout << i << endl;//出力値:3
}
```

第 10 章の解答

1 [サンプル] 10-answer1.cpp

```cpp
#include <iostream>
#include <string>
using namespace std;

struct Person {
  string name;
  int age;
  Person() { cout << "constructor\n"; }
  Person(const Person& x) : name(x.name), age(x.age) { cout << "copy\n"; }
  Person(Person&& x) noexcept : name(move(x.name)), age(x.age) {
    cout << "move\n";
  }
  Person& operator=(const Person& x) noexcept {
    name = x.name;
```

```
    age = x.age;
    cout << "assign\n";
    return *this;
  }
};

Person f() {
  Person masato;
  masato.name = "Masato";
  masato.age = 0;
  return masato;
}

int main() {
  //ケース1
  Person taro;
  taro.name = "Taro";
  taro.age = 32;

  //ケース2
  Person A(taro);
  cout << A.name << endl;//出力値:Taro

  //ケース3
  Person B;
  B = taro;
  cout << B.name << endl;//出力値:Taro

  //ケース4
  Person C(f());
  cout << C.name << endl;//出力値:Masato
}
```

2 ムーブコンストラクタを定義すれば、ムーブされるようになります。

[サンプル] 10-answer2a.cpp

```
struct X {
  vector<double> vec;
  X() = default;
  X(const X& x) : vec(x.vec) {}
  X(X&& x) noexcept : vec(move(x.vec)) {}//ムーブコンストラクタ
};
```

　もう1つの解決策は、コピーコンストラクタの定義を削除することです。そうすれば、コピーコンストラクタとムーブコンストラクタが暗黙的に定義されるようになります。このクラスでは、暗黙的に定義されるもので十分です（コピーコンストラクタだけが定義されていると、ムーブコンストラクタが暗黙的には定義されなくなります）。

［サンプル］10-answer2b.cpp

```
struct X {
  vector<double> vec;
  //基本のメンバ関数はすべて暗黙的に定義される
};
```

3　比較演算子を定義しておけば関数sort()が使えます。

［サンプル］10-answer3a.cpp

```
bool operator<(const Person& p1, const Person& p2) {
  return p1.age < p2.age;
}

int main() {
  vector<Person> people;
  people.emplace_back("Taro", 32);
  people.emplace_back("Hanako", 27);
  people.emplace_back("Masato", 0);

  sort(people.begin(), people.end());
  for (auto p : people) {
    cout << p.name << " (" << p.age << ")\n";
  }
}
```

　別解として、比較方法を呼び出し可能オブジェクトとして記述し、関数sort()に与えることでも解決できます。

［サンプル］10-answer3b.cpp

```
vector<Person> people;
people.emplace_back("Taro", 32);
people.emplace_back("Hanako", 27);
people.emplace_back("Masato", 0);

sort(people.begin(), people.end(),
  [](const Person& lhs, const Person& rhs) { return lhs.age < rhs.age
for (auto p : people) cout << p.name << " (" << p.age << ")\n";
```

第11章の解答

1　［サンプル］11-answer1.cpp

```
unordered_map<string, int> dictionary{ {"one", 1}, {"two", 2}, {"three", 3 } };
```

```
try {
  string target = "four";
  cout << dictionary.at(target) << endl;//例外発生
}
catch (exception& e) {
  cerr << e.what() << endl;//出力例:invalid unordered_map<K, T> key
}
cout << "正常終了\n";//出力値:正常終了
```

2 この問題と次の問題の解答のコードをビルドするためには <limits> が必要です（3.1.1項）。Release モードでビルドしてください。実行には 1GB 程度の空きメモリが必要です。

[サンプル] 11-answer2.cpp

```
int main() {
  try {
    int n = numeric_limits<int>::max() / 2 + 2;
    vector<char> v(n);//要素はすべて0
    char target = 1;  //1を探す
    size_t pos = binarySearch(target, v);
    if (pos == v.size()) cout << "見つからない\n";
    else {
      assert(v[pos] == target);
      cout << "v[" << pos << "] = " << v[pos] << endl;
    }
  }
  catch (exception& e) {
    cerr << e.what() << endl;
  }
}
```

3 すべてのオブジェクトを指せるように、内部で使う整数型を size_t にします。さらに、途中の計算でオーバーフローしないように、mid = (low + high) / 2; を mid = low + (high - low) / 2; に変更します。

[サンプル] 11-answer3.cpp

```
template<typename T>
size_t binarySearch(T key, const vector<T>& v) {
  if (!is_sorted(v.cbegin(), v.cend())) {
    throw runtime_error("例外:ソートされていない");
  }
  size_t n = v.size();
  size_t low = 0;
  size_t high = n - 1;
  size_t mid;
  while (low <= high) {
```

```
      mid = low + (high - low) / 2;
      cout << low << ", " << mid << ", " << high << endl;
      assert(low <= mid && mid <= high);
      if (key < v[mid]) high = mid - 1;
      else if (key > v[mid]) low = mid + 1;
      else return mid;
    }
    return n;
}
```

第12章の解答

 関数threadFunc() を次のように変更します。

[サンプル] 12-answer1.cpp

```
void threadFunc(int N, int start, vector<int>* primes) {
  for (int n = start; n <= N; n += 3) {
    if (isPrime(n)) {
      unique_lock<mutex> lock(m);
      primes->push_back(n);//アロー演算子を使う
    }
  }
}
```

スレッドの構築方法を次のように変更します。

[サンプル] 12-answer1.cpp

```
thread threadA(threadFunc, N, 4, &primes);//アドレスを引数にする
thread threadB(threadFunc, N, 5, &primes);
```

2 2つのスレッドで別々のvectorを使うようにします。各スレッドの処理が終わったら、vectorを結合し、並び替えます。

[サンプル] 12-answer2.cpp

```
vector<int> primesA{ 2, 3 };
vector<int> primesB;

thread threadA(threadFunc, N, 4, ref(primesA));
thread threadB(threadFunc, N, 5, ref(primesB));

threadA.join();
threadB.join();
```

```
size_t size = primesA.size() + primesB.size();
cout << "素数の数:" << size << endl;

primesA.reserve(size);//2つのvectorを結合する
primesA.insert(primesA.end(), primesB.cbegin(), primesB.cend());

sort(primesA.begin(), primesA.end());
report(primesA.cbegin(), primesA.cend());
```

3 素数かどうかをチェックする関数isPrime(int n) の効率をよくします (<cmath> が必要です)。

[サンプル] 12-answer3.h

```
//引数が素数かどうかを判定する
bool isPrime(int n) {
  if (n < 2) return false;//2未満なら素数ではない
  if (n == 2) return true;//2は素数

  for (int j = 2; j <= sqrt(n) + 1; ++j) {
    if (n % j == 0) return false;
  }
  return true;
}
```

2以上sqrt(N) 以下の素数のリストprimes を作り、そのリストを使って素数かどうかをチェックする関数isPrime(int n, const std::vector<int>& primes) を定義します (素数かどうかのチェックには、素数で割れるかどうかだけを調べれば十分です)。この関数でチェックできるのは、primes の最大値より大きく、最大値の2乗以下の数だけです。

[サンプル] 12-answer3.h

```
//引数が素数かどうかを判定する(primesの最大値より大きく、最大値の2乗以下の数限定)
bool isPrime(int n, const std::vector<int>& primes) {
  for (int i : primes) {
    if (n % i == 0) return false;
  }
  return true;
}
```

これらの関数を使って、素数を数えます。reduction(+:total) という記法は、total が足し算による集計に使われる数であることを示しており、これがあると、++total; の排他制御が不要になります。

[サンプル] 12-answer3.cpp

```
//const int N = 400000;
```

```
//const int N = 2147483647;
const int N = numeric_limits<int>::max();
int rootN = static_cast<int>(sqrt(N)) + 1;

//素数を数えながら2以上sqrt(N)以下の素数のリストを作る
vector<int> primes;
int total = 0;
#pragma omp parallel for schedule(dynamic, 1000) reduction(+:total)
for (int n = 2; n <= rootN; ++n) {
  if (isPrime(n)) {
    ++total;
    #pragma omp critical
    primes.push_back(n);
  }
}

sort(primes.begin(), primes.end());

//素数のリストを使って素数を数える
#pragma omp parallel for schedule(dynamic, 1000) reduction(+:total)
for (int n = rootN + 1; n <= N; ++n) {
  if (isPrime(n, primes)) {
    ++total;
  }
}

cout << "素数の数:" << total << endl;
```

索 引

記号・数字

-	52, 197
--	53, 59
-=	53, 58
->	53, 69, 192, 193
-O3	39
-Wall	39
'	33, 47
!	52, 55
!=	52, 54, 173
"	33, 36, 47
#	197, 225
#include	34, 117, 194
#pragma omp	268
#pragma once	117
$	154
%	52, 53, 150, 151
%=	53, 58
&	49, 53, 56, 105, 172
&&	52, 55, 61, 105
&=	53, 58
*	49, 52, 53, 68, 105, 154, 173, 185, 198, 237
*=	53, 58
,	53, 60, 61
.	47, 53, 68, 153, 191, 193
.cpp	27, 194
.h	194
/	52, 53, 165
/=	53, 58
/fp:strict	239
/O2	258
/Ox	38
/W4	38
::	32, 53, 114, 194
;	34, 191
?	154
?:	53, 59
[]	129, 145, 243
^	53, 56, 154
^=	53, 58
|	53, 56, 154, 164
||	52, 55, 61
|=	53, 58
~	53, 56
\	33
\'	33, 47
\"	33, 47
\\	33
\0	33, 145, 149
\d	153
\D	154
\n	33, 47, 149
\s	154
\S	154
\t	33
\w	154
\W	154
+	52, 53, 54, 143, 154, 197, 198
++	53, 59, 173, 174
+=	53, 58, 145
<	52, 54, 164
<<	33, 53
<<=	53, 58
<=	52, 54
=	53, 143, 145, 173, 213
==	52, 54, 145
>	52, 54, 164
>=	52, 54
>>	53
>>=	53
_	45
{}	32, 44, 67, 76, 119, 185, 192, 230
10進数	46
16進数	46
2階層（2層）システム	5
2進数	46
32ビット	42
3階層（3層）システム	5
64ビット	42
8進数	46

A

accumulate	173
addressof	49

algorithm	175, 185, 273	clog	160, 161
AND	56	close	165, 167
append	145	cmath	62
argc	147	compare	145
argv	147	complex	66, 122
array	133	const	44, 105
ASCIIコード表	88	continue	86
ASCII文字	47	cout	32, 160, 161, 164
assert	248	crbegin	174
at	242, 243	crend	174
auto	48, 97	cstdio	151
		cstring	146
		CUI	3
		Cスタイル文字列	145, 147
		C言語	7, 14

B

bad_alloc	245
Bash	38
begin	134, 156, 174
bool	54
boolalpha	149
Boost	18, 125, 150, 292
Boost.Graph	294
Boost.Multiprecision	64, 293
break	80, 82, 84
BSDライセンス	21

D

d	150
Debugモード	30, 248, 297
dec	149
default（switch文の）	81
default（メンバ関数定義）	202
defaultfloat	149
delete（メンバ関数定義）	202
delete（リソースの）	71
do while	90
double	42, 43, 47, 152

C

c	151
c_str	145
C++	14
C++14	14, 38
C++1z	15, 47, 63
C11	14
capacity	123
case	80
cassert	248
cbegin	174
cend	174
cerr	160, 161, 164
cfenv	239
char	43, 88, 145
char16_t	43
char32_t	43
cin	160, 161
cl	37
Clang	16, 23, 38
clang++	39
class	196, 223

E

e	151
E	151
Eigen	18
emplace	131
emplace_back	123, 220
end	129, 134, 156, 174
endl	33, 149, 165
ends	149
enum class	65
enum struct	65
erase	124
exception	245, 246
explicit	203
extern	114

F

f ··· 151
false ·· 48, 54
Field Programmable Gate Array（FPGA） ········· 2
find（<algorithm>の）···································· 237
find（stringの）··· 145
find（unordered_mapの）······························· 129
fixed ··· 149
float ·· 42, 43, 47, 152
flush ··· 149, 165
for ·· 83
friend ·· 233
fstream ·· 165

G

g ··· 151
G ··· 151
g++ ·· 38
getline ··· 167
Git ·· 22
GNU C++ ··· 16, 38
GNU General Public License（GPL）············· 20
goto ·· 91
GPGPU（General-purpose computing on graphics
　　processing units）································ 18, 256
GUI ··· 3

H

hex ·· 149
hexfloat ··· 149
HPC（High Performance Computing）··········· 15

I

i ·· 150
IDE ·· 16
if ·· 77
if else ··· 78
ifstream ·· 160, 239
include ··· 34, 117, 194
inline ·· 194
insert（stringの）·· 145
insert（vectorの）·· 270
int ·· 42, 43, 47, 61, 152
Intel C++ ·· 16

Intel Threading Building Block（TBB）············· 256
internal ··· 149
invalid_argument ··· 244
IO ··· 159
iomanip ·· 62, 87, 148, 149
ios_base::app ··· 166
ios_base::out ·· 165
iostream ·· 34, 161
is-a関係 ··· 223
iterator ··· 172

J

JavaScript ··· 5
join ··· 261

L

left ··· 149
length ··· 145
list ··· 127, 173
lock ··· 256
long ·· 43, 47, 152
long double ·· 42, 43, 47, 152
long long ·· 43, 47, 62, 152
lower_bound ··· 178, 249
lvalue ·· 57

M

main ··· 32, 147
map ···128, 184
max ··· 185
max_element ·· 185
memory ·· 72, 141
min ·· 185
min_element ··· 185
minmax_element ·· 185
MITライセンス ·· 21
mutex ································ 256, 261, 265

N

namespace ·· 32
NDEBUG ·· 248
NetBeans ·· 17, 23
new ·· 68, 70, 209
next_permutation ································ 273, 282

noexcept	217, 218, 247
[[noreturn]]	246, 247
normal_distribution	183
NOT	56
nothrow	245
nullptr	48, 245
numeric	173

O

o	150
oct	149
ofstream	160, 161, 165
omp.h	269
OOP	11
OpenCV	18
OpenMP	256, 266
OR	56
OS	2, 254
out_of_range	243
override	226

P

p	151
pair	130, 132, 185
pop_back	124
pragma omp	268
pragma once	117
printf	150
private	195, 197, 223, 233
protected	197, 223, 225, 233
public	195, 197, 223, 233
push_back	120, 220

Q

queue	128, 279

R

RAII	209, 242
random	183
random_device	183
rbegin	174
regex	154
regex_match	154
regex_replace	155

Release モード	30, 248, 258, 289
rend	174
replace	145
reserve	124
resetiosflags	149
return	96, 127, 198
rfind	145
right	149
runtime_error	247

S

s	151
scientific	149
set	128, 173, 187
setbase	149
setfill	149
setiosflags	149
setprecision	62
setw	149
shared_ptr	72
short	43
showbase	149
showpoint	149
showpos	149
size（stringの）	145
size（vectorの）	121
skipws	149
sort	175
sprintf	150
sregex_iterator	156
sregex_token_iterator	156
sstream	149
stable_sort	180
static	102, 194
std	32
STL	175
stod	152
stof	152
stoi	152, 244
stol	152
stold	152
stoll	152
stoul	152
stoull	152
string	62, 129, 143, 152, 244
stringstream	149, 161
strlen	146

struct	191, 195, 223
substr	145
switch	80

T

template	111, 198
thread	256, 260
throw	246
to_string	152
true	48, 54
try-catch ブロック	242, 249
tuple	132
typedef	51

U

u	151
Ubuntu	17, 23, 38, 267, 292
UML クラス図	11, 197, 225
UML シーケンス図	205, 262
Unicode	36
uniform_int_distribution	183
uniform_real_distribution	183
unique_ptr	72, 140
unordered_map	128, 221
unordered_set	128, 221
unsigned	43, 61
unsigned int	47
unsigned long	47, 152
unsigned long long	152
uppercase	149
using	32, 51
utility	132

V

vector	119, 192, 220, 243, 270
virtual	226, 233
Visual C++	16
Visual C++ 2015 Tools for Windows Desktop	24
Visual Studio	16, 35, 297
Visual Studio Community 2015	24
void	43, 95

W

wchar_t	43

Web アプリケーション	5
Web アプリケーションサーバー	5
Web ブラウザ	5
what	245
while	89, 163
Windows Subsystem for Linux	38
ws	149

X

x	150
X	150
Xcode	16, 23
XOR	56

あ行

空き領域	70
アクセス指定子	223
アクセス制御	195, 224
アクセッサ	196
アグリゲートクラス	191, 231, 232
アサーション	247, 249
アジャイルソフトウェア開発	19
アセンブラ	7
アセンブリ言語	6
アドレス	49
アドレス演算子	49
アドレス取得	53
アプリケーション	3
アルゴリズム	175
アロー演算子	69
アンダースコア	45
安定	180
暗黙の型変換	54, 55
暗黙の変換	203, 231, 232
以下	52
以上	52
一重引用符	33
イテレータ	171
入れ子	79, 87
インクリメント	53, 59
インクリメント演算子	59, 173
インクルードガード	117
インスタンス	10
インストール	4
インタープリタ	7
インタープリタ型言語	7

インデント	78	間接演算子	49, 68, 173, 185, 237
引用符	47	キーワード	45
ウォーターフォール型開発プロセス	19	基底クラス	11, 223, 233
右辺値参照	105	基本型	43
エイリアス	51	キャスト	58
エスケープシーケンス	33	キュー	279
枝刈り	286, 287	行の分解	167
［エラー一覧］ウィンドウ	29	業務分析	19
エラー処理	237	空白	31
円記号	36	組み合わせ	271, 275
演算子	52	組み込み機器	2
演算子の優先順位	54, 60	クライアント	5
エンジン	183	クライアントサーバー型	5
オーバーライド	12, 225	クラス	10, 66, 189, 196
オーバーロード	110	クラステンプレート	198
オブジェクト	9, 49, 66, 190, 196, 231, 232	クラスの定義	191
オブジェクト指向プログラミング	11, 190, 222	グラフ	294
オペランド	52	繰り返し	76
オペレータ	52	クロージャ	182
親クラス	11, 223	グローバル	53
		グローバル名前空間	114
か行		グローバル変数	112
		警告	28, 38
改行	31, 33, 47	警告レベル	28
解体	71, 203	継承	11, 222
開発者コマンドプロンプト for VS2015	37	結合	143
開発プロセス	19	検索	156
カウンタ変数	87	減算	52, 53
返り値	94	減算して代入	53
角かっこ	129, 134	検証	154
拡張for文	121, 126, 135, 174	高級言語	7
加算	52, 53	高水準言語	7
加算して代入	53	高性能計算	15
仮想関数	222, 226, 229	構造化プログラミング	76
型	41, 190	構造体	196
型推論	48, 97	後置インクリメント	53
型の別名宣言	51	構築	66, 67, 68, 69, 201, 231, 232
型変換	244	後置デクリメント	53
カプセル化	10	後方互換性	15
仮引数	95	コーディング	1, 19, 21, 27
関係演算子	54	コーディング規約	21
関数	93	コード	1
関数オブジェクト	180	コードリーディング	14
関数型プログラミング	13	子クラス	11, 223
関数テンプレート	111	コピー	124, 126, 130, 135, 181, 231, 232
関数の宣言	101	コピーコンストラクタ	200, 210, 219
関数プロトタイプ	101	コピー消去	217
関数ポインタ	179	コピー代入演算子	200, 213, 219

コピーレフト	21
コマンド引数	147
コマンドプロンプト	37
コマンドライン引数	147
コメント	34
コンストラクタ	200, 201
コンソール	37
コンテナ	119, 192, 220, 231, 232
コンパイラ	7
コンパイル型言語	7
コンマ演算子	60, 61

さ行

再帰	103
最小値	185
最大値	185
最適化	38, 258
サブクラス	11, 223
左辺値	57
三項演算子	59
算術演算子	52, 53
参照	48, 53, 105, 126, 135, 181
参照はがし演算子	49
ジェネリックプログラミング	230
時間の測定	182
式	52
式文	76
資源獲得時初期化	208, 209
指数表記	43, 47
実数の一様分布	183
自動記憶域	70
自動メモリ	70, 134, 140, 191, 262
出力	159
［出力］ウィンドウ	29
順次	76
純粋仮想関数	228, 229, 233
順列	271
条件	53
条件演算子	59
乗算	52, 53
乗算して代入	53
剰余	52, 53
剰余を代入	53
ショートサーキット評価	61
初期化	44, 66, 69, 191, 215
除算	52, 53
除算して代入	53
書式指定文字	150
シングルスレッドプログラム	255
スーパークラス	11, 223
スクリプト言語	8
スコープ	112
スコープ演算子	32, 114, 194
スコープ解決	53
スタック	70
スタック記憶域	70
スタックメモリ	70
スタンドアロン型	4
ステートメント	75
ステップアウト	297
ステップイン	297
ステップオーバー	297
ストリーム	161
スマートポインタ	72, 207
スラッシュ	37
スレッド	255, 260
正規表現	153
正規分布	184
制御文	76
整数の一様分布	183
整数リテラル	46
静的型付け言語	8
静的変数	102
静的メンバ	194
設計	19
セミコロン	34, 191
線形探索	176, 237
宣言	43, 76
宣言型プログラミング	13
選択	76
選択範囲のコメント	35
選択範囲のコメントを解除	35
前置インクリメント	53
前置デクリメント	53
操作	190
添字	120, 135, 171, 243
双方向反復子	173
ソースファイル	27, 194
ソーティング	175
ソート	175
属性	10, 190
素数	256
ソフトウェア	2
ソリューションエクスプローラー	26

た行

ターゲット	30
代替表現	45
代入	44, 53, 125, 143, 215
代入演算子	53, 57, 60, 173
多重継承	13, 233
多重定義	110
［タスク一覧］ウィンドウ	35
多態性	12, 110
タブ	31, 33
単項 −	52
単項 +	52
単項演算子	60
単項算術演算子	54
探索	176, 276
探索木	277
単精度浮動小数点数	42, 43
単体テスト	21
短絡評価	61
置換	155
逐次処理	253
抽象化	9
抽象クラス	229, 233
チューニング	21
定義	43, 76
低級言語	7
低水準言語	7
定数	44
データベースサーバー	5
データメンバ	190
デクリメント	53, 59
デクリメント演算子	59
テスト	19, 21
テストファースト	21
デストラクタ	200, 203, 206, 219, 233
手続き型のプログラム	76
手続き型プログラミング	13
デッドロック	266
デバッガ	297
デバッグ	19
デバッグ開始	31
デバッグなしで開始	31
デバッグの停止	298
デフォルトコンストラクタ	201, 219
デフォルト引数	95
等価性関数	131
同期	261

統合開発環境	16, 23
動的型付け言語	8
動的メモリ	70
ドット（ピリオド）	47

な行

名前空間	32, 113
生文字リテラル	47
波かっこ	44, 67, 76, 119, 185, 192, 230
並べ替え	175
二項算術演算子	53
二重引用符	33, 47, 116
二分探索	176, 249
入出力	159
入力	159
ヌル文字	33, 145

は行

バージョン管理システム	22
ハードウェア	2
倍精度浮動小数点数	42, 43
排他制御	261
排他的論理和	56
パイプ	164
配列	133, 138, 192, 231, 232
派生	223
派生クラス	11, 223
バックスラッシュ	33, 36, 37
ハッシュ	221
ハッシュ関数	131
幅優先探索	277, 279
パラメータ	95, 105
反復型開発プロセス	19
反復子	129, 171, 237
ヒープ	70
被演算子	52
比較演算子	52, 54
非仮想関数	229
引数	94, 136
左結合	54, 60
左シフト	53
左シフトして代入	53
ビット AND	53
ビット AND を代入	53
ビット OR	53
ビット OR を代入	53

ビット XOR	53	ブロック	32, 76
ビット XOR を代入	53	文	75
ビット演算子	53, 56	分割	156
ビットごとの排他的論理和	56	分布	183
ビットごとの否定	56	並列化	259
ビットごとの論理積	56	並列処理	253
ビットごとの論理和	56	ヘッダ	34
ビットシフト	57	ヘッダファイル	116, 194
ビット反転	53	別名	48, 51
否定	55, 56	変換	152
等しい	52	変数	41
等しくない	52	変数名の変更	46
評価	52	ポインタ	49, 105, 138, 171, 193
評価順序	60	ポインタ変数	49, 68, 192
標準エラー出力	159, 164	ポインタリテラル	46, 48
標準出力	159	補数	56
標準テンプレートライブラリ	175	ボトルネック	21
標準入力	159	ポリモーフィズム	12
標準ライブラリ	18, 171, 256	翻訳単位	117

ま行

ビルド	29, 37	マクロ	117
ファイル出力	159, 165	マシン語	6
ファイル入力	159, 166	待ち行列	279
ファイルの操作	238	マップ	128
フィールド	190	マニピュレータ	148
深さ優先探索	277	魔方陣	280
複合代入演算子	53	丸かっこ	54
複合文	76	マルチスレッドプログラム	255
副作用	58	右結合	58, 60
複素数	66	右シフト	53
符号付き整数	61	右シフトして代入	53
符号なし整数	61	未満	52
浮動小数点数	42, 62	ムーブ	130, 215
浮動小数点数リテラル	46	ムーブコンストラクタ	200, 216, 219
浮動小数点数例外	239	ムーブ代入演算子	200, 218, 219
不等演算子	173	無限ループ	85, 90, 245
フリーウェア	21	命名規則	45, 291
フリーストア	70, 135, 140, 192, 206, 245	命令型プログラミング	13
フリーソフトウェア	21	メソッド	190
プリプロセッサ	117	メモリリーク	71, 206, 209
ブレークポイント	298	メンバ	190
フレンド宣言	233	メンバ演算子	68, 191, 193
フローチャート	77	メンバ関数	68, 190, 192
プログラマ	1	メンバ初期化子並び	202, 213
プログラミング	1	メンバ選択	53
プログラム	1	メンバ変数	190
プログラム内蔵方式	2		
プロジェクト	24		
プロセス	254		

文字リテラル……………………………………… 46
文字列……………………………………………… 143
文字列リテラル…………………………………… 46
戻り値……………………………… 94, 140, 237, 249

や行

矢印演算子……………………………… 69, 192, 193
ユーザー定義型…………………………………… 189
ユニコード………………………………………… 36
ユニットテスト…………………………………… 21
要求定義…………………………………………… 19
要素………………………………………………… 119
呼び出し可能オブジェクト……………… 179, 185
予約語……………………………………………… 45
より大きい………………………………………… 52

ら行

ライセンス………………………………………… 20
ライブラリ………………………………………… 3
ラムダ……………………………………………… 181
乱数………………………………………………… 183
ランダムアクセス反復子………………………… 173
リスト初期化………………………… 119, 231, 232
リソース…………………………………………… 209
リソース確保……………………………………… 245
リダイレクト……………………………………… 164
リッチインターネットアプリケーション……… 5
リテラル…………………………………………… 46
リファクタリング………………………………… 46
リファレンス……………………………………… 48
例外………………………………………… 241, 249
列挙型……………………………………………… 64
列挙子……………………………………………… 65
連続………………………………………………… 53
ローカル変数…………………………………… 102, 112
論理AND…………………………………………… 52
論理OR……………………………………………… 52
論理値リテラル……………………………… 46, 48
論理演算子…………………………………… 52, 55
論理型……………………………………………… 43
論理積………………………………………… 55, 56, 61
論理否定…………………………………………… 52
論理和………………………………………… 55, 56, 61

●**著者紹介**

矢吹 太朗（やぶき たろう）
1976年生まれ。東京大学理学部天文学科卒。2004年、東京大学大学院新領域創成科学研究科基盤情報学専攻修了。博士（科学）。現在、千葉工業大学社会システム科学部准教授。ホームページはhttp://www.unfindable.net/、Twitterは@yabuki。

●**監修者紹介**

WINGSプロジェクト　山田 祥寛（やまだ よしひろ）
千葉県鎌ヶ谷市在住のフリーライター。Microsoft MVP for Visual Studio and Development Technologies。執筆コミュニティ「WINGSプロジェクト」代表。書籍執筆を中心に、雑誌/サイト記事、取材、講演までを手がける多忙な毎日。最近の活動内容は公式サイト（http://www.wings.msn.to/）を参照されたい。

●本書についてのお問い合わせ方法、訂正情報、重要なお知らせについては、下記Webページをご参照ください。なお、本書の範囲を超えるご質問にはお答えできませんので、あらかじめご了承ください。

　　　　https://project.nikkeibp.co.jp/bnt/

●ソフトウェアの機能や操作方法に関するご質問は、ソフトウェア発売元または提供元の製品サポート窓口へお問い合わせください。

基礎からしっかり学ぶC++の教科書
C++14対応

2017年2月20日　初版第1刷発行
2020年6月30日　初版第4刷発行

著　　者　　矢吹 太朗
監 修 者　　WINGSプロジェクト 山田 祥寛
発 行 者　　村上 広樹
編　　集　　生田目 千恵
発　　行　　日経BP社
　　　　　　東京都港区虎ノ門4-3-12　〒105-8308
発　　売　　日経BPマーケティング
　　　　　　東京都港区虎ノ門4-3-12　〒105-8308
装　　丁　　株式会社ビーワークス
DTP制作　　株式会社シンクス
印刷・製本　図書印刷株式会社

本書に記載している会社名および製品名は、各社の商標または登録商標です。なお、本文中に™、®マークは明記しておりません。
本書の例題または画面で使用している会社名、氏名、他のデータは、すべて架空のものです。
本書の無断複写・複製（コピー等）は著作権法上の例外を除き、禁じられています。購入者以外の第三者による電子データ化および電子書籍化は、私的使用を含め一切認められておりません。
本書のサンプルコードは学習目的で提供しています。サンプルコードの著作権は著者に帰属しており、有償、無償を問わず、いかなる方法でも配布、公開を禁じます。

© 2017 WINGS Project
ISBN978-4-8222-9893-7　　Printed in Japan